努尔哈赤 传

中国著名帝王

刘瑞平◎编著

煤炭工业出版社
·北京·

图书在版编目（CIP）数据

努尔哈赤传／刘瑞平编著．－－北京：煤炭工业出版社，2018

（中国著名帝王）

ISBN 978－7－5020－6786－1

Ⅰ．①努…　Ⅱ．①刘…　Ⅲ．①努尔哈赤（1559-1626）—传记　Ⅳ．①K827=49

中国版本图书馆CIP数据核字（2018）第162320号

努尔哈赤传（中国著名帝王）

编　著	刘瑞平
责任编辑	马明仁
编　辑	郭浩亮
封面设计	盛世博悦

出版发行	煤炭工业出版社（北京市朝阳区芍药居35号　100029）
电　话	010-84657898（总编室）　010-84657880（读者服务部）
网　址	www.cciph.com.cn
印　刷	永清县晔盛亚胶印有限公司
经　销	全国新华书店

开　本	710mm×1000mm$^1/_{16}$　印张　20　字数　300千字	
版　次	2018年9月第1版　　2018年9月第1次印刷	
社内编号	9666　　　　　　定价　39.80元	

目录

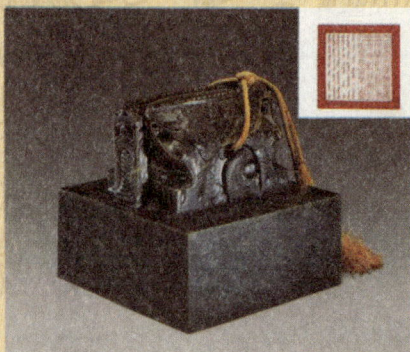

第一章 显赫的先祖

猛哥帖木儿

明世宗嘉靖三十八年（1559），在建州女真苏克素浒河费阿拉的塔克世家中出生了一个男孩，他就是后来的清太祖爱新觉罗努尔哈赤。在他出生时，女真各部正互相攻伐，争战不休，可以说他生逢乱世。

在叙述努尔哈赤的先世与他在青少年时期的生活之前，还是先从女真人中广泛流传着的一个优美动人的神话故事说起。

努尔哈赤先世发祥于长白山，山上有个很大的潭，人们起名叫闼门，它周长八十多里。长白山之东的布库里山下，有一个布尔瑚里池。有一天，大仙女恩古伦、二仙女正古伦、三仙女佛库伦来到池里沐浴。三姐妹沐浴完，上岸穿衣，只见一只神鹊口衔朱果飞来，将朱果放在小仙女衣服上。小仙女佛库伦看见朱果色泽鲜艳十分喜欢，爱不释手，便把朱果衔在口里，却不料朱果吞入腹中，立即有感而怀孕。

小仙女对两位姐姐说："我觉得肚腹很重，飞不动，不能与姐姐一道升天，这该怎么办？"两位姐姐说："我们都吃过丹药，同列仙籍，你一定不会死，不会出事。这乃是天意，待你分娩以后，身子轻了，再升天吧。"大仙女、二仙女说完，就飞上天空走了。到了后来，三仙女佛库伦生了一个儿子，这个男孩刚一出生，就会说话，一下就长大成人了。佛库伦仙女就对儿子说："我是吃了神鹊衔来的朱果而生下你的，这是上天生你，令你去平定乱世。你可坐这条小船，顺流而下，便会到达你应该去的地方，你向他们讲明你出生的情形，平乱定国。你姓爱新觉罗，名叫布库

1

里雍顺。"说完以后，佛库伦仙女把小船给予儿子，腾身飞上天空，转眼之间，不见踪影。

布库里雍顺遵依母命，坐船顺流而下，来到鄂多里城（今黑龙江省依兰县南），在那里平息了当地三姓的争吵纷乱，于是便被众人推为国主，娶姑娘百里为妻。他就成了满洲开国的始祖。以后，布库里雍顺的子孙因虐待国人，国人奋起反叛，杀死国主家族，只有幼儿范察逃脱。范察的后人孟特穆英勇睿智，施用计谋，将先世仇人的后裔四十余人引诱到鄂多里城西方一千五百余里的费阿拉（今辽宁省新宾县永陵镇东南的老城村），斩杀一半，报了大仇，然后定居于此。这位孟特穆，也被称为猛哥帖木儿，是努尔哈赤的先祖。后被清朝追尊庙号"祖"，谥号为"原皇帝"。

猛哥帖木儿生活在元末明初，是当时女真人中一位很有作为颇有影响的杰出人物。

努尔哈赤

那时的女真人分为许多大小不一的部落，散居于黑龙江、辽宁和吉林，一些部落还流入朝鲜境内。元朝初年设桃温、胡里改、斡朵里、脱斡怜、孛苦江五个万户府，委任女真大部落的首领为万户，统辖女真，为元朝镇抚北边。元朝末年，猛哥帖木儿是女真斡朵里部（鄂多里）的首领，被元朝政府授为斡朵里万户府的万户。

元灭亡以后，明朝洪武初年，故元遗将在辽宁各据一方，互相征战，掳掠人畜，"野人女真"亦频繁劫掠，引起东北大乱。在可能遭到家破人亡部落毁灭大祸的关键时刻，猛哥帖木儿做出了率部避乱移居朝鲜的重大决策，带领部众家眷前往图们江下游斡木河（朝鲜会宁）耕牧度日。

猛哥帖木儿又仿效先来的女真人，向高丽国王纳贡称臣，被国王封授为吾都里万户，隶属于东北面都指挥使李成桂辖下。此后不久，李成桂自立为王，改国号为朝鲜，猛哥帖木儿仍为万户，与其他女真首领一起，"常佩弓剑入卫，从征伐"，多次到朝鲜王都献纳方物，朝贡国王，国王也回赐赏物。比如，在甲申四年（明永乐二年，1404年），猛哥帖木儿偕弟、养子、妻弟率十余从者入朝，国王赐猛哥帖木儿缎衣一称、钑花银带一腰及笠、靴，赐其从者布帛，留其弟、养子和妻弟在王都侍卫。

明成祖朱棣夺取帝位后，便开始大力招抚女真人，设立卫所，于永乐元年（1403）遣使朝鲜，谕告要招抚"女真吾都里"等，"使献贡"。第二年四月，又遣使臣王可仁赍敕，前往朝鲜境内女真地区，谕劝女真归顺说："敕谕叁散、秃鲁兀等处女真地面官民人等知之：今朕即大位，天下太平，四海内外，皆同一家，恐尔等不知，不相统属，强凌弱，众暴寡，何有宁息之时。今听朕言，给予印信，自相统属，打围牧放，各安生理，经商买卖，从便往来，共享太平之福。"

明成祖从建州卫指挥使阿哈出那里了解到猛哥帖木儿睿智练达，有归明之心，于永乐三年（1405）三月特遣使臣王教化专往招抚，并谕告朝鲜国王，令其协办此事，说："皇帝敕谕朝鲜国王：东开原毛岭等处地面万户猛哥帖木儿能恭敬朕命，归心朝廷，今遣千户王教化等赍敕劳之，道经王之国中，可遣一使与之同行。故敕。"

因猛哥帖木儿对于朝鲜国王李芳远（李成桂第五子）来说，是"东北面之藩篱"，不愿让他及其他流域境内的女真人受明封职，或返回明朝，极力设法阻挠，一方面特赐猛哥帖木儿"庆源等处管军万户印信一颗"、

清心元十九、苏合元三十丸，赐其管下八十二人木棉布、白苎布若干匹，赐猛哥帖木儿派来王都的使者千户河乙赤草笠、帽珠、袄衣一领、光银带一腰，并数遣他将前往，加以诱劝猛哥帖木儿"勿从朝廷使臣之命"。

另一方面，朝鲜国王李芳远又特遣使臣到南京，奏称：猛哥帖木儿原来避乱，携家流移，来到"本国东北面庆源、镜城地面居住，当差役，因防倭有功，就委镜城等处万户职，经今有年"，"各各附籍当差"，请求明帝允许猛哥帖木儿等人"仍旧安业"。

这对猛哥帖木儿来说又面临新的关键性选择，是受明封职，为明帝臣属，他日率部返回故乡？还是就此长期流居朝鲜，永为其臣？必须做出明确的抉择。回去接受明帝封职固然很好，大明朝君是"天下的共主"，是各国各部的"天皇帝""大皇帝"，朝鲜国王也是其藩属，受其封职，就可以受到明帝的保护，如果异族来侵，可求天皇帝谕其退兵，可保其本部平安无事。遭遇大的天灾人祸，明帝会发放银米赈救，会遣官将带兵前来平乱，处理善后事宜，扶持子孙东山再起。

而且，天朝的物产丰富，女真急需的食盐、布帛、铁锅、铁铧、耕牛等生活、生产必需品，也可以通过马市和朝贡得到的赏赐来满足，又可以通过马市出售女真地区的人参、珍珠、貂皮、狐皮、松子、木耳等土特产，这样就会得到大量银两，用于购买所需物品。这对女真的延续和发展，将起到非常大的作用。

但是，猛哥帖木儿曾是元朝政府封授的斡朵里万户，元亡明兴，又未祈明封职，反而因此逃入朝鲜，长达二十余年之久，怎能使明帝相信自己归顺的诚意？不知明帝究竟会怎样对待自己，万一遇到变故，难免会被大皇帝猜疑，从而招来杀身之祸，至少也是吉凶难卜。再加上朝鲜国王不愿女真返回明朝，受明封职，一再遣官前来威逼，假若受了明帝封职，随从明朝使臣前往南京朝贡，恐将因此惹怒朝鲜国王，不予放行，甚至遣军征剿，闹得族破人亡。

明帝远在千山万水以外，难以遥控，自然不会因封职之事派兵来讨，而朝鲜国王就在本地，边将领兵，三日即可杀到女真地区，如果只图眼前平安，为稳妥起见，还是以拒绝接受明职更好。可是，假若拒绝明帝敕命，永居朝鲜，虽能一时苟安，却失去了以后返回故乡顺利发展的大好机遇。

正当猛哥帖木儿彷徨不定的时候，王教化到了，多方劝抚，又宣读了明成祖的敕谕。敕书说：

前者阿哈出来朝，言尔聪明，识达天道，已遣使赍敕谕尔。使者回复，言尔能恭敬朕命，归心朝廷，朕甚嘉之。今再遣千户王教化等，赐尔彩缎表里，尔可亲自来朝，与尔名分赏赐，令尔抚安军民，打围牧放，从便生理。其余头目人等，合与名分者，可与同来。若有合与名分，在彼管事不能来者，可明白开写来奏，一体给予名分赏赐。故敕。

这道敕书表明，他对猛哥帖木儿的"识达天道""归心朝廷"十分嘉奖，只要猛哥帖木儿"亲自来朝"，就要给予"名分赏赐"，授予官职。其属下人员，仍归其管辖，并且不强迫女真人放弃旧俗，改从汉制，女真照样可以"打围牧放，从便生理"，维持旧俗。

对于猛哥帖木儿来说，有了这道敕书，猛哥帖木儿入京朝贡，封授官职以后，就是找到了一个强大的后盾。他是天朝大皇帝的官员，就会受到大皇帝保护，朝鲜国王自然不能随意欺凌他，更不能派军征剿。

猛哥帖木儿根据敕谕和王教化的劝说，做出了正确的决定：率领部众，归顺皇帝。为了避免朝鲜国王阻挠和欺凌，猛哥帖木儿一面收拾行李，备办贡物，准备亲赴京师受封；一面又设计敷衍朝鲜，对朝鲜官员假称"我等不从朝廷招安"。朝鲜国王信以为真，便放松了警戒，猛哥帖木儿平安地离家出发，随使臣王教化前往京师朝拜大明天子了。

朝鲜国王不许猛哥帖木儿入朝，这个时候明成祖十分恼怒，严厉训斥了朝鲜使臣，责备朝鲜国王不放猛哥帖木儿是对君不敬，并对外宣称："猛哥帖木儿，皇后之亲也。遣人招来，皇后之愿欲也。骨肉相见，人之大伦也。"使臣返国，朝鲜国王闻言大惊，立即上奏认过，表示迅即遣送。这个时候猛哥帖木儿已经来到京城，见到皇帝了。

猛哥帖木儿进京叩拜后，就被永乐皇帝授予建州卫指挥使，"赐印信、钑花金带"，赐其妻幞卓衣服、金、银、绮、帛。

猛哥帖木儿对于大皇帝十分忠顺，除遣部众进呈礼品外，还多次亲自赴京朝贡，仅据《明实录》记载，从永乐十一年至宣德八年（1413—1433）的二十一年里，他就亲自入京朝贡七次，明政府依例宴待，赐予表里、彩币等物。猛哥帖木儿还多次为明帝效劳。永乐二十年（1422）三月，明成祖亲率大军征讨鞑靼和宁王阿鲁台，猛哥帖木儿也随军征战。

明帝对于猛哥帖木儿忠顺尽力，一再嘉奖升职，先于永乐十一年至

长白山天池

十四年间（1413—1416）另设建州左卫，命其掌管左卫事务，又于宣德元年（1426）正月晋其为都督佥事，赐冠带。宣德八年（1433）二月，再晋右都督。其弟凡察，由指挥佥事晋为都指挥佥事。

猛哥帖木儿也注意与朝鲜国王搞好关系，多次遣人到王都赠送礼物，以免遭到侵袭，但摩擦仍然未能避免，双方经常有小的厮杀。永乐八年（1410）二月，朝鲜国王命吉州察理使赵涓往征兀秋哈、兀良哈、吾都里女真。赵涓至豆门，诱杀毛怜卫指挥把儿逊、阿古车着和等人，歼灭其部族数百人，并焚其庐舍，猛哥帖木儿管治下指挥阿乱之孙甫乙吾二人亦被杀害。

猛哥帖木儿知道后十分愤怒，与其弟于虚里及其他首领，数次前往攻打朝鲜庆源府城乡，火焚房舍，抢掠人畜，射伤兵马使郭承佑等官民，朝鲜国王派兵前来增援庆源。猛哥帖木儿为了保护部众平安，避免遭受更大的损失，于永乐九年（1411）率领部众迁往建州卫指挥释家奴居住的凤州，在今吉林市南辉发河流域居住耕牧。后来，因随明军往征鞑靼，为防此鞑靼报复，猛哥帖木儿于永乐二十一年（1423）以"所居在达达军马路边"，怕"达达扰乱"，向永乐皇帝奏准，率部众一千余户，迁往斡木河（朝鲜会宁）原居地区。

杨木答兀为辽东女真豪族，在开原住千户。他屠城剽掠后，"契家逃窜"至斡木河。明廷令猛哥帖木儿和凡察将杨木答兀裹胁的辽东兵民送往京师，如果杨木答兀"怙恶不悛，即擒拿来献"。又相继派指挥王雄、金声前往招安杨木答兀，命猛哥帖木儿协助。王雄到后，杨木答兀躲了起来，猛哥帖木儿派部下四处寻找，没有找着，王雄只好返回辽东。金声来到斡木河后，猛哥帖木儿又差千户兀里寻找，叫杨木答兀来见。兀里找到了杨木答兀，讲了经过。杨木答兀自己没去，叫亲弟等五人到京师。

明帝又派辽东都指挥佥事裴俊领兵一百六十名，在宣德八年（1433），前往"招取杨木答兀下漫散人口"，敕谕猛哥帖木儿说："皇

帝敕谕建州左卫掌卫司右都督猛哥帖木儿及男阿谷并大小头目人等，比先杨木答兀一起漫散出去军官，已陆续招还复业。近闻高早化等六十九家，现在尔处地方居住，兹遣指挥同知裴俊、千户赵镇古老、百户王茂赍敕谕前来，招其回还。敕谕至日，尔等即令高早化等六十九家，尽数收拾，同指挥阿谷、裴俊等送至原卫所，安生乐业，尤见尔报效朝廷之诚心。尔等其钦承朕命毋怠。"

遵依敕谕，猛哥帖木儿及长子阿谷、弟凡察等人陪同都指挥佥事裴俊，前往招取杨木答兀下漫散人口。在宣德八年（1433）闰八月十五日，杨木答兀纠合阿速江等卫野人阿答兀等三百余人前来抢掠。阿谷、凡察等奋勇抵挡，负伤力战，猛哥帖木儿也招来人马，与官军追杀来敌，杀退敌兵，迎接裴俊到斡木河本部地区暂居住。十月十九日，杨木答兀又纠合"各处野人"八百余人，前来围攻凡察、阿谷等家及裴俊营寨，火烧房屋，攻破阿谷家大门，身为大明右都督、聪睿机智、英勇善战、威震各部的女真名酋猛哥帖木儿，为效忠明帝而不幸奋勇战死，阿谷及其他在家男子亦皆遇难，猛哥帖木儿之次子董山及阿谷之妻被"七姓野人"掳去，大量人畜被掠。努尔哈赤的先祖遭到了巨大灾难。

世居建州

宣德九年（1434），也就是猛哥帖木儿被杀、董山被俘的第二年。明宣宗升建州左部指挥佥事，凡察为都督佥事，仍掌卫事。不久，董山得到"毛怜卫指挥哈儿秃等赎回"。董山就是努尔哈赤的五世祖，因在斡木河生活不得安稳，十分艰难，奏请迁往辽东，与"李满住（阿哈出之孙）一处位坐"。明正统五年（1440）六月，董山和凡察在明廷的允准下，率所部三百余户，历尽曲折，冲破层层阻挠，迁到浑河支流苏子河一带，与李满住合住在一起。这时，建州女真经过半个世纪的离合辗转，又重新聚集在一起。这片群山环绕的苏子河谷，后来成为努尔哈赤崛起的基地。

董山（童仓）是猛哥帖木儿的次子，因为迁往苏子河时年二十二岁，长得体格魁伟，仪表威严，所属部众，心多倾附。因董山藏有明廷给其父猛哥帖木儿的赐印，就和他的叔父凡察争袭建州左卫指挥使的官职。一卫新旧两印，因争权力，叔侄纷争不已。

从此，建州女真就分为建州卫、建州左卫和建州右卫，合称"建州三卫"。时掌建州卫印的李满住，娶权豆（董山之兄）的孀妇为妻；掌建州左卫印的董山，又求娶李满住之女为妻；而建州右卫印信，则归董山之叔凡察收掌。由于这个原因，在建州虽有建州三卫之名，实际上他们却是居住一处，同族联姻，都是明政府统治下的建州女真部，也就是后来满族形成的主体部分。

建州女真隶属于明朝奴儿干都指挥使司，明初，女真分为三大部，这就是建州女真、海西女真和黑龙江女真（又叫"野人"女真）。明廷为了统治女真等族人民，洪武八年（1375）开始设置辽东都指挥使司，总辖东北地区的军政。到永乐七年（1409），又设置奴儿干都指挥使司，治所在辽代奴儿干城旧址，就是黑龙江下游亨滚河口对岸附近特林地方。它是明朝的地方军政机构，其辖境东起鄂霍现次海，西迄鄂嫩河，南濒日本海，北达外兴安岭。奴儿干都司的设置，大大加强了明廷对黑龙江和乌苏里江流域三大部女真以及吉烈迷、达斡尔、蒙古等族人民的统治。后来猛哥帖木儿的六世孙努尔哈赤兴起，统一女真各部，就囊括了奴儿干都司辖下的建州女真、海西女真和黑龙江女真。

董山迁往苏克素浒河（今辽宁苏子河）三卫合住后，官至右都督，势力复大振。他乘建州卫指挥使李满住年迈之机，起而兼管三卫，颇有统一建州女真之势。但明朝中期国力强盛，明廷在加强对女真等族地区管辖的同时，又实行民族分裂和民族歧视政策。"分其枝，离其势，互令争长仇杀，以贻中国之安"，是明朝统治者对女真族的传统政策。

努尔哈赤塑像

董山等女真贵族借口反对明朝政府对女真的压迫，不时出兵辽东地区"犯抢"，掠夺耕牛、马匹、衣物和人口，给辽东人民带来很大灾难。明廷的一份咨文中称："建州三卫女直（女真），结构诸夷，悖逆天道，累犯辽东边境，致廑圣虑，特命当职等统调大军，捣其巢穴，绝其种类。"成化三年（1467），明廷借故将董山杀死。派李秉、赵辅统兵，分路并进，血洗烟突山下董山屯寨，共斩擒俘一千一百五十七人，并"焚其巢寨房屋一空"。同时，朝鲜国王李琛受明胁迫派康纯领兵助攻建州。同年九月，康纯等率兵攻入婆猪江兀弥府诸寨，焚烧栅舍，斩杀李满住及其子古纳哈等三百八十六人，并析白木书云："朝鲜大将康纯领精兵一万攻建州！"建州女真焚荡殆尽，部落残破，建州三卫元气大伤，无法实现统一。

董山有三子：长子妥罗，次子妥义谟，三子锡宝齐篇古。努尔哈赤的四世祖为锡宝齐篇古。成化五年（1469）七月，妥罗"悔过来朝"，李古纳哈之侄完者秃亦"悔过来朝"，建州左卫都指挥佟那和札等人奏请让妥罗、完者秃分袭其父其伯之职。兵部尚书白圭等人奏称："董山等世受国恩，享有爵土，罔思敬顺，自取诛戮，妥罗等乃叛逆遗孽，法当诛夷，然既听其悔过来朝，待以不死矣，予夺之宜，惟圣明裁处。"明宪宗谕令宽宥，命妥罗降袭都指挥同知，完者秃降袭都指挥佥事，"令统束本卫人民，依前朝贡，再犯不货"。

弘治中又晋为一品都督。终孝宗之世，妥罗曾五次入朝。妥罗执掌建州左卫时，因其部曾受明军"捣其巢穴"的重创，元气一时难以恢复。他又软弱无能，建州女真仍处于分裂状态。妥罗在正德元年（1506）死去。明廷以妥罗子脱原保袭其父原职。建州左卫指挥使职原保，在明武宗时曾五次入京"朝贡"，仍同明朝保持密切关系。妥罗的三弟锡宝齐篇古，其事迹不见于文字记载。锡宝齐篇古只有一子，名叫福满。

努尔哈赤的曾祖是福满，后来清朝尊他为兴祖直皇帝。福满有六子：长子德世库，次子刘阐，三子索长阿，四子觉昌安（叫场），五子包朗阿，六子宝实。后称觉昌安六兄弟为宁古塔贝勒。"宁古塔"在汉语中意为六；"贝勒原为女真贵族之称号，初意为"大人""酋长"。崇德元年（1636）定封爵，贝勒在亲王、郡王之下。他们兄弟六人分住六城，环卫而居，相距近者五里，远者不过二十里。

努尔哈赤的祖父是觉昌安，后被清朝尊为景祖翼皇帝。觉昌安继承先业，居赫图阿拉。赫图阿拉意在今辽宁省新宾县境，后清定名为兴京。觉昌安"素多才智"，长子礼敦英勇善射，又与明辽东总兵官李成梁关系密切。他率领兄弟子侄等战败邻近强悍寨主硕色纳和加虎等，收服五岭迤东、苏克素浒河迤西二百里内的诸部，势力日渐强盛。觉昌安有五子：长子礼敦，次子额尔衮，三子界堪，四子塔克世（他失），五子塔察篇古。觉昌安的第四子塔克世，是努尔哈赤之父，后被清朝尊为显祖宣皇帝。

努尔哈赤的先祖，从猛哥帖木儿至塔克世，凡六代，历时二百年，由斡朵里经斡木河到凤州，再由凤州经斡木河到苏克素浒河谷，几经周折，数盛数衰，历经千难万险，最后定居在赫图阿拉。

这里的自然条件和地理位置，和海西女真和黑龙江女真居住的地区相比更为优越。因此，建州女真在女真三大部中"居中雄长，地最要害"，

11

它比邻抚顺，接近汉族聚居地区，便于和汉族互市通商，输进铁制农具、耕牛和先进生产技术，加快了本部经济发展的步伐。女真奴隶制经济的发展，"马市"贸易的扩大，各部经济联系的加强以及阶级斗争的推动，到16世纪末和17世纪上半叶，已经出现各部统一与社会变革的趋势。建州女真由于历史与地理、经济与文化、军事与政治、社会与民族的原因，就成为女真各部统一与社会改革的核心。这种女真各部统一与社会改革的历史趋势，使得建州左卫指挥使世家出身的努尔哈赤，利用人民的力量，跨入由可能进到现实的门槛。

努尔哈赤后来统一女真各部的内在因素是女真社会的统一趋势；明朝统治的衰落腐朽，则是其统一女真各部的外在因素。因为建州女真毕竟是当时明朝政治棋盘上的一枚棋子，它的左右进退，要受明朝总政治形势的制约和影响。到努尔哈赤降生的时候，明王朝已经像一座柱梁倾斜的大厦，岌岌可危将要倒塌。

第二章 起兵复仇

生活的磨砺

费阿拉城依山傍水，是个非常美丽的山城。苏克素浒河（苏子河）就从费阿拉城下流淌而过。苏克素浒河的源头就在长白山西麓，流到今抚顺东营盘地方与浑河汇合后，南往江河，最后泻入辽东湾。苏克素浒河穿过千沟万壑与茂密丛林，到费阿拉附近形成一片宽敞的平原。苏克素浒河平原上土层深厚，土壤肥沃，雨量充沛，气候宜农。河两岸的原野，谷地丘陵都被垦殖。在春日融融的季节，耕牛布散，禾谷丰茂。努尔哈赤就出生在建州女真美丽的费阿拉城一个奴隶主的家庭里。

努尔哈赤的父亲是塔克世，一共有五子一女。他的正妻是阿古都督的女儿，姓喜塔拉氏，名额穆齐，也就是努哈赤的母亲。喜塔拉氏诞育了三子一女：长子努尔哈赤，三子舒尔哈齐，四子雅尔哈齐和一个女儿。后来清朝尊喜塔拉氏为宣皇后。塔克世的继妻那拉氏，名肯姐，是哈达贝勒万所养的族女，为人刻薄，只生育了一个儿子，即第五子巴雅喇。塔克世的另一个妻子李佳氏，为古鲁礼女，也养育了一个儿子，即第二子穆尔哈齐。

努尔哈赤的家庭，原是女真奴隶主中的一个显赫家族，但到他童

费阿拉城

13

年的时候，已经家道中落。

努尔哈赤十岁的时候，母亲喜塔拉氏去世后，其继母对他很不好，常向塔克世进谗言。塔克世遂于努尔哈赤十九岁时与其分居，"家产所予独薄。后见太祖有才智，复厚与之，太祖终不受"。可见分家之时，努尔哈赤从其父塔克世那里得到的"阿哈、牲畜甚少"。

努尔哈赤在青少年时期曾参加劳动。在三月至五月、七月至十月的采集季节里，努尔哈赤同伙伴们一起，进入莽莽的林海，搭棚栖居，每棚能住三四人，白天采集，夜晚棚宿。他挖人参，采松子，捡榛子，拾蘑菇，然后到抚顺马市贸易，用赚来的钱维持生活。这一时期因参加劳动，接触部民，对他以后的政治生涯有着很大的影响。

努尔哈赤因为经常往来于抚顺关马市进行贸易，所以他广交汉人，了解汉族封建经济情况。熟悉明朝政治动向，结识汉族知识分子，受到汉族文化的熏陶。他在集市贸易的交往中，熟知辽东地区的山川形势与道里险夷。他在同蒙古人和汉人的广泛接触中，学会了蒙古语文，并粗懂汉语、识汉字。

黄道周说努尔哈赤"好看三国、水浒二传，自谓有谋略"。如朝鲜人申忠一到费阿拉，见舒尔哈齐家的大门上有一副残破的对联，上联剩下的字是"迹处青山"，下联剩下的字是"身居绿林"。这反映他们喜爱汉文章回小说，受汉族封建文化影响较深。

总而言之，抚顺关马市贸易像一所大学校，使努尔哈赤从中学习了社会和经济、政治和文化、民俗和语言、军事和地理，从而增长了见识，丰富了智慧，开阔了胸怀，磨炼了意志。

父祖惨死

努尔哈赤的青少年时代，可以说是个动乱不止的年代，正值女真社会的阶级矛盾与民族矛盾纷繁复杂、交互盘错之际。那个时候阶级间的斗争日趋尖锐，各部族之间的战争愈演愈烈。

这个时候，女真部族原来的建州三卫，实际上已经融汇成建州五部：苏克素浒河部、浑河部、完颜部、董鄂部、哲陈部和长白山三部：鸭绿江部、朱舍里部、讷殷部。

在这个时候的建州各部里面，在势力方面来看，以王杲的部落最为强大。王杲当时是建州右卫都指挥使，因其生性

清代士兵盔甲

剽悍好乱，多次率众掠扰辽边，嘉靖三十六年（1557）掠抚顺，杀守备彭文洙，屡掠东州、会安、一堵墙等堡。嘉靖四十一年（1562），又大举入掠，结果被明朝副总兵黑春杀败。王杲率部后退，设埋伏于媳妇山，诱黑春来追。黑春中计入伏，被俘，王杲磔杀黑春，旋即深入辽阳，掠孤山、抚顺、汤站，先后杀戮指挥使王国柱、陈其孚、戴冕、王爵、杨王美及把总田耕等数十名军官，并将抚顺游击裴承祖剖腹惨杀。明廷大怒，断绝王杲贡市，决定大军征剿。

万历二年（1574），王杲以明绝贡市，大举犯辽、沈。明辽东总兵李成梁等统兵"毁其巢穴，斩首一千余级"。翌年，王杲复纠余众人入侵，为明军所败。王杲投奔海西女真哈达部王台。王台缚王杲以献，"槛车致阙下，磔于市"。

王杲死后，子阿台思报父怨。万历十年（1582），明总兵李成

15

梁以在孤山堡等处，被射死苍头军一人、虏九人、掠马三匹为由，亲自提兵出塞，在曹子谷和大黎树佃破阿台部，共"斩首和捕虏凡一千五百六十三级"。

万历十一年（1583）正月，阿台从静远堡、榆林堡深入浑河两岸。二月，李成梁欲"缚阿台，以绝祸本"，勒兵从抚顺王刚谷出塞百余里，直捣阿台住地古勒寨。"寨陡峻，三面壁立，壕堑甚固"，李成梁损兵折将，久攻不克。

这个时候，苏克素浒河部图伦城主尼堪外兰，受到明朝的扶植，辽东总兵李成梁以此利用他为傀儡，企图通过他加强对建州女真各部的统治。尼塔外兰引导明军至古勒寨攻打阿台。阿台之妻是觉昌安的孙女（努尔哈赤伯父礼敦之女）。觉昌安见古勒寨被围日久，便想救孙女免遭兵火，又想去劝说阿台归降，就同他的儿子塔克世到了古勒寨。塔克世留在外面等候，觉昌安独自一人进入寨里。因伫候时间较久，塔克世也进寨探视。明军攻城益急，觉昌安和塔克世父子都被围在塞内。

明宁远伯辽东总兵李成梁攻城不克，大怒要绑缚尼堪外兰问败军辱师之罪。尼堪外兰害怕，愿身往城下招抚。他到城下后高喊道："天朝大兵既来，岂有释汝班师之理！汝等不如杀阿太（阿台）归顺。太师有令，若能杀阿太（阿台）者，即令为此城之主！"阿台部下有人信以为真，便杀死阿台率军投降。李成梁在古勒寨降顺后，"诱城内人出，不分男妇老幼，尽屠之"！努尔哈赤的祖父觉昌安和父亲塔克世，在混乱中也被攻陷古勒寨的明军所误杀。

努尔哈赤惊闻父祖蒙难的噩耗，捶胸顿足，悲恸欲绝。他往诘明朝边吏曰：

我祖、父何故被害？汝等乃我不共戴天之仇也！汝何辞？

明朝遣使谢过称："非有意也，误耳！"遂还其祖、父遗体，并与"敕书三十道，马三十匹，复给都督敕书"，封他为指挥使。

但让努尔哈赤想不到的是明朝一面对努尔哈赤进行抚慰，一面却又帮助尼堪外兰在甲版筑城，扶植他做"建州主"。当时，建州女真的许多部，见尼堪外兰势力很大，又受到明朝的支持，都前往投归尼堪外兰。即使努尔哈赤同族的宁古塔诸祖的子孙，也都对天立誓，要杀害努尔哈赤，投附尼堪外兰。

努尔哈赤对明朝扶持尼堪外兰极为不满，但自己又无力兴兵攻明，便将杀死其祖、父之愤，倾泻到尼堪外兰身上。他对明朝边官说："杀我祖、父者，实尼康外郎（尼堪外兰）唆使之也，但执此人与我，即甘心焉！"明朝边吏婉辞拒绝。努尔哈赤便椎牛祭天，含恨起兵。

起兵报仇

努尔哈赤为报父、祖之仇，于万历十一年（1583）五月，率兵攻打尼堪外兰的图伦城。这场战斗可以说对努尔哈赤意义非常重大，因为这可以称为为了建立后来的后金、大清国打响的第一场战斗。

这次至关重要的战争，努尔哈赤究竟有多少人马呢？三种太祖实录对此分别作了叙述。《武皇帝实录》卷一载，攻打图伦城时，"太祖兵不满百，甲仅三十副"。《满洲实录》卷一写道"太祖兵不满百，甲仅三十副，克图伦而回"。《高皇帝实录》卷一说，尼堪外兰遁，"上克图伦城而归。当是时，兵百人，甲三十副而已"。

当然，这三十甲，并不全是努尔哈赤的，因为《满洲实录》明确写道："太祖欲报祖父之仇，只有遗甲十三副，遂结诺密纳共起兵，攻尼堪外兰。"诺密纳背约不赴，努尔哈赤仍然率众进攻，克城而归，可见这三十甲中，有十七甲是嘉木湖寨主噶哈善和沾河寨主常书、扬书的，至于

所谓的"兵不满百"，其中好些人也是噶哈善等三位寨主的。这从后来将其人编入牛录时，可以得到证明。《清史稿》卷二二七《常书传》载"常书、杨书率众来归后，常书兄弟事太祖，分领其故部，为牛录颜真"。《八旗满洲氏族通谱》卷三二《常舒》载"（常舒）世居沾河地方，国初同弟扬舒来归，编佐领，使统之。又编半个佐领，令其第四子布汉图统之"。《八旗通志初集》卷七载："镶白旗满洲第三参领之第六佐领，原系国初以占河人丁编立之半个牛录，始令常舒之子布哈图管理。后增以何勒之半个牛录，编为一整牛录。第十佐领，亦系国初以占河人丁编立，始以常舒管理"。由此可见，常书（常舒）弟兄来归努尔哈赤之时，带有一些人丁（亲族、诸申），其中一些人参加了图伦之战。

万历十一年（1583）五月，努尔哈赤借报祖、父之仇为名，以塔克世"遗甲十三副"，率兵百人，向尼堪外兰的驻地图伦城发动进攻。是役，打败尼堪外兰，攻克图伦城。但是，努尔哈赤原约诺米纳率兵会攻图伦城，而诺米纳背约不赴，尼堪外兰又预知消息，遂携妻子逃遁至甲版。努尔哈赤攻克图伦城后胜利而归，那年他二十五岁。

清代青铜器

努尔哈赤起兵，攻打图伦城以后，女真各部是什么样的局面？这是关系到努尔哈赤盛衰兴亡的重要问题，不能正确观察，掌握形势，就不能采取正确的方针、政策、策略和战略战术，便难以战胜敌人，由弱变强，从小变大。

《满洲实录》将这时的女真分为"满洲国""东海"和"呼伦国"三大系统。"满洲国"就是建州女真，"呼伦国"是海西女真，"东海"女真是"野人女真"的一支，另一支是"黑龙江女真"，以住居黑龙江流域而得名。

这时的建州女真情形，呈现出三个特点：

一是分裂涣散，小部众多。建州女真内部，已经陆续演变为苏克素浒河部、浑河部、完颜部、栋鄂部、哲陈部、鸭绿江部、纳殷部、朱舍里部，等等。各部之内，又分为若干小部，如苏克素浒河部，有图伦、萨尔浒、嘉木湖、沾河、安图瓜尔佳等等城寨，浑河部包括杭嘉、栋嘉、札库穆、兆嘉、巴尔达、贝欢等城寨。由于王杲、阿台、阿海大败被杀，王兀堂重创溃败之后销声匿迹，建州女真务部实力大损，伤了元气，一般都是人丁稀少，甲仗不全，像沾河寨主常书、杨书弟兄，嘉木湖寨主噶哈善，部众皆只有几十人。界藩、萨尔浒、栋佳、巴尔达四城部长联合发兵，只有兵四百名。当然，也有拥众数百的大部长，如栋鄂部长阿海就有兵四百，但这样的酋长太少。

二是称王争霸，互相残杀。这些族长、寨长、部长，才虽平庸，势虽不盛，可是他们彼此之间却互不相让，称霸争雄，甚至骨肉相残，干戈时起。栋鄂部诸酋长曾聚议兴兵说："昔六王族众借哈达国兵掠我数寨，今彼与哈达国已成仇隙，我等乘此机会，宜往报仇。"众酋长"遂以蟒血淬箭，以备用"，欲攻打努尔哈赤，但"其后部中自扰乱"，未成行。

三是仇敌甚多，众矢之的。不少酋长必欲将努尔哈赤置于死地。萨尔浒部长诺密纳，曾一度与努尔哈赤盟誓，要共同攻打尼堪外兰，但当起兵之时，他竟背约不赴，并向努尔哈赤提出威胁性的要求说：杭嘉、扎库穆二处，不许侵犯，栋嘉与巴尔达二处乃吾仇从此，崭露头角的努尔哈赤，采取"顺者以德服，逆者以兵临"的策略，揭开了统一建州女真各部战争

的序幕。

在努尔哈赤起兵之时，他身边有两个重要人物，如同左膀右臂，即额亦都和安费扬古：

额亦都，姓钮祜禄氏，嘉靖四十一年（1562）生，小努尔哈赤四岁，世居长白山，后随祖父阿陵阿移居英鄂峪。他幼时，父母为人所害，因藏匿邻村得免。额亦都长到十三岁，拔刀杀死仇人后，逃往苏克素浒河部嘉木湖寨，依姑度日。后遇努尔哈赤，言语投契，要跟从努尔哈赤。他姑母不许。额亦都于是说："大丈夫生世间，能以碌碌终乎？"翌日，额亦都不告而别，遂从努尔哈赤行。他之所以断然跟从努尔哈赤，史载"额亦都识为真主，请事太祖"。这显然有所渲染，但额亦都当时确已认识到跟随努尔哈赤就能够做出一番事业。努尔哈赤攻图伦城，额亦都奋勇先登。额亦都跟随努尔哈赤四十余年，骁勇善战，屡建奇功，忠心效劳，深受信任，后为五大臣之一。

安费扬古，姓觉尔察氏，与努尔哈赤同岁，世居瑚济寨。他的父亲完布禄跟从努尔哈赤，有人诱其背叛，不从；又劫其孙相要胁，但终无贰志。安费扬古自随努尔哈赤起兵后，攻克图伦，四处征战，驱马攻坚，挺身突入，后也成为五大臣之一。努尔哈赤后来猛士如云，额亦都和安费扬古尤为杰出。

这一年，努尔哈赤以带领额亦都、安费扬古等百人的队伍，打败尼堪外兰、夺取图伦城为起点，开始统一苏克素浒河部。努尔哈赤家族所在的苏克素浒河部，分布于苏克素浒河（即苏子河）下游到该河注入浑河处的一带地方。苏克素浒河部萨尔浒城主诺米纳，也曾同努尔哈赤歃盟，后来见尼堪外兰依恃明朝而势力较强，便背弃盟誓，"阴助尼堪外兰，漏师期，尼堪外兰得遁去"。努尔哈赤对诺米纳虽然怀恨在心，但他不用力攻，而用计取。他暗自定下破诺米纳、取萨尔浒之计。

时值诺米纳、萧喀达派人来约，会攻浑河部巴尔达城。努尔哈赤便佯同诺米纳等约盟，合兵攻巴尔达城。临战时，他要诺米纳先攻，诺米纳不从。这个时候，努尔哈赤便使用预订之计，轻而易举地除掉了诺米纳。据记载：

太祖曰："尔既不攻，可将盔甲、器械与我兵攻之。"诺来纳不识其计，将器械尽付之。兵器既得，太祖执诺米纳、鼐喀达杀之，遂取萨尔浒城而回。

努尔哈赤虽然杀了诺米纳，但对他的部民却不加伤害，让他们照旧住在萨尔浒城，并修整城栅。在统一女真各部战争中，努尔哈赤用兵的一个特点是，不仅用步骑强攻，而且以计谋智取。这样他便很快地统一苏克素浒河部，势力渐强，威信日增。

索子甲

万历十二年（1584），努尔哈赤起兵一年后，外部敌人的劫案，宗族戚友的加害，依然仍处于危险的逆境。如先有"长祖、次祖、三祖、六祖之子孙同警于庙，欲谋杀太祖"，又有其继母之弟萨木占等将他的随从、妹夫噶哈善邀杀于路。但努尔哈赤在不利条件下善机变，少树敌，逐渐地由弱变强。

如四月初一日半夜，努尔哈赤突然听见窗外有脚步声，便起身佩刀

执弓，将子女藏在僻静之处。然后让他的妻子装作上厕所的样子，他紧紧跟在后面，用妻子的身体隐蔽自己，潜伏在烟囱的侧后。努尔哈赤借闪电之光，见一人逼近，以刀背击仆，喝令近侍洛汉把他捆起来。洛汉要把那人杀掉，努尔哈赤暗想：我要是杀了他，其主人会以我杀人为名，派兵前来攻我，而我兵少难敌，于是佯言道："尔必来偷牛！"那人见机回答道："偷牛是实，并无他意。"近侍洛汉插话道："此贼实害我主，诈言偷牛，可杀之，以戒后人！"努尔哈赤断然道："此贼实系偷牛，谅无别意！"于是，就将那人释放。

又如在五月一个阴云密布的漆黑夜晚，有一个叫义苏的人排栅潜入。努尔哈赤发觉后，着短甲，持弓矢，假装外出如厕的样子，藏在烟囱的后面。闪电一烛，他看见贼人开始逼近，扣弦一箭，却被贼人躲过；再发一箭，射中其足，后把义苏捆缚鞭挞。族中兄弟要把义苏杀死，努尔哈赤道："我若杀之，其主假杀人为名，必来加兵，掠我粮石。粮石被掠部属缺食，必至叛散。部落散则孤立矣。彼必乘虚来攻，我等弓箭、器械不足，何以御敌？又恐别部议我杀人启衅，不如释之为便。"

说完便把义苏释放。努尔哈赤释义苏、少树敌，临事机变、深沉大度，是为积蓄力量，准备条件，继统一苏克素浒部之后，将董鄂等部吞并。

董鄂部位置在董鄂河（今浑江）流域，与苏克素浒河部为邻。努尔哈赤在六月为给噶哈善复仇，与萨木占激战马儿墩寨之后，又率兵前往攻董鄂部。

九月，努尔哈赤得知董鄂部"自相扰乱"的消息后，以为是个机会要乘时往攻。诸将谏阻说："兵不可轻入他人之境，胜则可，倘有疏失，奈何？"努尔哈赤力排众议，说："我不先发，倘彼重相和睦，必加兵于我矣！"他在说服诸将后，率兵五百人，携带蟒血毒箭，往征董鄂部主阿海驻地齐吉答城。阿海聚兵四百，闭门守城。努尔哈赤统兵围攻城栅，并纵

火焚毁城上悬楼和城外庐舍。城将陷，不料天降大雪，还师。

在还师途中，又进攻翁科洛城。翁科洛人得知消息后，敛兵城里，紧闭城门。努尔哈赤兵临城下后，下令放火焚烧城上悬楼和环城房屋。他登房跨脊，往城里弯射。城中有一人叫鄂尔果尼，引弓发矢，射中努尔哈赤，穿胄伤肉，深有指许。他拔下箭镞，血流至脚，即用所拔之箭，反射城下，一人应弦而倒，从这里就可以看出努尔哈赤顽强的战斗精神。

努尔哈赤虽负箭伤，仍弯射不止。城中另一人名洛科，乘浓烟逐渐潜近，暗发一箭，正中努尔哈赤颈部，砉然一响，箭镞穿透锁子甲围领，镞卷如双钩，伤创寸余。他用力拔下矢镞，带出两块血肉，血涌如注。别人见努尔哈赤身负重伤。要登房把他搀扶下来。努尔哈赤说："尔等勿得近前，恐敌知觉，待我从容自下。"他一手捂住伤口，一手拄弓下房。努尔哈赤从容下来后，因箭镞创伤颈动脉，血流不止，几次昏迷，只得弃城而回。

努尔哈赤等到伤创愈合后，又率兵去攻打翁科洛城。城陷后，俘获鄂尔果尼和洛科。众将把鄂尔果尼和洛科绑缚，让他们跪在努尔哈赤面前，请求施以乱箭穿胸的酷刑，以雪翁科落城之恨。但是，努尔哈赤却说："两敌交锋，志在取胜。彼为其主乃射我，今为我用，不又为我射敌耶！如此勇敢之人，若临阵死于锋镝，犹将惜之，奈何以射我故而杀之乎？"

努尔哈赤没有杀掉鄂尔果尼和洛科，并亲自给他们释缚，授为牛录额真。加以厚养。努尔哈赤这种不计私怨、宽宏大度的襟怀，深深地感动了诸将，从而加强了其统治集团内部的团结，后来经过征讨，终于完全吞并董鄂部。

斩杀仇人

努尔哈赤以百人起兵后，开始感到实力的重要性，于是率兵开始东征西伐，准备一点一点地统一女真大业。努尔哈赤在获得对苏克素浒河部，

董鄂用兵的胜利以后，又开始谋划对哲陈部用兵。

哲陈部分布于浑河上游流域，是苏素浒分部的左邻。在万历十三年（1585）二月，努尔哈赤率披甲之士二十五人、士卒五十人攻哲陈部界凡寨。但是因为事前消息泄露，让敌人有了防备，所以毫无所获。在率军返回的途中行至界凡南的太兰岗这个地方时，敌人萨尔浒、界凡、东佳和巴尔达四城之主，合兵四百余追袭。界凡城主讷申、巴穆尼疾驰逼近，努尔哈赤单骑拨马上前迎敌。讷申策骑猛扑，砍断努尔哈赤马鞭。努尔哈赤不慌不忙地拨转马头，奋力挥刀，将讷申后背砍为两段；然后又转身回射，巴穆尼中箭落马毙命，追兵也因之惊怯呆立。

努尔哈赤这时见形势对自己不利，敌众己寡，乘敌惊魂未定之际，努尔哈赤一面指挥步骑退却，一面驻马讷申尸旁。讷申部众见到这种情况呼叫道："人已死，何不去？欲食其肉耶！汝回，我辈欲收主尸。"努尔哈赤大声回答道："讷申系我仇，幸得杀之，肉亦可食！"说完以后，努尔哈赤亲自断后，策骑缓缓退却。努尔哈赤率七人将身体隐蔽，仅"露其盔，似伏兵"。敌军因为丧其首领，又疑有伏兵，未敢再追。

清朝天鸡壶

在这年的四月，努尔哈赤率马步兵五百人再征哲陈部。不料因中途遇大水，他只好令步骑回军，只留绵甲五十人、铁甲三十人，共八十人继进；到达浑河畔时，只见界凡等五城敌军八百人已经凭河依山结阵严待。这时敌人的兵力，十倍于己，以逸待劳，其势汹汹，颇为险恶。他的部属、五祖包朗阿之孙札亲和桑古里，见敌兵众多，竟吓得解下身上盔甲，交给别人，准备逃跑。努尔哈赤见状怒斥道："汝等平昔在家，每自称雄于旅中，今见敌兵何故心怯解甲与人？"说罢，他与弟穆尔哈齐和近侍颜布禄、兀凌噶四人，奋勇弯弓就射，杀敌二十余人。敌兵见努尔哈赤神勇惊惶阵乱，涉河争遁。

经过一阵猛烈撕杀，努尔哈赤汗流浃背，气喘吁吁。他用手断扣，卸甲稍憩。旋又着胄纵骑疾追，追至界凡险隘处，遥遥远望敌兵十五人一股。努尔哈赤取下盛缨隐身持敌。等敌人逼近时，他倾力射出一箭，敌为首一人中箭穿脊而死。穆尔哈齐接着又发一箭，又射死一人。余敌溃乱，逃至吉林崖，坠崖而死。至此，努尔哈赤获得全胜回师。

"两军相逢勇者胜。"勇敢，就是战胜敌人的一个法宝，是努尔哈赤的重要品质，也是他夺取浑河之役胜利的基本原因。浑河之役，努尔哈赤创造了女真战争史上以少胜多的奇迹。他在总结浑河之役时说："今日之战，以四人而败八百之众，此天助我以胜之也！"这为浑河之役不仅皴染夸张的笔墨，而且也涂上了神秘的色彩。

在这两年之后，努尔哈赤派额亦都率兵再征哲陈部巴尔达城。额亦都夺取巴尔达城之战，打得非常激烈精彩。

额亦都师得胜班还，努尔哈赤迎于郊，行抱见礼，大宴劳师，将所有俘获全部赐赏，并赐号"巴图鲁"。巴图鲁，是勇士的意思。至此，全部灭掉哲陈部。

虽然努尔哈赤先后统一苏克素浒河部、董鄂部和哲陈部，但起兵已经三年了，仇人尼堪外兰尚未擒获，埋藏在心底中的隐恨并未消除。一股复

仇的烈火在他胸中久久地燃烧着。擒斩尼堪外兰，洗雪父祖之仇，这就成为努尔哈赤下一个奋斗目标。

万历十四年（1586）七月，努尔哈赤闻听尼堪外兰在浑河部的鹅尔浑城。浑河部以位于浑河一带因而得名。它在苏克素浒河部的西南方，并与之为邻，鹅尔浑城坐落在浑河畔，临近抚顺。努尔哈赤顿时心急如焚，星夜兼驰，率兵进攻鹅尔浑城。城被攻陷后，因尼堪外兰碰巧外出而没有索获。努力哈赤登城遥望。尼城外逃遁的四十余人中，为首一人头戴毡帽，身穿青绵甲，疑为尼堪外兰。他下城纵骠，眼冒仇火，单骑直入，身陷重围。他被乱矢中胸贯肩，受创三十余处，仍奋死力战不退，射死八人，斩杀一人。他在余敌溃散后，返回鹅尔浑城。

回到鹅尔浑城以后，当努尔哈赤得知尼堪外兰被明军保护起来的消息时，愤怒的乌云遮住了理智之光。努尔哈赤因仇恨而失去理智，杀死城内十九名汉人，对于捉住的六名中箭伤的汉人，把箭族重新插入伤口，让他们带箭去向明朝边吏传信，索要尼堪外兰。明朝因见努尔哈赤势力日渐强大，留着尼堪外兰这个傀儡已成赘疣，就决定抛弃他。于是，努尔哈赤派斋萨率四十人去索取尼堪外兰。据记载：

太祖令斋萨带四十人往索之，及至，尼堪外兰一见即欲登台趋避，而台上人已去其梯，尼堪外兰遂被斋萨斩之而回。

斋萨斩杀尼堪外兰返回，向努尔哈赤跪献其首级。

努尔哈赤从攻尼塔外兰、克图伦城，开始了统一建州女真的战争。尼堪外兰的斩首标志着他统一建州女真的战争，已经取得决定性的胜利。万历十六年（1588）九月，他又克完颜城，灭完颜部。这这样，努尔哈赤历时五年，先后并取苏克素浒河部、董鄂部、浑河部、哲陈部和完颜部，统一了建州女真本部；到万历二十一年（1593），又先后夺取长白山三部——讷殷部、朱舍里部和鸭绿江部。至此，明朝建州左卫指挥使努尔哈赤，在十年之间，将蜂起称雄的"各部环满洲而居者，皆为削平"，使整个建州女真归一。

辖区之政

努尔哈赤在万历十五年（1587），率部众从硕里口呼兰哈达东南，嘉哈河、硕里加河之间的一个山岗上，筑城三层，建造楼台。在这年的六月二十四日，定国政，立法制，凡作乱、盗窃、欺诈，全部禁止。

努尔哈赤于万历十五年筑城建衙和定国政的情形，在建州女真历史上可以说是一件非常重要的事，同时，这也是努尔哈赤个人征程中的一件大事。尽管此时努尔哈赤只征服了十来个小部，建州女真还没有完全统一，领地狭窄，人丁不多，仅仅是辖众千余的一部之长，与臣民亿万疆域辽阔的明朝相比，与兵强马壮人口数以万计的叶赫、哈达、乌拉大部相比显得十分弱小，但是，他却胸怀壮志，高瞻远瞩，开始定辖区之政。

这个"国政"，首先是禁止作乱，禁止悖乱。"乱"，其意之一为"叛乱"，"悖"者，混乱或违反，悖乱二字连在一起，其意显然也是指的叛乱。简而言之，禁止作乱、叛乱，就是要维持社会现状，维护现存秩序，不许将现在的社会状况予以破坏和改变。"国政"的另一内容是禁欺诈，不许作伪、欺骗和敲诈勒索。"国政"的第三个内容是严禁"窃盗"，这是建州女真历史上第一次以法令的形式，来维护私有制，保护各

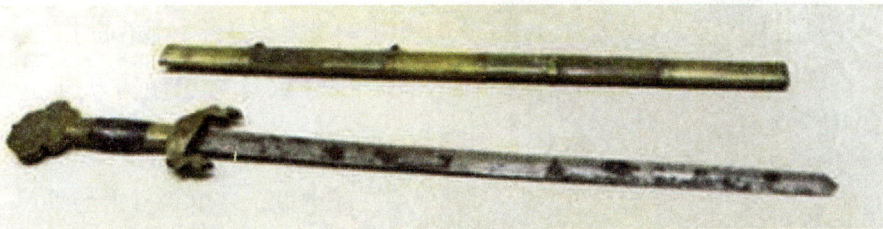

努尔哈赤龙虎将军宝剑和剑柄

27

人的私有财产不被他人窃取抢夺。除此之外，"国政"还有"立禁约法制"一句话，也就是《高皇帝实录》所说的"法制以立"，即还制定了其他禁令法例，还要禁止其他一些行为，还有一些规定必须要人们遵守，可惜《满洲实录》未具体载明，令人难以察知了。

努尔哈赤仿照明朝政府的制度，兴建了行使权力统治诸申、阿哈的公堂，并且搬用明朝的称呼，命名为"衙门"。这个词一直延续下去，直到天命十一年（1626）努尔哈赤去世以前，后金国汗、贝勒办公的地方都叫衙门，或叫大衙门，而不是称为宫殿。

国政的初定和衙门的兴建，集中反映出努尔哈赤辖区的建州女真发生了巨大的变化。看看女真中各类成员境况的差异，便可知道这个变化是何等的巨大，影响是何等的深刻和剧烈。这个变化主要体现在诸申身份、地位的下降及其与"贝勒"之间关系的变化两个方面。

建州女真虽然分成许多部落，各个部落的人丁众寡，牲畜多少，实力强弱，辖地大小，不尽相同，但各个部落的成员，总的来看，不外乎三大类别：第一类是酋长及其子弟叔侄，名目繁多，有部长、寨长、路长、屯长、城主等等叫法，亦有僭称"贝勒""汗""大人"的；第二类成员是诸申；第三类成员是阿哈，亦叫包衣阿哈。酋长和阿哈数量都少，诸申的人数最多，在部落中影响最大，是各个部落的主体。

在努尔哈赤于明万历十一年（1583）起兵以前的几十年，甚至一二百年里，诸申是自由的平民，准确一点说，是任意耕猎、行止自

皇太极御用鹿角椅

28

由的氏族成员。"初定国政"以后，诸申的处境恶化了，身份和地位也下降了。

"初定国政"以后，"贝勒"与诸申之间的关系就发生了重大变化。这时的诸申，已行止被束，被淑勒贝勒努尔哈赤所束，既要"纳所猎"，又要听从贝勒的驱使，遭受贝勒的惩罚。例如，以前女真经常越边进入朝鲜的，努尔哈赤的"次将"马臣说，"那是过去的事，今则王子统率诸胡，号令进退，岂有违越之理"。一则曰"统率"；再则曰"号令进退"；三则曰"岂有违越之理"，充分表明了诸申被"淑勒贝勒""王子"努尔哈赤辖治、约束、驱使的情形。

过去，诸申可以自由地前往朝鲜卖皮张，买耕牛，购农具，现在必须经努尔哈赤批准才能去。诸申汝可乙向马臣说，欲将熊皮、鹿皮带到朝鲜满浦去卖，买牛耕田，请马臣"言于王子"。马臣上报后，努尔哈赤不准，令其等待一段时间。

过去，诸申不受惩罚，自由度日。现在，努尔哈赤握有生杀予夺大权，制定各种禁令和规定，对听从命令的诸申，奖赐予酒，"违令者，斩头"。诸申童海老等违令潜入朝鲜渭原境内采挖人参，努尔哈赤命属将清查，查出后，每名罚牛一头，或交银十八两，"以赎其私自越江之罪"。如因贫困不能缴纳牛银，"则捉其家口，令充苦役"。努尔哈赤还亲自对申忠一说，今后若再有女真违禁私往朝鲜，朝鲜捕捉送回，"则我将极法斩之"。对于诸申一般的违令和犯下轻罪，努尔哈赤也要处治，或脱其衣，以鸣镝箭射其背，或者"打腮"以惩。

正是在努尔哈赤淑勒贝勒辖治诸申、惩罚诸申的条件下，也就是诸申对申忠一说"今则既束行止"的条件下，努尔哈赤才能让诸申"又纳所猎"，才能迫使诸申"纳所猎"，主要是要诸申屯田、当兵、服役，诸申必须屯垦田地和充当士卒。努尔哈赤在各地建堡驻兵，其兵"以各堡附近部落调送，十日相递云"。遇有征战，努尔哈赤规定各部酋长派兵数目，

第二章 起兵复仇

29

"传箭于诸酋，各领其兵"，"军器、军粮使之自备"。诸申还必须轮流到烟台服役，瞭望守卫，并且携带家口，"满一年递番"，"粮饷于各处部落，例置屯田，使其部酋长掌治耕获"。

初定国政以后，不只是诸申和"贝勒"的处境及其相互之间的关系发生了根本性的变化，就是淑勒贝勒努尔哈赤与来归、来投的其他女真部长之间的关系也有了显著的改变。《满洲实录》卷一汉文体载，万历十一年，努尔哈赤与萨尔浒部长诺密纳、嘉木湖寨主噶哈善、沾河寨主常书、扬书商议联合进攻仇人尼堪外兰时，"杀牛祭天立誓"。"四部长告太祖曰：'念吾等先众来归，毋视为编氓，望待之如骨肉手足。'遂以此言对天盟誓"。

此处的"编氓"二字，查看同书满文体，系"诸申"。随后，诺密纳"背约不赴"，努尔哈赤只好与噶哈善、常书、扬书率诸申往攻图伦城。不久，诺密纳又暗中遣人往告尼堪外兰，泄露努尔哈赤再次用兵的机密，尼堪得以逃走。不仅如此，诺密纳还遣人威胁努尔哈赤不许侵犯栋嘉与巴尔达城。噶哈善、常书、扬书三位部长对此十分"忿甚"，"谓太祖曰：若不先破诺密纳，吾等必附诺密纳矣"。以上记述，一则说四部长与努尔哈赤立誓之词为"待之如骨肉手足"，"毋视为诸申"；再则说诺密纳可以背约不赴，还遣人威胁努尔哈赤；三则说噶哈善等三位部长要努尔哈赤袭击诺密纳，否则"吾等必附诺密纳矣"，这一切表明诺密纳等四位部长与努尔哈赤之间是平等的联合关系，而非投归努尔哈赤麾下，尊其为主。可是，初定国政以后，情形就不一样了。

明万历十五年（1587）六月，努尔哈赤初定国政。第二年上半年，苏完等三部部长来归。《满洲实录》卷一对此事载述说：

三部长率众归降。时有苏完之部长索尔果率本部军民归，太祖以其子费英东为大臣。又栋鄂部部长克辙孙何和里亦率本部军民归，太祖以长公主嫩哲妻之，授予大臣之职。又雅尔古部长扈拉瑚杀兄弟族众，率军民来归，将其子扈尔汉赐姓觉罗，为养子，亦授大臣之职。

将这三位部长率众前来的情形与诺密纳等四位部长的盟誓相比较，便可看出有三点重大区别：

一是诺密纳等明确提出，不当诸申，而是"骨肉手足"，努尔哈赤同意，并以此为誓。而索尔果等三位部长则没有这种要求。

二是《满洲实录》对索尔果等之来归，明确地加上小标题："三部长率众归降"。

三是努尔哈赤对苏完等三部长之子孙皆"授予大臣之职"，诺密纳等人无此情形。集中到一点，即索尔果等三位部长是"率众归降"，是向已经初定国政身为辖区之主的"淑勒贝勒"努尔哈赤归降，双方之间是有着上下隶属的君臣关系。

综合以上"初定国政"的内容、诸申与"贝勒"身份、处境的变化及二者之间关系的变化以及努尔哈赤与苏完三部长之间君臣关系的确立，这一切归根结底，说明了一个十分重大的问题，即建州女真的国家萌芽形态已经出现，并在迅速发展，诸申已从自由的氏族成员下降为奴隶占有制国家统治的穷苦平民，努尔哈赤从原来僭称"贝勒"的氏族制度下的酋长，上升为分授大臣辖兵

明代石武官雕像

汗王井

治民的君主，当时的女真人称他为"王子"。

建州左卫指挥使努尔哈赤，起兵十年之后，兵力由"遗甲十三副"，发展到现在的一万五千余人，统一建州女真，在费阿拉"称王"。他的事业之所以蒸蒸日上，有两方面非常值得注意的因素：一方面是自己策略的正确，另一方面是李成梁策略的错误。

一点一滴地壮大自己，一寨一部地吃掉敌人，这是努尔哈赤在统一建州女真时采取的内部策略。他善于把一切可以利用、争取、团结的力量，集聚到自己的周围。就像同诺米纳、噶哈善等盟誓是一例。但对他们则区别对待，诺米纳背盟通敌，就设计除掉；噶哈善忠诚效力，就结为姻亲。又如，鄂尔果尼和洛科则是另外一例。对敌人营垒里虽有箭族之仇而又放下武器的人，他不仅"宥其死赡养之"，而且封官信用。随着自己力量的不断壮大，便由近及远，先弱后强，一寨一城，一族一部地逐渐并取建州各部。

努尔哈赤统一建州女真时采取的外部策略。既向明朝称臣纳贡、互市

中国著名帝王

努尔哈赤传

通好，又暗自独立、发展实力，如何处理同明廷的关系？这是摆在努尔哈赤面前非常严肃的课题，也是其事业成败的关键。努尔哈赤曾目睹建州女真首领两例失败的教训：王杲纵兵犯边，被斩首京师；尼堪外兰因仰人鼻息，则被明廷唾弃。努尔哈赤则采取明作明廷官员、暗自发展势力的两面政策，从而避开明廷的注意，完成了对建州女真的统一。

因为明朝辽东总兵李成梁的骄傲和失算，为努尔哈赤统一建州女真提供了一个有利的客观因素。朝鲜兵曹判书李德馨向其国王进启努尔哈赤称："其志不在于小，助成声势者李成亮（梁）也。渠多刷（送）还人口于抚顺所，故成亮（梁）奏闻奖许，驯致桀骜云耳。"李成梁被努尔哈赤的"恭顺"所麻痹。他认为努尔哈赤既恭顺听命，也成不了什么气候。

从万历十一年至十九年（1583—1591）（这一年李成梁解任），适值努尔哈赤统一建州女真时期，李成梁却把重兵投向"北元"势力和海西女真，屡获大捷，便"贵极而骄"。李成梁的骄傲和失算，给努尔哈赤造成两方面的有利条件：一方面努尔哈赤利用这个时机，几乎未受到外力的干扰，统一建州女真，形成一支万人铁骑，并建立"王权"；另一方面海西女真受李成梁重创，实力削弱，元气损伤，从而使建州与海西的力量对比，发生了有利于努尔哈赤的非常显著的变化。

第三章 统一女真

击败九部联军

努尔哈赤统一建州女真以后，又开始准备统一海西女真的战争。因居住在海西江（松花江）流域而得名的海西女真，包括叶赫、哈达、辉发和乌拉四部等，因为这个原因又叫扈伦四部。海西女真东界建州女真，西临漠南蒙古，南到开原，北至松花江一带。就在努尔哈赤准备统一海西女真的时候，形势的发展对努尔哈赤非常有利。

第一，明朝辽东大军主力入朝，进行援朝抗倭战争，松弛了它对建州的军事遏制。

第二，明朝对海西的残酷袭杀，也为努尔哈赤统一扈伦四部提供了客观的有利条件。

总之，在16世纪80年代至90年代初，辽东的明军、海西和建州三种力量发生着急剧的变化。明朝不仅辽东主力赴朝，而且自李成梁解任后，"十年之间，更易八帅，边备益弛"；海西却屡遭重创，趋向衰落；建州却生机盎然，崛起辽东。努尔哈赤以费阿拉为根据地，利用建州统一后的强大势力，抓住明朝辽东军力虚弱，叶赫、哈达罹难未复的大好时机，以古勒山之战为信号，顺利地进行了统一海西女真的战争。

努尔哈赤统一建州女真的胜利，引起扈伦四部奴隶主和贵族的强烈不安。先是，哈达贝勒扈尔干送女给努尔哈赤为妻，后叶赫贝勒纳体布禄也把胞妹那拉氏送给努尔哈赤为妻。他们企图用姻盟牵制努尔哈赤，但都没有成功。于是，叶赫贝勒纳林布禄试图以索要土地的政治手段，用于限制建州势力的膨胀。

万历十九年（1591），叶赫贝勒纳林布禄遣使至费阿拉，对努尔哈赤说："乌喇、哈达、叶赫、辉发、满洲，言语相通，势同一国，岂有五主分建之理？今所有国土，尔多我寡，盍将额尔敏、扎库木二地，以一与我！"努尔哈赤回答道："我乃满洲，尔乃扈伦；尔国虽大，我岂肯取？我国即广，尔岂得分？且土地非牛马比，岂可割裂分给？尔等皆执政之臣，不能各谏尔主，奈何觍颜来告耶！"说毕，令叶赫使臣返回。

叶赫贝勒纳林布禄碰了钉子之后，仍然不甘心。他开始召集叶赫、哈达、辉发三部贝勒会议，决定各部同时遣使至建州。努尔哈赤在费阿拉客厅里宴请三部使臣。酒席间，叶赫贝勒纳林布禄的使臣图尔德，同努尔哈赤展开一场激烈的舌战。

图尔德曰："我主有言，欲相告，恐触怒见责，奈何？"

努尔哈赤曰："尔不过述尔主之言耳！所有善，吾听之；如出恶言，吾亦遣人于汝主前，以恶言报之。吾岂尔责乎！"

图尔德曰："我主云欲分尔地，尔不与；欲令尔归附，尔又不从。倘

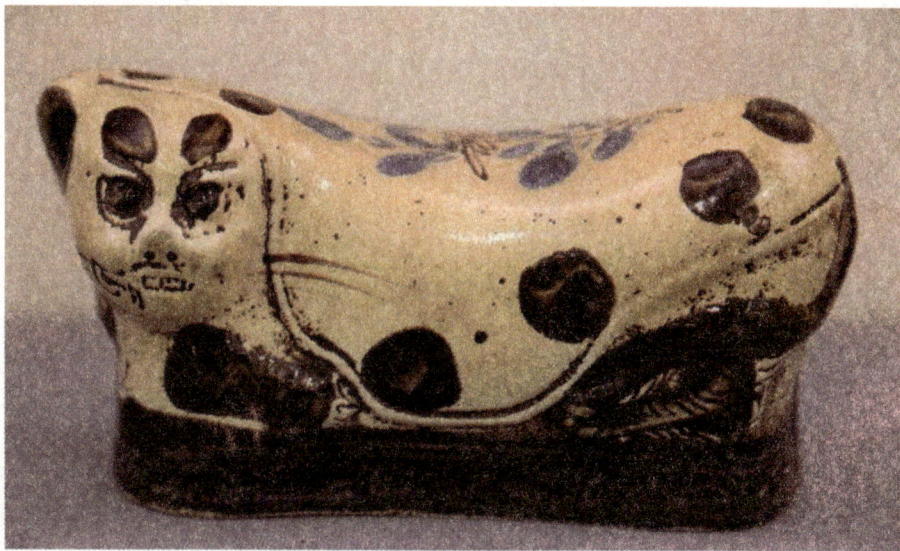

清朝陶瓷枕头

两国兴兵，我能入尔境，尔安能蹈我地耶！"

努尔哈赤闻听这番政治讹诈之后，勃然震怒，举刀断案，道："尔叶赫诸舅，何尝亲临阵前，马首相交，破胄裂甲，经一大战耶！昔哈达国孟格布禄、戴善，自相扰乱，故尔等得以掩袭之。何视我若彼之易也？况尔地岂尽设关隘，吾视蹈尔地如入无人境，昼即不来，夜亦可往，尔其来我何？昔吾以先人之故，问罪于明，明归我丧，遗我敕书、马匹，寻又授我左都督敕书，已而又赍龙虎将军大敕，岁输金币。汝父见杀于明，曾未得收其骸骨。徒肆大言于我，何为也？"

会后，努尔哈赤命人写出回帖，遣官送交叶赫贝勒布斋和纳林布禄。

战争是政治的继续。纳林布禄对努尔哈赤，既不能用联姻手段笼络，又不能以政治讹诈压服，那么便只有诉诸武力。但是，狡猾的纳林布禄先放一把小火对建州进行试探。

万历二十一年（1593）六月，叶赫纠合哈达、乌拉、辉发四部兵马，劫建州户布察寨。努尔哈赤闻讯后即率兵往追，直抵哈达部富尔佳齐寨。建州兵与哈达兵在富尔佳齐相遇。努尔哈赤便令步骑前行，独身殿后，以诱敌入伏。这个时候追兵突至，前一人举刀猛扑，努尔哈赤回身扣弦，射中马腹，敌骑遁去；另三人联骑举刀全力冲来。当努尔哈赤坐骑惊跃几乎坠地之际，"三骑挥刀来犯，安费扬古截击，尽斩之"。努尔哈赤赖右脚扳鞍得以复乘，并急发一矢，孟格布禄坐骑中箭倒地。这时，他的仆从把自己的马让给主人，主仆骑步逃回。努尔哈赤化险为夷后，率马兵三人、步兵二十人开始迎敌，杀敌兵十二人，获甲六副、马十八匹，胜利而归。这场富尔佳齐战斗，吹响了古勒山大战的螺号。

双方矛盾高激化，终于爆发了九部联军进攻建州的大战。万历二十一年（1593）九月，以叶赫贝勒布斋、纳林布禄为首，纠集哈达贝勒孟格布禄、乌拉贝勒满泰之弟布占泰、辉发贝勒拜音达里四部，长白山朱舍里、纳殷二部，蒙古科尔沁、锡伯、卦尔察三部，共为九部，结成联盟，合兵三万，分作三路，向建州苏克素浒河的古勒山，摇山震岳而来。叶赫贝勒没有从对建州政治失算和军事受挫中吸取教训，想以九部联军的强大兵力，制伏建州，实现其称雄女真的目的。由叶赫贝勒统率的九部联军，入夜时到浑河北岸，举火煮饭，火密如星。建州探骑武理堪驰报；敌军饭罢起行，夜度沙济岭而来，拂晓将要压境。

此态势虽然极为严重，但时势对努尔哈赤却颇为有利。因为明廷因朝鲜事忙于议和、班师，而叶赫、哈达又屡遭重创，元气并未恢复。他充分利用时机和地形，做好迎敌准备。"夫地形者，兵之助也。"努尔哈赤根据地形险隘，进行了军事部署。在敌兵来路上，道旁埋伏精兵。在高阳崖岭上，安放滚木礌石。在沿河峡路上，设置横木障碍。全部布置就绪后，待天明率军出战，努尔哈赤就寝酣睡。

第二天拂晓，用完早饭，努尔哈赤率领诸王大臣祭堂子，拜视曰：

清朝官兵浮雕

"皇天后土，上下神祇，努尔哈赤与叶赫，本无衅端，守境安居，彼来构怨，纠合兵众，侵凌无辜，天其鉴之。"又拜祝曰："愿敌人垂首，我军备标，人不遗鞭，马无颠踬，惟祈默佑，助我戎行！"他在借助天神的威灵，发布檄文，鼓舞士气，统率兵马出征。

建州派出的侦骑武理堪，"擒叶赫一卒，讯之，言'敌众三万'"，建州兵闻之色变。

兵法云："合军聚众，务在激气；临境强敌，务在厉气。"就是说，在统兵迎改，临战之前，要激励士气，鼓舞斗志。努尔哈赤是懂得这个道理的。他深知强敌逼境，将士怯畏，要激励士气，光靠祈祷神祇保佑是不够的。应当向将士们分析军事形势，以增强其必胜信心。他说道："尔众无忧！我不使汝等至于苦战。吾立险要之处，诱彼来战——彼若来时，吾迎而敌之；诱而不来，吾等步行，四面分列，徐徐进攻。来兵部长甚多，杂乱不一。谅此乌合之众，退缩不前，领兵前进者，必头目也。吾等即接战之，但伤其一二头目，彼兵自走。我兵虽少併力一战，可必胜矣！"

这段话讲得很好，精辟地分析了战守形势，指出了制敌之术。敌之长在于兵多，己之长在于地利、人和，据险设伏，以逸待劳，出其不意，齐心进攻，定能击败人生路不熟的乌合之众。正是由于努尔哈赤能够根据不同情况，及时谕劝开导兵将，才能不断克服将士畏敌怯战情绪，树立必战的决心信心，从而为大败九部联军奠定了思想基础。他又制定了战术原则：据险诱敌，伤其头目，集中兵力，奋勇合击。这样就安定了军心，激励了士气。建州兵将，口衔枚，马勒口，准备迎接一场血战。

九部联军先围攻扎喀城，不克；又退攻黑济格城，不利。联军沿途被重重障碍所阻，兵士不能成对，首尾像长蛇似的进至古勒山下。努尔哈赤在誓师后的翌日，率精壮铁骑在古勒山上据险结阵，整兵以待。叶赫贝勒布斋和纳林布禄督九部的贝勒、台吉，统领所属步骑围攻古勒山。九部联军，"拼力杀来，势如潮涌，其锐莫当"。努尔哈赤命额亦都"以百骑挑战，敌悉众来犯，奋击殪九人"，敌前锋稍却。叶赫贝勒布斋被额亦都挑战激怒，策马挥刀，直前冲入。布斋驱骑过猛，战马触木墩踣倒。建州兵士武谈看见这个机会迅猛扑去，骑在布斋身上，将他杀死。纳林布禄贝勒见其兄被杀，惊呼一声，昏倒在地。叶赫兵见其一个贝勒被杀，另一个贝勒昏倒，皆痛哭失声。他们急忙救起纳林布禄，裹挟布斋尸体，拨转马头，夺路而逃。其他贝勒、台吉心胆俱丧，弃众奔溃。蒙古科尔沁贝勒明安马被陷，弃鞍，赤身体，无片衣，骑骒马，狼狈逃脱。

努尔哈赤见叶赫贝勒布斋被杀，九部联军四散溃乱，使督率古勒山上的铁骑，像山崩似的直冲下来。一时间，骑涛呼啸，矢石如雨，杀得山谷殷红。九部联军溃败的一刹那是惨不忍睹的：被屠戮，被蹂躏，兵马填江，积尸遍野！

于叶赫贝勒，国家亡的悲剧必然出现。现在，努尔哈赤大败联军，重创敌军，斩叶赫贝勒布斋，生擒乌拉贝勒布占泰，蒙古科尔沁贝勒明安"马被陷，弃鞍，赤身体，无片衣，骑骒马"，狼狈逃跑，联军贝勒、台吉、将领、士卒吓破了胆，从此再也不敢联合进攻，建州自此稳如泰山，不再担心女真其他部落来犯了。

战前的建州女真，虽然大多统一于努尔哈赤之下，势力迅速发展，但人丁毕竟不多，将士数量也远远少于叶赫和乌拉，努尔哈赤自己也承认"我兵虽少"。在各部女真中，建州军力还未被其他女真承认，努尔哈赤不过是被享有"世积威名"的叶赫，乌拉等部贝勒蔑视为"无名常胡之子"而已。现在，经过古勒山之战，建州军队以少敌众，大获全胜，额亦都等骁将之勇，武谈等士卒之猛，顿时名扬诸部，军威之强，令人震服，"满洲从此威名大震"。

努尔哈赤挟大胜之威，于古勒山之战后仅仅一个月，就遣兵招服了曾参加九部联军的长白山之珠舍哩部和纳殷部，完成了对建州女真各部的统一。

吞并哈达

努尔哈赤在击败九部联军以后，就开始准备对哈达的进攻。在哈达河流域居住的女真部族，因居住地而称之为哈达部，也有一部分住在柴河流域。哈达曾一度为海西女真四部之首，建州、叶赫、乌拉等部女真皆曾隶属于哈达名酋万汗之下。以后，万汗病卒，因其内部争权夺信而内乱不止，后来又遭叶赫侵略，这样哈达的势力就开始衰落了。万汗之子蒙格布禄再次掌管哈达国务以后，曾于万历二十一年（1593）领兵，参加了叶赫布斋、纳林布禄贝勒发起的九部联军进攻建州的战争，战败之后，匆忙逃回本国。

万历二十七年（1599）秋，叶赫纳林布禄贝勒率兵进攻哈达，蒙格布禄抵挡不住，送三个儿子到建州做人质，请求努尔哈赤发兵援助。努尔哈赤派费英东、噶盖领兵二千，驻戍哈达。叶赫不愿哈达、建州和好，纳林市禄贝勒通过明开原通事，致书哈达贝勒益格布禄说："汝执满洲来援之将，挟赎质子，尽杀其兵，如此，汝昔日所欲之女，吾即与汝为妻。"

清朝马褂

孟格布禄听信此言，约叶赫人于开原相议。孟格布禄为何要悔约？

估计可能是由于两个原因：一则哈达与建州相邻，双方原已有仇，互略城寨，古勒山之

战，哈达、乌拉、辉发三部共出一万兵士参战，结果大败，哈达派去的兵士死伤不会少，孟格布禄可能对此怀恨尤深，且建州势力越来越大，哈达很有被其兼并的威胁，故一旦叶赫要与自己同盟，对付建州，他就撕毁了盟誓，改与叶赫合作。再则是美女诱惑，叶赫布斋贝勒之女布扬古贝勒之妹十分美丽。艳名遍闻建州、海西女真及漠南蒙古，不止是哈达部的孟格布禄贝勒，就是乌拉布占泰贝勒、喀尔喀部莽古尔代台吉、宰塞贝勒、辉发拜音达礼贝勒，皆向叶赫布扬古贝勒求婚，争着要娶其妹为妻。先前，布扬古贝勒拒绝了孟格布禄的求聘，现在纳林布禄贝勒提出愿以这绝代佳人下嫁于益格布禄，岂不令他喜出望外，下决心与建州反目，改与叶赫盟誓。不料，消息走漏，费英东、噶盖侦知叶赫、哈达密谋情形，飞报努尔哈赤。

努尔哈赤闻听大怒，于万历二十七年（1599）九月，亲自统兵进攻哈达，直抵城下。哈达兵出城抵挡，城上兵箭矢如雨，努尔哈赤的将士"受伤者甚多"。努尔哈赤不顾城守严密，挥军猛攻，连续围攻七天，大将扬古利奋勇厮杀，首先登上城头，众将紧跟，打下了哈达城。扬古利擒获孟格布禄，向主禀报，努尔哈赤令将孟格布禄召来，孟格布禄跪下叩见。努尔哈赤把自己的貂帽及豹裘赐予孟格布禄，免其一死，带回费阿拉城养着，"哈达国所属之城尽招服之。其军士器械民间财物父母妻子俱秋毫无犯，尽收其国而回"。

破哈达后努尔哈赤一度宣称要以第三个女儿莽古吉格格嫁与孟格布禄，但这只是从暂时的政治需要出发，并不是真心要爱护于彼。一则因为哈达王台汗一贯忠顺于明，明视哈达为可靠的屏障，故多次出兵保护王台遗孤，不许叶赫侵占哈达，这时努尔哈赤势力还不够强大，还得利用明朝对自己的支持，特别是竭力避免引起明朝的怀疑出兵攻打建州，表面上还要装得对明帝非常忠顺，毕恭毕敬，"忠顺有年"，从而不敢公然杀害益格布禄，明目张胆地占领哈达，故扬言要以公主下嫁于彼。

再则哈达立国已逾百载，王台祖孙世为国主，孟格布禄也已主持哈达国政十年，如果骤然将其杀害或幽禁，难免会在哈达台吉、官将、士卒、诸申中引起波动，招致哈达人不满，不如将其待之以礼，且以公主相婚。所以努尔哈赤才做出了这样一种政治表态。

实际上，这个宣称是虚伪的，公主下嫁与孟格布禄之言，迟迟未能兑现，且孟格布禄还是难逃斩首之祸。攻占哈达后，太祖欲以女与蒙格布禄为妻，放还其国。适蒙格布禄淫恶不法，又与噶盖通谋，欲篡位，事泄，蒙格布禄、噶盖与通奸女俱伏诛。

为了安定哈达人，努尔哈赤杀了孟格布禄以后，便将其子武尔古岱收养起来，并于万历二十九年（1601）把女儿莽古吉格格嫁与为妻。明帝对努尔哈赤侵占哈达十分不满，遣使来谴责说："汝何故破哈达，掳其人民，今可令武尔古岱复国。"努尔哈赤此时还不敢公然违抗明帝谕旨，迫不得已，"乃勉从其令"，于抚顺关外，"刑白马，誓抚吾答保寨"，"仍令武尔古岱带其人民而还"。但是，努尔哈赤无论如何也不能将辛苦夺来的国土人口弃之于人，不久，他即以叶赫频掠哈达，哈达国中发生了灾荒为借口，将哈达灭亡，带回武尔古岱，委授官职，尊称"额驸"，初授副将，后升为总兵官和督堂。

努尔哈赤吞并了哈达，是他统一女真各部进程中的一块重要里程碑。哈达是海西女真的一个大部，人丁众多，牲畜财物不少，归入建州后，给建州增加了广阔的土地和众多的士卒人畜。在此之前，努尔哈赤攻略各部，一般出兵数百，最多也不过二千，吞并哈达后，士卒大增，遇有较大战争，派兵动以千计，军威雄壮。明人也称努尔哈赤灭哈达后，"自此益强"。

从古勒山大破九部联军起，到灭哈达，连战连胜，增强了建州国力，加速了努尔哈赤向海西女真叶赫等部攻略的步伐。明万历三十二年（1604），努尔哈赤以爱妻孟古哲哲病危之时欲与其叶赫之母相见，被纳林布禄拒绝为借口，于正月初八日率兵往攻，十一日至叶赫国的璋城和阿奇兰城，攻下二城，"收二城七寨人畜二千余"。

灭亡辉发

努尔哈赤在万历二十七年（1599）吞并哈达以后，就把目标又瞄准辉发。辉发部居住在松花江支流辉发河流域。在部酋长王机砮的领导下，招服邻近各部，并在扈尔奇山上建筑城池，地势非常险要，易守难攻。辉发部的东南两面是建州，西边是哈达北面是乌拉。哈达灭亡后，辉发三面被建州包围。

王机砮死后，其长子前死，孙拜音达里进而杀了他的七个叔父，自立为贝勒。由此，其堂兄弟之人逃到叶赫贝勒纳林布禄那里，他的部属也在准备叛逃。拜音达里将其所属七个大人之子送往建州做人质，乞请建州援兵。努尔哈赤发兵千人往援，攻破叛变的辉发村庄，抚定还没有叛逃去叶赫的人。但是，拜音达里并不想同建州结盟。辉发自哈达灭亡后，地理上夹在建州与叶赫之间，政治上采取中立于建州与叶赫的两面政策，结果得罪了两方。

拜音达里在建州与叶赫之间来回摇摆的错误政策，加速了辉发的灭亡。叶赫贝勒纳林布禄见辉发质子于建州，便遣使告拜音达里道："尔若撤回所质之人，吾即反尔投来族众。"

拜音达进里信以为真，

清代铜佛像

遂撤回在建州的七臣之子，并以其子与纳林布禄为质。但纳林布禄背弃诺言，不送还叛投的辉发部众。

拜音达里又派人去建州，向努尔哈赤道："我被叶赫纳林布禄的谎言所欺骗，淑勒昆都仑汗我想永远依赖你为生，请你把与常书订婚的姑娘解除婚约，给我为妻。"努尔哈赤为了争取辉发，孤立叶赫，便解除原来婚约，把女儿改许给拜音达里。但拜音达里又怕与建州联姻而得罪叶赫，所以背约不娶。拜音达里患得患失，左盼右顾，出尔反尔，招致杀身之祸。

万历三十五年（1607）九月，努尔哈赤以拜音达里两次"兵助叶赫"和"背约不娶"为借口，亲自统兵进攻辉发。扈尔奇城虽筑垣三层，恃险坚固，但建州兵还是攻了进去。城陷后，拜音达里父子被杀，建州军屠其兵，迁其民，辉发灭亡。辉发灭亡后，努尔哈赤又把注意力转向乌拉。

攻占乌拉

乌拉部，居住在乌拉河流域，海西女真四部中，它离建州最远。乌拉贝勒所住之城为乌拉城，在乌拉河东岸，今吉林市北。努尔哈赤征服乌拉的过程中，主要是与布占泰交锋。

明万历初至二十四年（1573—1596），乌拉部贝勒是满泰。满泰曾派其弟布占泰贝勒率兵，参加了以叶赫贝勒纳林布禄、布斋为首的九部联军，进攻建州。万历二十一年（1593）九月，布占泰在古勒山战败被俘。

生擒布占泰的将士禀告努尔哈赤说："我得此人，欲杀之，彼自呼毋杀，许与赎货，因此缚来。"努尔哈赤问被俘之人："尔何人也？"其人叩首答曰："我乃乌拉国满泰之弟布占泰，今被擒，生死只在贝勒。"努尔哈赤命解其缚，"赐猞猁狲裘养之"。

万历二十四年（1596）七月，努尔哈赤放布占泰回乌拉，令图尔坤黄占、博尔坤蜚扬古二臣护送。行至途中，满泰贝勒及其子在所属村中，因淫村内二妇，被二妇的丈夫杀死。布占泰到达乌拉后，其叔兴尼雅贝勒欲谋杀布占泰，夺贝勒位，图尔坤黄占二位大臣"保守门户甚严"，兴尼雅不能加害布占泰，叛投叶赫，于是市占泰继其兄位，当上了乌拉国主。

布占泰感太祖二次再生，恩犹父子，将妹送与舒尔哈齐贝勒为妻。布占泰因与叶赫通，将满泰妻都都祐氏所珍铜蹑使送与纳林布禄。万历二十六年（1598）十二月，布占泰带从者三百人来建州拜谒，努尔哈赤以弟舒尔哈齐贝勒之女额实泰嫁与布占泰。万历二十九年（1601）十一月，布占泰送其兄满泰之女阿巴亥，嫁与努尔哈赤为妃。不久，布占泰又求准，努尔哈赤以己女穆库什及舒尔哈齐之女娥恩嫁与布占泰。

尽管努尔哈赤对布占泰恩逾泰山，布占泰先后与努尔哈赤五次联姻，多次盟誓，但布占泰还是"变了心"，与努尔哈赤作对，密遣大军，拦路劫杀舒尔哈齐、褚英、代善护送东海瓦尔喀新附部众，在乌碣岩双方大战，乌拉兵败。

以上《满洲实录》等书对布占泰的描述，有可信者，也有失真之处。可信者是布占泰曾被俘，被"恩养"，后释放回国，当上乌拉部贝勒，与努尔哈赤、舒尔哈齐联姻婚娶，后来在乌碣岩双方交战，布占泰兵败撤走，这些叙述，符合事实，可以相信。但《满洲实录》等书对布占泰及其与建州，与努尔哈赤关系的描述，失真之处、故意含混之处却也不少。比如，努尔哈赤为什么要对布占泰赦而不杀，予以"恩养"？只是如书中所说淑勒贝勒发了善心吗？显然不是。对战阵被俘者，只要不是与淑勒贝勒不共戴天的仇人，或是对其统治有严重威胁且敌对到底的部长、贝勒、台吉、官将，努尔哈赤一般都是"恩养"，是诸申者，编入牛录，照样是诸申，是部长、台吉、官将，则授予职衔，或为牛录额真，或为大臣，有的还将自己的公主和弟弟之女儿嫁与该部长、贝勒、台吉为妻，如像哈达贝勒蒙格布禄之子乌尔古岱，便娶了努尔哈赤之女，成为额驸。

布占泰被俘后，愿意降顺，口称"生死唯贝勒命"，努尔哈赤当然会

允准布占泰的要求，赦而不杀。并且，这样做，与乌拉及布占泰在努尔哈赤统一女真各部的进程中所占据的地位，也不是没有关联的。

当时，阻碍建州发展的最大的敌国，是叶赫，而不是乌拉，努尔哈赤此时势力还不够强，不能同时进攻叶赫与乌拉，乌拉离建州又远，足足有七八天的途程，而叶赫距建州只三四日途程，努尔哈赤当然要明智地实行远交近攻的策略，先置乌拉于不问，且与之交往和好，以争取时间，积极扩大辖地，招兵买马，待统一建州女真部落，招抚和征服部分东海女真，吞并邻近的哈达、辉发以后，再来考虑乌拉的问题。

努尔哈赤是位善识人才的"伯乐"，对人的才干、武艺，是认得清的。布占泰被俘后留在建州"恩养"的将近四年里，努尔哈赤定会看出布占泰不是平庸之辈，如能将其收为己用，或是争取其为邻部之友，必有利于建州的发展，何况布占泰还是乌拉国主满泰贝勒唯一的亲弟弟，他能归顺于己，定会在乌拉发挥有益于建州的影响。

因此，努尔哈赤不仅"恩养"布占泰，放其回国，还与其五次联姻，将一个女儿两个侄女嫁其为妻，自己又和亲弟舒尔哈齐分别娶了布占泰的妹妹和侄女，并且自己娶的布占泰之侄女，后来成了后金国的大福晋，生了阿济格、多尔衮、多铎三位"全旗之主"的大贝勒。

再如，按照《满洲实录》等书的叙述，布占泰是个胆小如鼠贪生怕死之辈，没有什么本事，且品质恶劣，忘恩负义，经常变心，甚至埋伏大军，要劫杀岳父和女婿舒尔哈齐贝勒一行。这样的描述，太失真了。

先以有恩而言，《满洲实录》所举"太祖"有恩于布占泰之"恩"，不外三个方面，一系俘后赦而不杀，恩养四年；二是遣人护送回国，使布占泰当上了乌拉国主；三是下嫁三位公主。俘而不杀，可以算是有恩，下嫁公主就不一定够得上"恩"的标准。男婚女嫁，各有所求，布占泰并未因娶了努尔哈赤的女儿、侄女，带来成百上千的人户兵士和牲畜，带来数以百里计千里计的陪嫁土地，或者是遇逢天灾人祸而得到岳父大人的援兵，避免了亡国之难，这些情形皆未出现，怎能说是有恩？

至于让布占泰当上了乌拉国主之事，乍一看来，似乎的确对布占泰有恩，而且恩重

清朝民居老屋

于山，努尔哈赤应被布占泰供奉为"恩逾再生"的大恩人，然而，略加推敲，此说又似有破绽。《满洲实录》卷二说"满泰父子二人淫其村妇，被村妇之夫杀死"。布占泰回到乌拉后，"满泰叔父兴尼雅谋杀布占泰，欲夺其位"，因努尔哈赤派遣图尔坤、煌占二位大臣护送布占泰回国，"二大臣保守门户甚严，不能加害，于是兴尼雅投叶赫而去"。这就是说努尔哈赤借"护送"为辞，遣军进入乌拉，图谋在乌拉部扶植起对己有利的亲建州的势力，恰逢满泰被杀，便乘机支持布占泰，夺了乌拉国主之位，为加速统一海西女真准备了有利条件。

对于努尔哈赤的如此设想和安排，不能不说是相当高明的。处于这样形势下的布占泰，照说应该感谢努尔哈赤的大恩，从此紧跟建州王子，让自己辖治的乌拉部成为建州的附庸国。一般来说，处在强大的建州威胁之下又是被建州大臣扶立为新国主的人，十有八九是会这样做的，既惧其威，又感其恩，这样做是符合逻辑的。可是，布占泰没有走这条路，努尔哈赤对布占泰的判断出了差错。

当时，建州军力确实相当强大，打败了九部联军三万，斩杀布斋贝勒，灭了哈达，亡了辉发，统一了建州女真各个部落，还吞并了不少东海女真部落，当时的乌拉元气大伤，很难抵挡建州军队的进攻。努尔哈赤对布占泰又十分关照，扶植他登上了乌拉国主的宝座，布占泰对此大恩是不

应该忘记的。可是，恩可以报，应该报，但怎样报，报到什么程度，却是一个必须认真对待和正确解决的重大问题。在对待建州的态度这一关系到乌拉存亡兴衰的关键问题上，布占泰显示了非凡的才干和巨大的勇气，表明了他绝不像《满洲实录》等书所描述的那样胆小怕事，而是一个身处逆境拒不屈服发奋图强的有为之主。

布占泰成为乌拉国主以后，他的基本目标就是要振兴乌拉，强大乌拉，不受建州的控制，形成建州、叶赫、乌拉三部"鼎立之势"。布占泰采取的基本策略有两个，一是竭力与建州和好，他与努尔哈赤曾先后五次联姻，七次盟誓。万历二十四年（1596）布占泰继位之后，即于当年十二月，以"感太祖二次再生，恩犹父子，将妹滹奈送太祖弟舒尔哈齐贝勒为妻"。二是，他大力扩展辖区，尤其是特别努力征服招抚朝鲜境内六镇"藩胡"和东海女真，增加人丁士卒。元末明初期间，许多女真进入朝鲜地区，耕牧居住，一些酋长还向朝鲜国王纳贡称臣，被朝鲜官府称为"藩胡"，依靠他们作为藩篱。

努尔哈赤于明万历十一年（1583）起兵以后，一方面争取与朝鲜和好

龙凤戏珠挂匾

另一方面又努力争取招服"藩胡"，增加人丁，并且取得了很大成效。布占泰留住建州四年，可能也看到了这个问题，便大力进行收服"藩胡"的工作。

布占泰多次遣兵入朝。明万历三十一年（1603），乌拉军队大举入朝，围攻钟城、潼关，劫掠"藩胡"。朝鲜咸镜北道兵使李用淳向上奏报钟城被攻情形说："八月十四日，竹基洞、门岩、双洞三处洞口贼骑不知其数，自乌竭岩至金京伦滩二十余里之地，弥满驰突，直渡江水"。钟城府使登城观看，"贼兵充满，戈甲炫耀，直至城下"。围攻一阵，敌兵渐退，但"探观贼势，则大设艾幕，似有久留之计，仍焚荡藩胡，烟火冲天"。"藩胡等依高峰设水栅，以为防御之计。贼乃作层楼，一时越栅，其击杀之声，惨不忍闻"。"大概此贼形势，据其目前，参以此地将士之言，则其进退合战之状，颇有纪律，有非昔年杂胡之比。将帅二名，各设红形名，号令之际，吹螺之声，远闻府城。甲胄、戈剑、战马极其精健，曾所未见"。

潼关金使权梦龙呈报潼关被围情形说"八月十九日，贼胡大军四面围抱"，守兵力战，敌方退去。"忽贼焚荡钟城三部落，男女牛马尽数虏去"。

稍后，北兵使李用淳又呈报说"今此胡贼兵分三卫而来，一卫兵留丰界部落，二卫兵先突钟城，焚荡藩胡，得牛马几五百头，掳男女千余口，大喜欲退。一卫兵说，我无所得，不可空退。有酋胡诱之曰，潼关兵尽入钟城为守城兵，今若直冲其虚，所获必多。遂自前导，又围潼关"，"钟城以上藩胡一空"。

备边司综合各处呈报后，向国王启奏敌情说"此贼必是焚荡藩胡，而虑我国出战，先为耀兵于钟城，而斯杀藩胡部落也。第忽刺温乃深处之虏，而其众盛多"。

布占泰是万历二十四年（1596）秋才开始主持乌拉国务，经过他的努

力振作，到这次进入朝鲜时，不过只经过了短短六七年，军力和以前相比已有很大提高，士卒增多，军械精良，"甲胄、戈剑、战马极其精健，曾所未见"，"其进退合战之状，颇有纪律，有非昔年杂胡之比"。连过去曾与乌拉兵多次交锋的朝鲜"接战将士等皆曰：前与忽温相战已熟。今见此贼，则长甲大剑，铁骑奔驰，旗麾进退之状，大非忽温"，"疑是兀胡兵相杂而来"。可见乌拉军队进展之快。布占泰的这次进兵，收获很大，掳掠了大量"藩胡"及牲畜。

才仅仅过了两个月，布占泰又亲率大军入朝，围攻县城，掳掠藩胡。咸镜北道兵使李用淳呈述战情说"忽酋自将出来，兵势甚盛"。十月十四日，"贼胡犯境，先运则下去于美钱境中里部落。藩胡等走至美钱城底，美钱佥使艰难保护，开门许人。后运则府境（稳城府）项浦部落屯聚，戌时未撤军水下下去。大概观其军马之数，自己时至未时，马尾相连，不下五六千名矣"。稳城（藩胡）部落尽数焚荡，又转向庆源府。十五日，敌军追逐胡人，越江至长城门外，在庆源府内掳掠，忽贼酋阿叱耳（布占泰）自领大军攻击藩胡，所向无敌，如庆源境夫汝只等七部落胡居弥满，未可猝犯，而一举焚荡，又复分兵旁行杀掠。忽贼无数出来，深处夫汝只、毛老部落、将之罗耳、时钱大、南罗耳、厚乙温、黄古罗耳等七部落"于十五日被忽贼调抱，攻击冲火，杀掠人畜，不知其数。

万历三十三年（1605），布占泰又领大军再次入朝，三月中旬攻陷潼关。咸镜北道兵使金宗得、宣传官李瑞龙、宣传官罗德宪以及宪府等启呈乌拉攻战情形说："潼关乃六镇咽喉之地，一道成败所系，顷日全城陷落，极其残酷"。"忽酋"何叱耳（即布占泰）"挟二爱妻出来"，亲领大军进攻。三月十五日，"大军近城"，"忽贼几至八九千，一齐围城"，攻下潼关，斩杀佥使，"城内外枕尸相连"，"军器则贼徒尽数载去，仓谷则大半散失"，"而被掳之数，无从诘问"，"潼关男女老弱尽于杀戮之中"。

潼关的陷落，顿时震惊朝野，咸镜道巡察使徐渻、兵使金宗得等几次奏请发兵，攻打忽温何叱耳（乌拉市占泰）留驻件退的五百余名马军步兵。徐渻、金宗得说：攻下潼关后，何叱耳"领大军"回，"只留骑步五百余名于件退"，吩咐部下说，"吾当于四月旬前更来"，侵伐朝鲜地方"。件退距乌拉仅七日程，距朝鲜境一百三十余里。今宜聚本道精锐之兵数千，以及"藩胡"卓斗等酋长的部下，进攻件退，一定要全歼乌拉驻兵。

朝鲜国王批准其奏说"此贼终无不讨之理"。金宗得率军数千，以及"藩胡"卓斗的三百余骑和石乙将介酋长的部下，于五月初六日开始渡江，攻打件退乌拉驻兵，抵达之时，见其"似无出兵拒战之状。这个时候边兵、藩兵贪其虏获"争先冲入"胡庐，抢掠人畜之际"，乌拉兵突然出击奋，勇战十倍于己的敌军，"挥剑俯斫，驰突出入"。朝鲜军队顿时大乱，溃退逃窜，"一败涂地"，"许多精锐尽歼于凶贼之手"，"生还之卒，数不满千，而且也是"金枪满身，已为无用之物"。

朝鲜国王一再召集边臣、大臣，了解情况，商讨对于乌拉军队的多次入朝掳掠藩胡，并且攻陷潼关，大败进攻件退的朝鲜军队。乌拉布占泰能与建州王子"聪睿恭敬汗"努尔哈赤达到相提并列，可见其势已经相当大了。然而，风云突变，正当布占泰迅速发展的时候，却遭到了突然的打击，损失惨重。这一重大打击，不是来之于外人，而是其岳父大人兼妹夫的努尔哈赤。这就是乌拉与建州在万历三十五年三月的乌碣岩大战。

明万历三十五年（1607），乌拉与建州在乌碣岩进行了一场生死搏斗的大战，乌拉军队惨败溃逃。乌碣岩在朝鲜钟城府境内，又被称为门岩或文岩。

《满洲实录》等书对这次战争的描写，皆归罪于布占泰忘恩负义，拦路劫杀。这些书中写道东海女真瓦尔喀部的斐优城主策穆特赫来到建州，请求努尔哈赤收纳说"吾地与汗相距路遥，故顺乌拉国主布占泰贝勒，彼

甚苦虐吾辈，望往接吾等眷属，以便来归"。努尔哈赤遂命舒尔哈齐、褚英、代善与费英东等，"率兵三千，往斐优城搬接"。到了斐化城，"收四周屯寨约五百户"，返回时，于万历三十五年三月二十日，在乌碣岩遇到乌拉布占泰领兵一万拦劫，双方交战，乌拉大败。

如果这些叙述完全真实，那么，必然会得出布占泰忘恩负义，偷袭建州，欲杀害岳父老大人舒尔哈齐贝勒和褚英、代善两个小舅子的结论，这个布占泰真是奸险卑鄙、无耻之极的小人。然而，《满洲实录》等官书，并未全面、如实地反映这次战况，只是片面之词，不足为信，《李朝实录》的记述，倒还更为客观，也许更能真实反映战况。

结合《满洲实录》等书和《李朝实录》的记载，对努尔哈赤多次遣兵收服东海女真的叙述，就可以得出六点意见。

其一，建州力收藩胡。努尔哈赤一直在努力收服包括朝鲜"藩胡"在内的东海女真。

其二，乌拉后来居上。布占泰吸取了建州的经验，屡次遣兵入朝，收取藩胡。到了万历三十五年（1607）正月，备边司总论忽温兼并藩胡的情形说："忽贼之势渐至鸱张。水上下诸部藩胡并皆号令，县城必欲吞噬而后已。且论庆源、训戎等地城地难易，显有欲犯之状。"布占泰在收服藩胡这个问题上，比其岳父兼女婿的努尔哈赤取得了更大的成效。

其三，为争夺藩胡、建州、乌拉必战。建州聪睿恭敬汗努尔哈赤，过去从收服藩胡中获效极大，增加了人丁士卒，壮大了军力，必将继续收服藩胡，而乌拉国主布占泰贝勒也因兼并藩胡而声势大振，也要将此行动继续延续下去。

其四，乌碣岩之战，乃系建州有备而发。

《高皇帝实录》卷三载，万历三十五年正月初一，东海瓦尔喀部蜚悠城长策特穆黑来朝，告称遭乌喇布占泰贝勒虐害，"乞移家来附。上命弟贝勒舒尔哈齐、长子洪巴图鲁贝勒。褚英、次子贝勒代善、一等大臣费英东、侍卫扈尔汉率兵三千，至蜚悠城徙之"。这次遣兵，有两点显得十分突出：

一是领兵主帅和大将之多及其身份地位之显赫，是以往历次遣军出征所未有的。除了努尔哈赤亲征以外，以往多次的派军出征，都未曾有一次便派三位贝勒领兵，而且大将有费英东、扈尔汉、扬古利三位开国元勋。尤其是舒尔哈齐贝勒，他系汗之亲弟弟，麾下将士兵马众多，在国中地位高，权力大，在明朝政府的心目中，仅次于兄长努尔哈赤。

二是士卒之多，亦为前所未有。除古勒山与九部联军厮杀及汗亲征以外，历次出兵都未超过两千人，像额亦都、噶盖、安费扬古进攻纳殷，兵为一千，褚英、巴雅喇、噶盖、费英东征安褚拉库路，兵士亦为一千。将帅的配备及兵士之多，足以表明努尔哈赤的这次遣兵入朝，不只是应蜚悠城主的叩请，移其眷属，而是要尽收藩胡，准备与乌拉布占泰交战。

其五，乌拉惨败。《满文老档》太祖朝卷一载，万历三十五年（1607）三月二十日，建州军与乌拉布占泰的一万名军队交战，大败乌拉军，"生擒常住贝勒父子及其弟胡里布贝勒三人"，"斩其主将博克多贝勒父子"，"斩人三千，获马五千匹、甲三千副"。其败逃之将士，"冻死颇多"。

其六，收获极大。努尔哈赤派遣弟子和将领士卒进行的乌碣岩之战，得到了很大的收获。

一是掠获大量马匹军械甲胄，《满文老档》记述说获马五千匹、甲三千副。

二是收服了大量藩胡。

三是扩大了建州影响，大大增强了建州

蓝地黄彩云龙纹瓷碗

景泰蓝花瓶

国力。

万历三十七年（1609）三月，备边司评论门岩之战对乌拉、建州产生的不同影响说：门岩之败，乌拉士卒"败死不下七八千人"，"忽胡在今，可谓积败之余，而亦所以不得不归服于老酋也。其势如是，故摧沮消退缩，不敢与诸酋有所抗衡"。"至于老酋兵力，比忽贼差盛，而一自门岩之捷，其势大盛，雄于诸部，故远近部落几尽服属。而所未及吞并者，推汝许、海东、海西数贼而已"。

过了九个月，咸镜道监司张勉又进一步叙述建州在乌碣岩之战获胜的巨大影响说："臣接北兵使李守一驰报，则奴酋兵马方在水下，攻掠诸部云。此贼自得利门岩之后，威行迤东诸部。上年间尽撤藩胡，得精兵五六千作为腹心之军。今又孤军远来，悬人数千里之外，而忽温等胡不敢窥望其去留。兵锋所指，无敢谁何，而得志西北之间，概可想矣。前行远交近攻之术，只撤藩胡，海上诸部使一介缓颊，暂行羁縻。而及今劫以兵威，又为掠去，得军之数，必与藩胡同，又或过之。自其巢穴东至北海之滨，并为其所有。"

由这些可以看出，乌碣岩之战，及五年多以后的灭乌拉，是努尔哈赤及其辖治的女真国、后金国、金国发展史上的第三个里程碑。在此之前，是罗里（叶赫纳林市禄贝勒）、卓古（乌拉布占泰贝勒）和老可赤（努尔哈赤）"三酋虽有鼎立之势，而其中老酋似为孤危"。而经过乌碣岩之战大胜以后，"其势大盛，雄于诸部"，"忽胡"成为"积败之余"，灭亡在即，"汝许"（叶赫）败象凸显。

乌碣岩之战至少会给努尔哈赤带来两点启发，一是布占泰必与建州为敌；二是乌拉必败。舒尔哈齐、褚英率领的三千将士千里跋涉，深入朝鲜，被朝鲜官员称为"深入疲劳之师"，竟然能在突遇拦劫之时从容应战，大展雄威，将三倍于己的一万马拉军队打得七零八落，溃不成军，死伤大半，这就自然而然地令人感到将来再与乌拉开战，建州必能稳操胜券。

但是，由于死敌叶赫势力仍然很大，是努尔哈赤统一女真的主要障碍，辉发尚未归顺，因此，努尔哈赤一方面借大胜之威，加速统一东海女真的行动；另一方面还未把矛头主要对准乌拉，既慑之以威，又继续远交近攻策略，对布占泰有打有拉。

在大败布占泰于乌碣岩之后万历三十五年（1607）三月，努尔哈赤连续出兵。五月，命幼弟巴雅喇贝勒、额亦都、费英东、扈尔汉率兵一千，往征东海窝集部，取赫席赫、鄂谟和苏鲁、佛讷赫三处，获人畜二千而还。九月，努尔哈赤亲征辉发，灭其国。

第二年三月，努尔哈赤命褚英、阿敏领兵五千，攻克乌拉宜罕山城，"杀千余人，获甲三百副，尽收人畜而回"。此后，连续征服、招眼窝集部内那木鲁、绥芬、于古塔、尼马察、雅兰、乌尔古宸、木伦等七路，以及东海瑚尔哈部路之扎库塔城及其相近各路。

在褚英、阿敏于万历三十六年（1608）二月攻打宜罕山城时，布占泰曾与蒙古科尔沁部翁阿岱贝勒合兵，出乌拉城，欲往援救，见建州之兵势难抵挡，只好返回城中，心中大惧，于当年九月擒叶赫五十人，交与建州使者，又遣使臣到建州，向努尔哈赤认罪道歉，并求娶其女说，"若得恩父之女与我为妻，吾永赖之"。努尔哈赤将亲生之女穆库什嫁与布占泰。但布占泰又违背盟誓，两次攻略已附建州的窝集部内的瑚尔哈路，以鲇箭射其妻努尔哈赤的亲侄女娥恩哲，并欲娶努尔哈赤早已聘定的叶赫布斋贝勒之女。

努尔哈赤闻听大怒，于万历四十年（1612）九月二十二日领兵往征，二十九日至乌拉国，攻下金州城等六城，在乌拉都城外安营扎寨，"遣兵四出，尽焚其粮"。乌拉兵昼则出城，与建州军对垒于河边，夜则入城歇息。莽古尔泰与皇太极贝勒欲率兵过河，攻击乌拉军。努尔哈赤批评两个儿子轻率，说"欲伐大木，岂能骤折，必以斧斤伐之，渐至微细，然后能折"，"欲一举灭其势均力敌之大国，岂能尽灭之？先剪除其外围部众，独留其大村（都城），如此，则无仆何以为主，无民何以为君"。遂"毁所得之城，焚其房谷"。布占泰对其过失予以辩解，恳求不要烧焚粮食，努尔哈赤予以严厉谴责，命其送子入质后，班师。

努尔哈赤于第二年，万历四十一年（1613）正月，再征乌拉，"发兵三万"，十七日至乌拉。次日，布占泰率兵三万前来迎敌。诸贝勒、大臣奏请进攻，努尔哈赤再次讲述"势均力敌之大国"不能一次或两次就可灭亡的理由。代善、阿敏、费英东等贝勒、大臣力请进攻，努尔哈赤同意。双方交战，乌拉大败，"布占泰仅以身免，投叶赫国去"。

五年多以前的乌碣岩大胜及由此发展而来的乌拉之灭，是努尔哈赤及其创建的女真国、后金国发展史上的第三个里程碑，影响很大。《满文老档》记述此役的收获说"是役，破敌三万，斩杀万人，获甲七千副"，灭了乌拉，"获其全国"，分俘获，"编一万户，携之以归"。《满洲实录》说"获马匹盔甲器械无算，乌拉国所属城邑皆归附"，"乌拉兵败后，有觅妻子投来者，尽还其眷属，约万家。其余人畜，散与众军"。

叶赫之战

居住在叶赫河流域的女真部族，因其居住地而被称为叶赫部，并筑城称为叶赫城,为他们的统治中心，它东面是辉发，南面是哈达，西面是蒙古，北面是乌拉。叶赫先世姓土默特氏，后灭扈伦那拉姓部，遂姓那拉氏。叶

赫所属十五部，部民"勇猛、善骑射"。

叶赫始祖星根达尔汉，传到第四世至褚孔格。叶赫贝勒褚孔格与哈达贝勒旺济外兰，"两关终以敕书不平为争"。先是，自明朝永乐以来，给海西诸部自都督以下至百户，敕书共九百九十九道，按强弱分配，屡有变动。那个时候哈达多而叶赫少，南北关相争，褚孔格被杀，敕书等为哈达所夺。褚孔格子太杵，太杵有二子：清佳努和杨吉努，能抚驭部众，依险筑二城清佳努居西城，杨吉努居东城，皆称贝勒。后哈达贝勒万（王台）死，诸子内争，叶赫乘机报杀祖之仇。但李成梁等人支持哈达歹商，在开原汉寿亭侯商诱杀清佳努和杨吉努。

清佳努子布斋、杨吉努子纳林布禄分别继为贝勒，谋掠哈达报世仇。万历十六年（1588），李成梁师出威远堡，驰行六十里，至叶赫城下。明军发炮毁栅，攻入内城，布斋与纳林布禄出城乞降。叶赫与哈达遂均敕入贡，但因哈达忠于明，多一敕。李成梁曾"大捷共计十次，斩首五六千级"，先后杀王杲、王兀堂、阿台、阿海、清佳努和杨吉努等人，在客观上为努尔哈赤崛起扫清道路。这正如章太炎所云：

> 然成梁已戮王杲，数年复大破迄东都督王兀堂，诛阿台，无几又与巡抚李松诛北关首领清佳砮、杨吉砮，斩其骑兵千五百人，群夷詟服。而努尔哈赤以枭雄立姿，晏然乘诸部虚耗，蚕食以尽。藩翰既溃，祸及全辽。则是成梁之功，适为建州之驱除也。

布斋和纳林布禄受李成梁重创，元气再损；而恰好在这时，努尔哈赤已统一建州女真。但叶赫二贝勒对建州的实力估计不足，在劫寨和谈判失败之后，纠合九部联军，发动古勒山之役（前已述及）。布斋在古勒山下的战斗中丧生，"北关请卜酋尸，奴酋割其半归之。于是北关遂与奴酋为不共戴天之仇"。布斋死后，"素性刚暴"的纳林布禄败回叶赫城，因念

第三章 统一女真

兄忧，昼夜哭泣，不进饮食，郁郁成疾，后来死去。布斋子布扬古、纳林布禄弟金台石继为贝勒。

布扬古、金台石分别继为叶赫贝勒后，海西、建州和明朝此时的关系错综复杂。

乌拉亡后，布占泰于万历四十一年（1613）逃往叶赫，建州三次遣使告叶赫缚布占泰以献，但叶赫毫不理会。九月，努尔哈赤统兵四万再征叶赫。建州兵北入苏完境，迂回至北面时攻入时赫，收取张与吉当阿二路居民，继围兀苏城。城中守将山谈、扈石木，看到建州军"师众如林，不绝如流，盔甲鲜明，如三冬冰雪"，只好开门迎降。努尔哈赤对降将赐东珠、金佛帽和衣物，并以金杯赐酒。随后，建州军又连下呀哈城、黑儿苏城等大小十九城寨。但因叶赫预知军期，有备，乃焚庐舍、携降民而回。

建州在进攻叶赫的时候，力求能取得明朝的谅解或中立。发兵之前，努尔哈赤便派第七子阿巴泰率所属阿都等三十余人求质于明，但遭到部议拒绝。建州夺取兀苏城后，叶赫慌忙奏于明，明派游击马时楠、周大岐率兵千人，携带火器，助叶赫戍守东西二城。努尔哈赤得知明助叶赫的消息后，急忙至抚顺所，投书李永芳，长篇大论地述说其征伐叶赫的合理性，略谓："侵叶赫，以叶赫背盟，女已字，悔不遣；又匿布占泰；故与明无怨，何欲相侵？"建州想割断明朝与叶赫的联系，以免在进攻叶赫时腹背受敌。但由于它们各自利益所在，这是难以办到的。

在扈伦的四部中，以叶赫部势力最强，又受到明朝的支持。努尔哈赤继对叶赫两次征讨之后，于1619年（万历四十七年，天命四年），再次发兵攻打叶赫。这年的正月初二日，努尔哈赤命大贝勒代善率将十六员、兵五千人，往守扎喀关，用以努尔哈赤防止明军偷袭建州；亲率倾国之师起行，初七日深入叶赫界。建州兵自克亦特城、粘罕寨焚掠至叶赫城东十里，俘获叶赫部大量人民、畜产、粮食和财物，尽焚叶赫城十里外之大小屯寨二十余处。叶赫向明乞师，明开原总兵马林率合城兵前往驰救。建州军为了避免两面受敌，班师而回。叶赫为了报答明朝的救援，派兵二千应援萨尔浒之战的明军。时努尔哈赤谋使所属诈降叶赫金台石，金台石不应。于是，建州在取得萨尔浒大捷之后。乘势再次发兵出征叶赫。

努尔哈赤万历四十七年（1619年，天命四年）八月，召集诸王贝勒大臣会议，商讨对叶赫的作战计划，并在会议上誓言："此举如不克平叶赫，否必不返国也！"时叶赫贝勒金台石住东城，贝勒布扬古往西城，两城相距仅三里许。诸王贝勒大臣会议决定：大贝勒代善、二贝勒阿敏（舒尔哈齐之子）、三贝勒莽古尔泰、四贝勒皇太极等率护军健骑，扬言征讨蒙古，绕路潜行，直投叶赫贝勒布扬古驻地西城；又命额亦都等领前锋军，"扮为蒙古兵"，驰投叶赫贝勒金台石驻地东城；努尔哈赤则亲率八固山额真，直督大军，随后进围金台石城。大军于八月十九日出发，即断绝往来信息。

叶赫贝勒金台石驻地东城，又称叶赫山城，依山修筑，坚固险要。它原为金台石之兄纳林布禄住地，瞿九思记述东城言：

其外大城以石，石城外为本栅，而内又为本城。城内外大壕凡三道，其中坚则一山特起，凿山坡，周迴使峻绝，而垒石城其上。城之内，又为木城，木城中，有八角明楼，则其置妻子、资财所也。上下内外，凡为城四层，木栅一层。其中控弦之士以万，甲胄者以千计，刀剑、矢石、滚木甚具。

雕兽白釉天球瓶雕售

努尔哈赤传

东城为叶赫城之役攻坚所在。

八月二十二日，后金军进至叶赫城下。叶赫贝勒金台石、布扬古统兵出城，开始鸣角操鼓，准备迎战。后金军盔甲鲜明，剑戟林立，钲鼓相闻，河谷震荡。两军混战多时，叶赫贝勒见势不能敌，便令鸣角收兵，入城坚守。代善等四大贝勒督率护军围布扬古所住西城。努尔哈赤率额亦都等督军亦围金台石所住东城。

金台石城被围后，后金军毁其栅城，堕其外城。后金军开始呼金台石投降，金台石不听，答道："吾非明兵比，等丈夫也！肯束手归乎？与其降汝，宁战而死耳！"东城守军誓死拒战，坚守内城。努尔哈赤见敌军负险顽抗，便激励将士道："今日仍不克，则罢兵归矣！"众军齐声喊道："愿赴死战！"努尔哈赤便命军士布楯列梯，冒矢登城。城上射矢镞，发巨石，推漆木，掷火器；后金军二三十人并排井然登城，但伤士也非常惨重。努尔哈赤又命穴其城。军士们冒矢石，"于城下掘穴，置药，乃

努尔哈赤雕像

陷"。内城破攻陷后，后金兵士拥入城中冲杀，叶赫兵四面溃散、金台石见内城陷，携妻与幼子登上禁城八角楼。

后金军进围禁城台楼。因为金台石是皇太极的舅父，皇太极便从西城驰骑至东城，前来向金台石劝降。金台石对皇太极道："听到你说收养的一句善言，舅父我就下来；如果说不收养，要杀我怎么能下去呢？死就死在家里。"皇太极给金台石以"生杀唯父皇命"的回答。

金台石又请求让近臣阿尔塔石前往见努尔哈赤，观察其脸色后再做决定。阿尔塔石被允准带至努尔哈赤面前，努尔哈赤怒数其罪责以后，便以鸣镝射之。阿尔塔石回去后，金台石仍不降。皇太极再派金台石之子德尔格勒至合楼下劝降。金台石终不从。皇太极大怒要将德尔格勒缚而杀之，努尔哈赤说道："子招父降而不从，父之罪也；父当诛，勿杀其子。"金台石三次拒降，后金兵持斧毁台楼。金台石之妻携子沙挥下台楼降。金台石走投无路，无奈对皇太极道："大丈夫岂肯受制于人乎？吾甥庶念汝母及诸舅氏骨肉至戚，弟全吾子孙足矣。吾誓不生也！"

言毕，金台石引弓杀守台军士，然后夺路直入后室，举火自焚未死，后被俘而缢杀之。

东城既陷的消息，让西城闻风丧胆。布扬古孤城无援，军心涣散：四大贝勒督兵匝围，攻城益急。布扬古令其堂弟吴达哈（布斋之胞弟）领兵巡御四门，吴达哈见东城已陷落，大势已去，遂"携妻孥开门出降"。四大贝勒兵由此得以长驱而入，径围布扬古居所。大贝勒代善劝布扬古降，布扬古因疑惧而不敢出来。代善对布扬古以刀划酒誓道："今汝等降，我若杀之，殃及我；汝俾我誓，饮誓酒而仍不降，唯汝等殃。汝等不降，破汝城，必杀无赦！"

代善向布扬古做出了降后不杀的保证，自饮誓酒一半，送给布扬古饮另一半。布扬古这才命开居所门降。努尔哈赤因为扈伦四部全亡，留着布扬古无用，便借跪拜礼节不恭为由，将他缢杀。

叶赫东西二城降后，其所属各城俱都降。时明游击马时楠，率助守叶赫二城兵一千人，也全都被后金军歼灭。努尔哈赤同叶赫打交道历时三十六年，终于将其传八世十一贝勒的叶赫部灭亡。叶赫亡，明朝就此失去北关。

后金对于叶赫降民，父子兄弟不分，亲戚不离，原封不动地带来了。不动女人穿着的衣襟，不夺男子带的弓箭，各家的财物，由各主收拾保存。叶赫部民被迁徙至建州，入籍编旗，成为后金的臣民。

海西女真在哈达、辉发、乌拉、叶赫，在古勒山之役以后，相继被建州灭亡。努尔哈赤之所以能够灭亡扈伦四部，除了在客观上有利条件之外，就主观条件来说，是他精神专注，不敢旁骛，采取了先弱后强，由近及远，利用矛盾，联大灭小，集中兵力，各个击破的策略。努尔哈赤就是这样有策略地、有步骤地逐渐统一了海西女真。

努尔哈赤在统一海西女真的同时，又逐步地开始并附"野人"女真。

收服其余各处女真

万历二十四年（1596），努尔哈赤开始统一东海女真。这时的东海女真分为三大主要部族，渥集部、瓦尔喀部、库尔喀部，他们居住在黑龙江支流松花江和乌苏里江流域还有乌苏里江的东面滨海地区，努尔哈赤决定对东海女真的征服先从瓦尔部开始，于是浙费英东率兵征讨瓦尔喀，结果取口暮嘉路。努尔哈赤万历二十六年（1598），派其五弟巴雅喇、长子褚英和将领噶盖、费英东等领兵一千，征讨安褚拉库路（松花江上游二道江一带），大军星夜兼驰，兵到后攻取二十个屯寨，收服所属屯落；同时，攻取内河路（松花江上游一带）。因为他们立下功劳，赐巴雅喇为卓礼克图，褚英为洪巴图鲁。

东海渥集部虎尔哈路路长王格、张格万历二十七年（1599）正月，归附努尔哈赤，贡纳"黑、白、红三色狐皮，黑、白二色貂皮"。在此之后，渥集部之虎尔哈路每岁交纳贡献。他们中的部长博济里等六人求婚，努尔哈赤因为他们是最先归附的东海女真，将六位大臣之女分别嫁给他们做妻子，以联姻方式巩固建州女真与东海女真的关系。

到了万历三十五年（1607）正月，东海女真瓦尔喀部蜚悠城（今珲春北二十里古城）主策穆特黑至建州，对努尔哈赤说道："吾等因地方遥阻，附乌拉；乌拉贝勒布占泰，遇吾等虐甚，乞移家来附。"努尔哈赤听罢决定派兵去搬接他们至建州。

就在这一年，建州兵在搬接蜚悠城部众的归途中，受到乌拉贝勒布占泰军队的阻截，两军进行了乌碣岩之战。建州军击败乌拉军队，遂乘胜夺取高岭会宁路，从此打开了通往乌苏里江流域及其以东地区的大门。在这以后，建州以宁古塔（今黑龙江省宁安）为基地，向北往黑龙江中下游，向东往乌苏里江流域胜利进军。

渥集部的赫席黑、俄漠和苏鲁和佛纳赫拖克索三路，在乌碣岩之战以后，仍然服从乌拉贝勒布占泰。努尔哈赤劝说："我们是一国人，因住地相离很远，被乌拉国阻隔。你们至今服从乌拉国过活。今天我们同国人已有了汗，打败乌拉兵，现在你们要服从我们同国人的汗。"

但他们依然不归附，建州为孤立乌拉，这年五月，派巴雅喇、额亦都、费英东、扈尔汉等统兵一千，前往征讨东海渥集部，攻取赫席

努尔哈赤出生宅院

黑、俄漠和苏鲁和佛纳赫拖克索三路，"获人畜二千而回"。

努尔哈赤在万历三十七年（1609）十二月，臣服邻朝鲜而后的瓦尔喀部之后，命侍卫扈尔汉统兵千人，向东北深入，伐取渥集部所属滹野路。滹野路即明正统后设置的呼夜（兀也）卫，它在珲春东北，乌苏里江上游支流瑚叶河（今苏联滨海地区刀毕河）一带。扈尔汉击取滹野路，俘虏二千，在那里过了年节后，并于二月返回建州。扈尔汉因这次军功而被赏予甲胄、马匹，并被赐号达尔汉侍卫。

到了万历三十八年（1610）十一月，因绥芬路路长图楞降附建州后，被渥集部雅揽路人掳掠。努尔哈赤遂命额亦都率兵千人，到图们江北岸、绥芬河和牡丹江一带，前去招服渥集部的那木都鲁、绥芬、宁古塔、尼马察四路。其首领康果礼、喀克都里、昂古、明噶图等降附，并举家迁至建州，归顺了努尔哈赤。额亦都又乘胜率兵去取雅兰部。明永乐六年（1408）置牙鲁卫，设在临近海边的牙鲁河流域，牙鲁河清代称雅兰部河。兰部路即今苏联海参崴（符拉迪沃斯托克）东北雅兰河一带。额亦都击取雅揽路，"获人畜万余而回"。

万历三十九年（1611）七月，努尔哈赤派其第七子阿巴泰和费英东、安费扬古带兵千人，开始征讨渥集部之乌尔古宸、木伦二路。木伦路就因穆棱而河得名，穆伦河在宁古塔城东四百里，出穆伦窝集，东流入乌苏哩江。木伦路部民居住在今穆棱河流域及穆棱河与乌苏里江会流处附近。穆林河汇乌苏里江，入混同江，在宁古塔东北，木伦路即在穆棱河流域。

努尔哈赤赏予宁古塔路首领僧格、尼喀礼的甲四十副就放在绥芬路，但被乌尔古宸、木伦路的人袭击绥芬路时夺去。努尔哈赤于是就派博济里去通知他们说："将那四十副甲，用四十四匹马驮来！"但他们没有这样做。建州发兵到那里之后，将乌尔古宸和木伦二路收取，并获得俘虏一千。

同年十二月，派何利里、额亦都、扈尔汉率兵二千，征伐东海虎尔哈部北库塔城。扎库塔城在图们江北岸，珲春河、海兰河之西，距珲春城一百二十里。这次征讨东海虎尔哈部兆度塔土成的原因，是扎库塔城主对建州和乌拉采取中立政策。努尔哈赤要求东海女真各部，在建州与乌拉之间，只能倒向建州，并不许有其他选择。他发兵惩罚扎库塔城主，大兵到后，围城三天，遭到守城军民的顽强抵抗。城陷后，斩前一千，获俘二千，并招抚环近地区居民。

努尔哈赤在万历四十二年（1614）十一月，派兵五百人，十二月袭击了锡林；随后前进，袭击雅兰部。

沈阳故宫

这次出征，建州军收降民二百户，人畜一千而回。

到了万历四十三年（1615）十一月，努尔哈赤开始派兵二千人，征讨东海渥集部额黑库伦城。额黑库伦城部民"住在东边的东海之北"，就是今天的苏联乌苏里江以东滨海地区纳赫塔赫河地方。建州兵行至顾纳喀库伦，进行招降额黑为伦城拒不受降，于是建州兵分兵两路，越壕三道，拆毁栅栏，攻入城内。建州军阵此战斩八百人，俘获万人，收抚其居民，编户五百而回。

万历四十五年（1617年，天命二年）正月，努尔哈赤派兵四百人，前往攻取沿海散居未服的诸部人；二月，遂将东海沿岸散居之民尽取之；到了三月，造大刀船，渡边海湾，逮住占据海岛未服的诸部人。

万历四十六年（1618年，天命三年）十月，派兵搬接东海虎尔哈纳喀达为首的百户降顺部民至建州，后金对东海女真政策取得重大成果。

万历四十七年（1619年，天命四年），努尔哈赤在正月和六月，先

后两次派穆哈连带兵千人，前往收取东海虎尔哈部民。六月初八日，穆哈连带来千户，男二千人，六千余口。他亲自出城迎接，并命搭建八个凉棚，摆二百桌酒席，杀二十头牛，举行盛宴款待穆哈连及归顺的各部大小首领。

天启五年（1625年，天命十年），后金在集中精力夺取辽沈地区并巩固对其统治，连续六年未曾大规模地向东海女真用兵之后，又先后六次发兵征讨东海女真。这是努尔哈赤对东海女真做战用兵最勤的一年。

努尔哈赤对东海女真前后用兵长达三十年之久，基本上统一了东海女真。日本稻叶君山说："在西纪1616年（万历四十四年，天命元年）以前，太祖之兵，及于乌苏利江东方沿海。"朝鲜《光海君日记》当年记述努尔哈赤在东海一带势力时就曾指出"至北海之滨，并为其所有"。努尔哈赤在东起日本海，西至松花江，南达摩阔崴湾、濒临图们江口，北抵鄂伦河这一广大疆域内，基本上统一了东海女真诸部等，并取代明朝而实行统辖。后来皇太极多次征抚，东海女真岁岁入贡，完全臣服。

"野人"女真的另一支黑龙江女真，因居住在黑龙江流域而得名为黑龙江女真。在黑龙江流域，居住着黑龙江虎尔哈部、萨哈连部、使犬部、使鹿部和索伦部等。在这一广大地区，有水量丰沛的河流，广阔的草甸，翁郁的丛林，茂密的灌木。在杨树、柳树、松树和桦树的林荫中，散布着女真人、达斡尔人、鄂温克人、鄂伦春人、费雅喀人和索伦人的村屯。

上面这些地区的部民，元亡后受明廷的管辖。为了从明朝手中接管对黑龙江流域的统治权，曾多次发兵征讨黑龙江女真。他首先发兵攻打萨哈连部。

萨哈连部因居住在萨哈连乌拉流域而得名。萨哈连部分布在精奇里江和牛满河流域。萨哈连部居住在黑龙江中游流域。其部地理位置东至乌苏里江口、接使犬部，西邻索伦部，南至黑龙江虎尔哈部，北界使鹿部。

万历四十四年（1616年，天命元年），后金汗努尔哈赤发兵征讨萨哈

连部。

七月十九日，命令：达尔汉传卫扈尔汉、硕翁科罗巴图鲁安费扬古率兵二千人，到兀尔简河后，领兵一千四百名，乘独木船二百艘前进；另六百名骑兵在陆上行走。当日出发，第八天到达造独木船的地方。扈尔汉和安费扬古率兵乘独木船在乌拉河前进，骑兵在陆上前进。第十八天，前进的水陆兵会合。又前进二昼夜，八月十九日到达目的地，袭击茂克春大人居住在河北岸的十六个屯寨，全部夺取了。

博济里大人居住在河南岸的十一个屯寨，也全部夺取了。将在萨哈连江南岸的萨哈连部的九个屯寨夺取了。一共夺取三十六个屯寨。在萨哈连江南岸的佛多罗衮寨驻营。……从前萨哈连江和松阿里江在十一月十五至二十日后才结冰。大英明汗出兵那年，十月初就结冰了，所以汗的兵在初五日渡过了萨哈连乌拉。夺取了萨哈连部内十一个屯寨，然后全部返回了。

后金汗在继征讨萨哈连部之后，又招附萨哈尔察部。萨哈尔察为满语黑色貂皮的意思。萨哈尔察部居住在牛满河（今布列亚河）地区，其部长萨哈连归附后金，并成了后金的额驸。到了万历四十六年（1618年，天命三年），努尔哈赤率军攻打抚顺，萨哈连额驸也随军从征，备受器重。在野营的夜晚，努尔哈赤还向萨哈连额驸讲述"金朝往事"。

努尔哈赤征伐萨哈连部取得胜利，萨哈连成为后金额驸，这表明后金开始统治黑龙江中游地区。与此同时，努尔哈赤又征抚黑龙江下游地区的使犬部和使鹿部。

使犬部的居住范围，大致在乌苏里江下游地区、松花江与黑龙江会流处以下沿混同江两岸，和使鹿部相接。它主要分为三部。奇雅喀喇部、赫哲喀喇部和额登喀喇部。奇雅喀喇部，其地在乌苏里江口以南一带。赫哲喀喇部，自宁古塔东北行千五百里，居松花江、混同江两岸者曰赫哲喀喇；又东北行四五百里，居乌苏里、松花、混同三江汇流左右者，亦曰赫哲喀喇。额登喀喇部，其地在赫哲喀喇之东北，混同江两岸。

居住在黑龙江下游一带的使犬部，包括赫哲人、鄂伦春人、鄂温克人等。他们畜犬，而且数量非常庞大，一户能畜养几十只、几百只。使犬部因此而得名。

后金汗在征讨萨哈连部的同时，又征抚使犬部。万历四十四年（1616年，天命元年），努尔哈赤开始发兵征取使犬部。招服使犬路、诺洛路、石拉忻路路长四十人。后金军水陆并进，深入千里之外，兵锋所指，莫不慑伏。

对于使鹿部的居住范围，其部在使犬部之北和东，混同江下游以东滨海，包括库页岛全部。使鹿部主要有费雅喀部、奇勒尔部等，也包括吉烈迷。费雅喀部居住在额登喀喇东北七八百里，即在混同江以东。奇勒尔部的居住范围，奇勒尔亦曰奇楞，在宁古塔东北二千余里亨滚河等处，即使鹿鄂伦春游牧处所。其居地在黑龙江口一带。

在统一使犬部的同时，努尔哈赤并没有忘记在黑龙江口和库页岛一带使鹿部的部民。库页岛的面积有七万六千五百多平方公里，为台湾面积的二倍多。它的地形狭长，南北长九百五十公里。这里森林茂密，鱼产非常丰富，盛产鲱鱼、鳕鱼、鲑鱼、鲈鱼和海蟹等。库页岛气候较寒冷，但南部港口为不冻港。岛上居住的吉烈迷和苦夷人等，"以席为家畜"，所以又称为使鹿部。

库页岛又称苦兀，苦兀在奴儿干海东。永乐十年（1412），明在库页岛设立囊哈儿卫。同年,明成祖朱棣派亦失哈等到库页岛视察。努尔哈赤为接管明朝在黑龙江下游直至库页岛的疆土，曾不断地向这一地区用兵。后来库页内附，"每岁进貂皮，设姓长、乡长、子弟以统之"。

总而言之，努尔哈赤对东海女真和黑龙江女真用兵多年，在乌苏里江和黑龙江中下游广大地区迅速地取代了明朝的统治，其重要原因是对"野人"女真采取了征抚兼施的政策。

第四章 建立新制

整编牛录

努尔哈赤从明万历十一年（1583）为报父、祖之仇起兵以来，可以说经过三十多年的征战，这时辖区已经非常辽阔，兵马众多。

这些女真人，原来散处辽宁、吉林、黑龙江各地，还有流入朝鲜境内的六镇"藩胡"，他们习俗不一，制度悬殊，有的捕鱼捉貂，渔猎为生，有的室居耕田，役使阿哈，饮食服用，皆如华人。如果没有统一、正确的管理制度，取代旧日分散的、各自为政的方式，就很难真正地统一起来，这个各有特色、复杂松散的混合体便将是昙花一现，不能长期延续下去，也无法对付实行分而治之政策压制女真的明王朝大军的进剿。正是在这错综复杂、危机四伏的严峻形势下，雄才大略的努尔哈赤明智地在牛录制的基础上，创立了八旗制度。八旗制度的发生和发展，有一个漫长的过程。它始于女真氏族的狩猎制度生产组织。

前此，凡遇行师出猎，不论人之多寡，照依族寨而行。满洲人出猎开围之际，各出箭一支，十人中立一总领，属九人而行，各照方向，不许错乱，此总额呼为牛录（汉语大箭）额真（额真汉语主也），于是以牛录额真为官名。

牛录，在满语中是箭或火箭的意思；额真，在满语中是主的意思。牛录额真即火箭主，原是狩猎时的十人之长，起源甚早，后演变而成为官

69

名。随着女真社会生产的发展，牛录组织日益扩大。到女真社会出现阶级分化和阶级对抗之后，牛录不仅是狩猎生产组织，而且衍变成奴隶主贵族发动掠夺战争或进行军事防御的工具。

牛录额真成为官名，最早出现于历史文字中是《满洲实录》和《清太祖实录》万历十二年（1584）

粉彩开光花卉大盘

的记载。努尔哈赤起兵已经一年，他的军队至少发展到五百人，"上率兵五百，征董鄂部主阿海巴颜"。因军队较多，便出现三百人一牛录的军事组织。《清太祖高皇帝实录》载："擢鄂尔果尼、罗科为牛录额真，统辖三百人。"

从此，牛录额真已经不是出师行猎的临时性的十人之长，而成为女真的一种官名。牛录不仅是围猎组织，同时也是军事组织。

到了万历十七年（1589），努尔哈赤统一建州女真的战争已经进行六年，他随着统治区域的扩大，管辖部民的增多，以及王权的建立，便组织了一支军队。这支军队，当时分为四个兵种：环刀军、铁锤军、串赤军和能射军。

而《清太祖高皇帝实录》中也作了同样记载：

上至古勒山，对黑济格城，据险结阵。令各旗贝勒大臣，整兵以待。

由此可以得出，努尔哈赤早已将建州士兵编成各旗，并已早有军旗。

万历二十四年（1596），朝鲜人申忠一到费阿拉，所见建州军旗：旗用青、黄、赤、白、黑，各付二幅，长可二尺许。

努尔哈赤始设四旗一事，清朝有的史籍系于万历二十九年（1601）。据《清太祖高皇帝实录》所载：

上以诸国徕服人众，复编三百人为一牛录，每牛录设额真一。先是，我国凡出兵校猎，不计人之多寡，各随族党屯寨而行。猎时，每人各取一矢，凡十人，设长一，领之，各分队伍，毋敢紊乱者。其长称为牛录额真。至是，遂以名官。

实际上，努尔哈赤在这一年对建州军队进行了一次整编。他"复编三百人为一牛录"，每牛录设额真一员，或并画一旗色，以黄色、白色、红色、蓝色四色为旗的标志。这次重要改革，为尔后八旗制度的确立奠下基础。

八旗定制

到了万历四十三年（1615）十一月，努尔哈赤已经统一建州，哈达、辉发，还有乌拉，这时兵马众多，原有的四旗已经不够用，于是再增加四旗，成为八旗。这就是清朝特有的八旗，在长达三百年的时间里，对清朝各方各面都起了很独特的作用。

原有四旗，用黄色、白色、红色、蓝色四种颜色做旗帜。增添的四旗，将原来旗帜周围镶上一条边，黄色、白色、蓝色三色旗帜镶红边，红色旗帜镶白边，成了八种不同的旗帜。不镶红边的的黄色旗帜称为整黄旗，即整幅的黄旗，习称正黄旗；镶红边的黄色旗帜称为镶边黄旗，习称镶黄旗，俗写厢黄旗。其他三色旗帜也是一样。合起来共称为八旗。

71

八旗制度首先是军事制度。

八旗军在创立的初期，是一支勇敢善战的军队。《清太祖高皇帝实录》中对八旗制度的军事性质，作了明确的记载：

行军时，地广，则八旗并列，分八路；地狭，则八旗合一路而行。队伍整肃，节制严明，军士禁喧嚣，行伍禁挽越。当兵刃相接时，被坚甲、执长矛大刀者，为前锋；被轻甲、善射着，从后冲击；俾精兵立他处，勿下马，相机接应。每预筹方略，了如指掌，战则必胜。

在这里可以看出除记述八旗军的军容军纪整肃、攻战克敌制胜外，还记载八旗军在兵种上分为三等，即长甲军、短甲军和巴牙喇，后来演变成前锋、骁骑和护军等。护军即精兵，时称巴牙喇。巴牙喇汉语中译为精兵或护军。其首领为汉语音译为巴牙喇甲喇章京，后称护军参领。朝鲜称巴牙喇为拜阿罗，据朝鲜人李民寏所见，"胡语呼拜阿罗军者，奴酋之手下兵也，五千余骑，极精勇云（七将皆有手下兵，而未详其数）"。巴牙喇是从各牛录中选拔的精壮，兵骁马骠，甲坚剑利，在努尔哈赤夺取抚顺、沈阳、辽阳等战役中，发挥了重要的作用。

在那个时候，努尔哈赤不仅是八旗军的最高统帅，而且亲领两黄旗，其次子代善领两红旗，其第五子莽古尔泰领正蓝旗，其第八子皇太极领镶白旗，其长孙杜度领正白旗，其任阿敏领正蓝旗。每旗所属牛录、每牛录所属兵卒，也多未划一。

八旗军从其作战方式看是一支以骑兵为主的军队。八旗军虽然步兵众多，开始没有火器，用皮弦木箭、短剑钩枪，射程近、威力弱。但是，它却以铁骑角胜。八旗骑兵的战马饲养，栏里不蔽风雪溽暑，不喂菽粟，野外牧放，能耐饥渴。出征时，兵士乘马，带上自备军器和数天干粮，驱骑驰突，速战速决；利用行军或战斗的闲暇，脱缰放牧，不需后

勤。李民寏说:

> 胡中之养马,罕有菽粟之喂。每以驰骋为事,俯身转膝,惟意所适;
> 暂有卸鞍之暇,则脱鞯而放之。栏内不蔽风雪寒暑,放牧于野,必一人驱十
> 马。养饲调习,不过如此。而上下山坂、饥渴不困者,实由于顺适畜性也。
>
> 我国之养马异于是,寒冽则厚被之,雨雪则必避之,日夜羁縻,长
> 在枥下,驰骋不过三四百步。菽粟之秣,昏昼无阙,是以暂有饥渴,不
> 堪驰步,少遇险仄,无不颠蹶。且不作骗,风逸踶啮,不顺鞭策,尤不
> 合战阵也。

后金与朝鲜战马的对比,实际上也反映了后金同明朝战马的对比。后金骑兵,兵悍马壮,兵皆铁甲,马也披甲。骑兵作战时,分作"死兵"和"锐兵"两种:死兵在前,锐兵在后。死兵披重甲,骑双马冲前,前虽死而后仍复前,莫敢退,退则锐兵从后杀之。待其冲动明军,而后锐兵始乘胜冲锋。

这是明兵部尚书王在晋时努尔哈赤骑兵战法的概括,说明八旗军骑兵的勇敢与顽强。每当努尔哈赤下令吹角螺、鸣号炮,发动进攻时,八旗军的骑兵,冲锋,厮杀,摧坚,陷阵;铁骑奔驰,冲突蹂躏,无与争锋,所向披靡。

沈阳故宫部分雕刻

恰恰与后金相反，明朝军队习于平原作战，长于施放火器。他们临阵时，摆列方阵，弯弓挥刀，士气不高，行动迟缓。但后金骑兵有两个显著的特点：一个是速度快，另一个是力量大。从某种意义上说，战争就是作战双方速度和力量的竞赛。因此，行动慢、摆方阵的明朝步兵，与速度快、力量大的后金骑兵交锋之后，明军未及再装弹药时，努尔哈赤的骑兵已冲陷方阵，倏来倏往，任意横行。所以，袁崇焕说"明朝兵不利野战，只有凭坚城、用大炮一策"。然而，八旗兵攻城时，先用楯车运载登城士卒到城下，竖起罩着牛皮的简梯，军士冒矢石沿梯鱼贯登城。有时从城下挖洞，兵士穴城而入。也有时"则每于马上人持一袋土，一时俱进，积于城下，则顷刻与城平，而人马践踏逾越"，取得攻城的胜利。

八旗军是一支训练十分严格的军队，努尔哈赤非常重视军事训练，提高军队素质，培养勇敢精神，熟谙弓马技艺。在费阿拉有很大的操场，天天操练兵马。练兵时，他常亲自检查战马的膘情，马肥壮者赏酒，马羸瘦者鞭责。练兵除演习枪、刀、骑、射外，还进行"水练"和"火练"。练习跳涧的叫作水练，练习越坑的叫作火练；优秀者受赏，怯劣者斩首。努

沈阳故宫雕刻蚂蜂窝

尔哈赤之所以严格军训，是因为他深知武艺对一个兵士之重要。他自己便是一个弓马精熟、武艺超群的射手。

八旗军还是一支军纪严明，赏罚分明的军队。努尔哈赤从建军之初，便军纪严、赏罚明。他制定不成文军令，并规定"从令者馈酒，违令者斩头"。到万历四十三年（1615），努尔哈赤把军纪、赏罚制度化：

克城破敌之后，功罪皆当其实：有罪者，即至亲不贳必以法治；有功者，即仇怨不遗必加升赏。用兵如神，将士各欲建功，一闻攻战，无不忻然，攻则争先，战刚奋勇，威如雷霆，势如风发，凡遇战阵，一鼓而胜。

努尔哈赤在每次作战以后，"赏不逾日，罚不还面"。按功行赏，依罪惩罚，兵士们自然奋勇作战，有进无退。

八旗军不仅勇敢善战、长于骑射、勤加训练、军纪整肃、赏罚分明，而且"最工间谍"。努尔哈赤为了刺探明军的指挥、部署、数量、军器、城邑、士气、粮秣等情报，曾利用明降将李永芳，每月花银一百两，收买与明辽东官员有交往的刘保，按月递送情报。他还曾派谍工男扮女装，设计焚烧明军在海州的粮草。努尔哈赤以善用谍工，对辽东明军的虚实动静，了如指掌。

努尔哈赤非常爱用诡诈的计谋，最丰厚的财物，最秘密的手段，派遣谍工，刺探敌情，取得指挥战争的主动权。

八旗制度不仅是军事制度，而且是行政制度。努尔哈赤既以旗统兵，又以旗统人。八旗的军事职能前已述及，其社会职能，又包括政治、民政、家族三个方面。

八旗是政权组织。后金的政权组织分为三级固山、甲喇和牛录。固山额真、甲喇额真、牛录额真，既是军事长官，又是行政长官。他们出则统领军队，入则统治人民。八旗各有族主，各置官属，各领人民。它的基

清早期大明衣冠

层单位为牛录，牛录额真是本牛录人民的"父母官"。后金汗通过各级额真，统治其人民：

　　凡有杂物收合之用，战斗力役之事，奴酋分于八将，八将分于所属柳累将，柳累将令手所属军卒，令出不少迟缓。

　　后金汗同各级额真是君臣隶属关系。天启元年（1621年，天命六年）二月，萨尔浒城营筑竣工，努尔哈赤升殿聚诸王大臣曰："君明乃成国，国治乃成君。至于君之下有王，王安即民安，民安即王安。故天作之君，君恩臣。臣敬君，礼也。"

　　由这里可以看出，后金八旗中的君臣等级是很森严的。努尔哈赤依靠八旗的固山额真、甲喇额真和牛录额真等各级官吏，组成统治后金人民的

政治机器。

八旗也是民政组织。固山、甲喇和牛录，既是军事编制单位，也是户口编制单位。编入八旗的人户，称为旗人。牛录额真及其属下村领催等官员，掌管本牛录、本村屯的民政事务，诸如登记户籍，查勘田地，分配财物，经营房宅，收纳赋税，摊派劳役，拘捕逃人，埋葬死人，料理婚娶，排解纠纷，清理卫生，送往迎来等。

八旗又是家族组织。女真族到努尔哈赤时代，仍保留有氏族残余形态。虽然牛录早已变成军事组织和行政组织，但牛录额真多为一族之长或众族之长。一个牛录往往是一个大家族，牛录额真即成为该族的族长。但后来招服日众，情况有所不同，同一牛录内不仅有满洲人，也有蒙古人和汉人等。尽管如此，牛录额真仍管本牛录内的家族事务。

八旗制度不仅是军事制度、行政制度，而且是经济制度。这主要表现在后金汗和固山额真除指挥作战外，还占有土地、奴仆、牲畜，管理生产，分配财物。

八固山共同占有土地，胡贡明奏议称"有人必八家养之，地上必八家分据之"。这虽是努尔哈赤死后六年的奏议，但反映其在世时八固山占有土地、奴仆和牲畜的事实。后面将较详地叙述后金的土地所有制问题，这里姑且从简。

牛录额真也组织生产，八旗制下的部众，"出则为兵，入则为民；耕战二事，未尝偏废"。即跨马从戎时，按军队的编制驰骋征战；解甲卸鞍后，又按军队的编制从事生产。军卒返屯后，修整器具，治理家业，耕种田地，收放马匹。牛录额真又成为生产的管理者。

万历四十一年（1613），努尔哈赤命"一牛录各出男丁十人，牛四头，垦荒屯田，悉蠲贡赋"。以后随着归并的土地和人口日渐增多，便组织庄田进行生产。牛录额真是本牛录生产的组织者。后来由于丁口增加，牛录下的民户"三丁抽一"，即每户如有三名男丁，抽一人去作战，另二

人称余丁，在家从事生产劳动。随着战争的频繁，兵士不再弃戈务农，而变成职业军人"浑卒则但砺刀剑，无事于农亩者"。牛录额真指挥军事职能逐渐加强，组织生产职能日趋减弱。

八旗还是分配掳掠财富的基本单位。如天命三年（1618）四月十五日攻取明抚顺诸城堡，次日，努尔哈赤就在甲版野地设营，按旗分配"俘获"三十万人畜。他还将在战争中虏获大量的人口、牲畜、金银、布帛，按八旗分赐予贝勒和各级额真等。如萨尔浒之役后，将缴获的战利品堆放八处，按八旗进行分配。

女真社会历史发展与生产关系所产生的独特社会结构——八旗制度，既有利于其社会生产力的发展，又有利于满族共同体的形成。努尔哈赤通过八旗把分散的女真部民组织起来，管理女真的农业、畜牧业、采集业、渔猎业和手工业生产，促进了女真社会生产力的提高。同时，随着对瓦尔喀、虎尔哈、卦勒察、萨哈连、达斡尔、蒙古人、汉人等的征附，得到一部人就编为一牛录。努尔哈赤把各部女真人等都包容在旗制之中，加速了满族共同体的形成。

天命初年，已发展到约四百个牛录。除满洲八旗之外，天启元年（1621年，天命六年）始设蒙古牛录。天启二年（1622年，天命七年），始设蒙古旗。崇祯八年（1635年，天聪九年），始设蒙古八旗，旗色与满洲八旗相同。崇祯四年（1631年，天聪五年），努尔哈赤的继承人皇太极将满洲八旗中的汉人挑出，另编一旗。汉军初名乌津起哈，因其多使用大炮等重型武器而得名，后称汉军，以黑色为旗帜。

崇祯十年（1637年，崇德二年），分设汉军为二旗。崇祯十二年（1639年，崇德四年），又增设汉军二旗，旗色为纯皂（黑）皂镶黄、皂镶白、皂镶红。崇祯十五年（1642年，崇德七年），汉军扩充为八旗，旗色改为与满洲八旗、蒙古八旗相同，取消了黑色。从此，实际有满洲八旗、蒙古八旗、汉军八旗，共二十四旗，但习惯上仍统称为八旗。

努尔哈赤创立的八旗制度，对后金国、对辖区的各个阶级阶层、对女真满族都产生了强烈影响。八旗制度的建立，将分散的女真人严密地编制起来。分则弱，合则强，早在几百年以前的宋朝，便有女真"兵若满万，则不可敌"的说法。现在，数以万计的女真男丁以及老幼眷属，统一编制起来，可挑选精兵数万，加上粮草充足，器械精良，战马十万，成为具有极大威力的强大军队。努尔哈赤率领八旗劲旅，用兵三十余年，战必胜，攻必克，连下明朝重镇，大败明军于萨尔浒，俘获人畜数百万，辖地数千里，扩大了奴隶制剥削范围，对后金国的巩固和扩展起了非常大的作用。

努尔哈赤创立的八旗制度，还有力地促进了满族的形成和发展。全部人员，各按旗分、甲喇、牛录居住，原系一族一寨之人往往分肃不同的旗或不同的甲喇牛录。一旗、一甲喇、一牛录之内，又有不同地方、不同部落、不同村寨的人丁，基本上打破了女真各依族寨居住的旧习，这就使八旗以女真为主吸收汉人、蒙古等人参加的几十万不同地方、民族、部落的人员，居住在同一地区，密切了彼此的联系。

八旗人员在汗、贝勒和各级额真的管辖下，耕田种地，纺花织布，牧放马牛，猎捕兽禽，采松摘果，生产迅速发展，改变了部分女真旧日渔猎为生的落后习俗，八旗人员大体上达到了"耕田食谷为生"的水平。

在此之前，有的女真人任意行止，自由谋生，过着原始社会末期的生活，有的地方女真人已进入奴隶社会，辽东地区的汉民却又处于封建社会后期，编入八

清宫御用瓷

旗以后，各地各部人员，被俘为奴者降为阿哈，有功者上升为奴隶主，归顺者成为诸申，家主剥削阿哈的奴隶制发展为占居八旗统治地位的生产关系。

八旗人员皆须遵守国家法令。所有八旗人员，不管是女真，还是汉人，言谈交际，文移往来，必须使用满文满语，服装发式亦须一律，依照女真习惯剃发，不许妇女缠脚。八旗人员同居共处，互通婚姻，血缘关系更加密切。

这样一来，在八旗制度的辖束下，经过广大八旗人员的长期辛勤劳动和共同做事，以女真为主体的来自不同民族和地区的几十万人上百万人，在生产力、生产关系、赋役负担、国家法令、语言文字、服饰发式和风俗习惯等等方面，大体上达到了同样的水平，旧有的差异迅速消失，一致性越发增多，逐渐形成为一个在居住地区、经济条件、语言文字、心理状态等方面基本一致的新的民族共同体满族。

努尔哈赤创建八旗制度，以它作纲，把女真社会的军事、行政、生产统治起来。女真各部的部民，被按军事方式，分为三级，加以编制。努尔哈赤用军事方法管理行政、管理经济，使女真社会军事化。

因此，在努尔哈赤统治时期，整个女真社会就是一座大兵营。这一点，也正是努尔哈赤统治时期女真社会的一个重要特征。努尔哈赤以八旗作纽带，把涣散的女真各部联结起来，形成一个组织严密的、生气勃勃的社会整体，在当时历史条件下是非常具有积极意义的。这正是他崛起东北地区，统一女真各部，施行社会改革和屡败明朝军队的重要原因之一。但是，他通过八旗制度，加强了对女真奴隶、农奴、部民的军事统治和军事独裁，从而给女真劳动人民戴上一副沉重的枷锁。而八旗军人关之后，对中原地区人民实行野蛮掠夺与军事统治，推行高压政策，影响了社会的前进。

创立满文

当万历二十一年（1593），努尔哈赤于古勒山大破九部联军以后，因辖区的迅速扩大，人口也随之大量增加，和周围国家的交往也频繁起来。女真这时因为没有自己的文字，成为了阻碍国家发展的一个重要问题。

努尔哈赤兴起之后，建州与明朝和朝鲜的公文，由汉人龚正陆用汉文书写，"凡干文书，皆出于此人之手"。努尔哈赤会蒙古文，又粗通汉文，唯独缺少女真文字。所以，他在女真社会中的公文和政令，则先由龚正陆用汉文起草，再译成蒙古文发出或公布："时满洲未有文字，文移往来，必须习蒙古书，译蒙古语通之。"女真人讲女真语，写蒙古文，这种语言与文字的矛盾，已不能满足女真社会发展的需要，甚至已经成为满族共同体形成的一个障碍。努尔哈赤为了适应建州社会军事、政治、经济和文化迅速发展的需要，遂倡议并主持创制作为记录满族语言的符号——满文。

万历二十七年（1599）二月，努尔哈赤命额尔德尼和噶益创制满文。《清太祖高皇帝实录》有详细记载：

上欲以蒙古字制为国语颁行。巴克什额尔德尼、扎尔固齐噶盖辞曰："蒙古文字，臣等习而知之。相传久矣，未能更制也！"

上曰："汉人读汉文，凡习汉字与来习汉字者，皆知之；蒙古人读蒙古文，虽未习蒙古字者，亦皆知之。今我国之语，必译为蒙古语读之，则未习蒙古语者，不能知也！如何以我国之语制字为难，反以习他国之语为易耶？"

额尔德尼、噶盖对曰："以我国语制字最善，但更制之法，臣等未

明，故难耳！"

上曰："无难也！但以蒙古字，合我国之语音，联缀成句，即可因文见义矣。吾筹此已悉，尔等试书之。何为不可？"

于是，上独断："将蒙古字制为国语，创立满文，颁行国中。满文传布自此始。"

上面这段文字中，努尔哈赤说明两点：其一，创制满文的意义在于使满族的语言与文字臻于统一；其二，创制满文的方法是参照蒙文字母，协合女真语音，拼读成句，撰制满文。

究竟怎样以蒙文字母，连缀女真语音呢？据1633年（天聪七年）满文旧档记载：

初无满字。父汗在世时，欲创制满书，巴克什额尔德尼辞以不能。父汗曰："何谓不能？如阿字下合妈字，非阿妈乎？额字下合谟字，非额谟乎？吾意已定，汝勿辞。"

于是，额尔德尼和噶盖遵照努尔哈赤提出的创制满文的基本原则，仿照蒙古文字母，根据满语音特点，创制满文。这种草创的满文，没有圈点，后人称之为"无圈点满文"，或"老满文"。从此，满族有了自己的拼音文字。满文制成后，努尔哈赤下令在统一的女真地区施行。

在努尔哈赤指导下额尔德尼和噶盖撰制满文，他们是满族杰出的语言学家。额尔德尼，姓那拉氏。世居都英额，少年明敏，兼通蒙古文和汉文。他投归建州后，被赐号巴克什。巴克什在满语中是学者、博士的意思。额尔德尼随从努尔哈赤"征讨蒙古诸部，能因其土俗、语言、文字，传宣语令，招纳降附，著有劳绩"。额尔德尼一生虽建树武勋，但其主要功绩为创制满文。与额尔德尼同时创制满文的噶盖，姓伊尔根觉罗氏，世居呼纳赫，屡次立功，"位亚费英东"。他受命制满文，同年被杀。噶盖死后，额尔德尼"遵上指授，独任拟制"，满文制成，后亦被杀。额尔德尼虽以微末受诛，其功业却与世长存。清太宗曾谕文馆儒臣云："额尔德尼乃一代杰出之人！"这个评价是公允的。

额尔德尼和噶盖在努尔哈赤主持下创制的无圈点满文，在统一的女真地区推行三十三年，发挥了巨大的作用。但是，初创满文缺乏经验，同时蒙古语和满语的语音又存在差别，因而无圈点满文有一些亟待改进的问题。如字母数量不够，清浊辅音不分，上下字无别，字形不统一，语法不规范，结构不严谨。因此，崇祯五年（1632年，天聪六年）皇太极又命巴克什达海改进老满文。

皇太极命达海对无圈点满文，"可酌加圈点，以分析之，则音义明晓，于字学更有裨益矣"。

达海，世居觉尔察，以地为氏。他"九岁读书，能通满、汉文义。弱冠，太祖高皇帝召直文馆，凡国家与明及蒙古、朝鲜词命，悉出其手；有诏旨应兼汉文音者，亦承命传宣，悉当上意。旋命译《明会典》及《素书》《三略》"。后达海与纳扎通奸，拟罪当死；但努尔哈赤惜才，命杀死纳

清太祖建筑雕刻

扎，将达海锁柱拘禁。

清太宗时，达海为文馆领袖，受命改进无圈点满文。他"酌加圈点，又以国书与汉字对音未全者，于十二字头正字之外增添外字，犹有不能尽协者，则以两字连写，切成其切音，较汉字更为精当，由是国书之用益备"。达海又译《通鉴》《六韬》《孟子》《三国志》《大乘经》等。因劳成疾，未竟而卒，年仅三十八岁。巴克什达海一生勤敏清廉，死殓时"求靴无完者"，连一双完好的靴子也没有。巴克什达海短暂而勤奋的一生，对满汉文化交流做出了重大贡献。尤以改进无圈点满文为有圈点满文，则是其一生中最杰出的业绩。所以史载"达海以增定国书，满洲群推为圣人"。

满文经过达海的改进以后，称为"有圈点满文"或"新满文"，于是满文较前更为完备。

按语言学音素来说，改进后的满文，有六个元音字母，二十二个辅音字母，十个专门用作拼写外来语的特定字母，共三十八个字母。字母不分大小写，但元音字母以及辅音与元音相结合所构成音节，出现在词首、词中、词尾或单独使用时，都有不同的书写形式。

沈阳故宫雕刻物

满文的语法，名词有格、数的范畴，动词有体、态、时、式等范畴。句子成分的顺序是，调语在句子最后，宾语在动词

谓语之前，定语在被修饰词语之前。满文的书写，字序从上到下，行序从左向右。

由努尔哈赤主持、额尔德尼和噶盖撰制的无圈点老满文，流传至今的历史文献主要为《满文老档》。据《满文老档》中记载，创制满文为学校教育提供了重要手段，努尔哈赤下达文书，在八旗中选择师傅，举办学校，令青少年入学读书。

满文的创制，促进了后金教育事业的发展。满文的创制和颁行，是满族文化发展史上的里程碑。从此，满族人民有了自己的文字，可以用它来交流思想，书写公文，记载政事，编写历史，传播知识，翻译汉籍。这不仅加强了满族人民的思想交流，而且促进了满汉之间的文化交流。

满文撰制后在女真地区的推行，使女真各部和女真人民之间的交往更为密切，这对满族共同体的形成，无疑是一条重要的精神纽带。特别是后金统治者，用满文翻译大量的汉文典籍，汲取中原封建王朝统治经验，加速了满族社会的封建化。同时，满文记录和保存了大量的文化遗产，丰富了中华民族的文化宝库。

第五章　对蒙古的政策

利用联姻

蒙古可以说是个剽悍善战的游牧民族。明朝兴起后，元主退回漠北地区，这时人们习惯称为北元。明朝为了解除北方蒙古的威胁，多次出兵攻打蒙古，最后终于击败北元，于是北元开始向明朝称臣。

至嘉、隆以后，即努尔哈赤青少年时期；辽东蒙古势力枝蘖纷繁，先后凌替，相互交错，举其大者，主要有土蛮部，土蛮为打来孙长子，其弟为委正，其长子为卜言台周，次子为介赛，侄为黄台吉，族弟为主墨台猪等，时上蛮（称小王子）最强，"控弦十余万"，屡躏辽东，"大入小入，岁为边患"。速把亥部，速把亥为虎喇哈赤次子，其季弟为炒花，其妹夫为花大。速把亥在嘉靖时徒至辽阳北，联结土蛮等，累略辽塞，"嘉、隆以来，虏患何岁亡之？甚至杀大将军如艾草管。甚哉！速把亥之为祸首也"。黑石炭部，黑石炭为孛只第五子，与速把亥等联骑，剽掠辽左。

在辽东地区，当时同明朝相对抗的政治势力，主要有蒙古和女真。而对辽东掳掠最甚者，则为蒙古诸部贵族的铁骑。在努尔哈赤起兵前十年，即从万历元年至十年（1573—1582），蒙古土蛮、速把亥等部贵族对辽东地区的侵犯。辽东地区蒙古贵族势力连年攻略，形势严重。但是，万历初年，张居正为相，"居正用李成梁镇江，戚继光镇蓟门"。

李成梁在任辽事二十二年间，率骑迎击蒙古兵，力战却敌，斩杀蒙古兵首五千一百八十八级。蒙古骑兵屡受重创，土蛮、速把亥等又相继死去，由于其余部分枝众多，各相雄长。明廷采取分其枝，纳其款，顺者市赏，犯边政剿的策略，辽东蒙古势力或受挫，或分化，逐渐地走向衰落，这个历史的趋势一直持续下来。

到16世纪末，辽东地区明朝军队同蒙古骑兵斗争的结果，历史在朝着他们各自愿望相反的方向发展。虽然，蒙古贵族兴兵屡犯，严重地削弱明朝辽军的力量；但与此同时，李成梁"前后大捷共计十次，斩首五六千级"，又沉重地打击了蒙古诸部等。但是，他们相互争斗的结果，尤其是李成梁的战功，恰为努尔哈赤做了"嫁衣裳"。因为土蛮等和李成梁厮杀的结局，不仅双方都退出了角斗场，而且为努尔哈赤登上历史舞台铺平了前进的道路。

万历年间，漠南蒙古大约分为二十几个较大部，把漠南蒙古分为二十五部，四十九旗。努尔哈赤兴起以后，在漠南蒙古的各部之中，需要着重联系或认真对会的是科尔沁部、内喀尔喀王部和察哈尔部。后金兴起，努尔哈赤决意征抚漠南蒙古。

首先，漠南蒙古同海西关系密切，如叶赫贝勒"金台什孙女为虎墩兔妇"，征抚漠市蒙古有助于女真内部的统一。

明代武将雕刻造像

其次，漠南蒙古位置于后金的右翼，只有征抚漠南蒙古，才能解除进入辽沈地区的后顾之忧。再次，漠南蒙古的林丹汗和炒花等，与明缔结了共同抵御后金的盟约，只有拆散这个联盟，才能内犯明朝。复次，征服漠南蒙古，可以打通进入长城的走廊。最后的一个原因是，后金为夺取明统，深感兵力不足，需征抚蒙古，扩充八旗兵源。漠南蒙古自明初以来，已经蒙受二百余年兵燹之难。

因此，努尔哈赤征抚蒙古，既利用了蒙古人民渴求统一的愿望，又利用了蒙古封建王公分裂割据的条件。时蒙古封建王公在进行分裂争斗，从一己利益出发，忽而联合一些封建主去反对另外一些封建主；忽而覆雨翻云，昨天的敌人变成了今天的盟友，昨天的盟友又变成了今天的敌人。努尔哈赤利用漠南蒙古各部的分裂和内江，对于各部蒙古封建王公，有的分化瓦解，有的武力征讨，或者征抚并用，先后逐一征抚漠南蒙古。这场斗争，先从漠南蒙古的科尔沁部开始。

科尔沁部，在喜峰口外，至北京一千二百八十里，其部东西八百七十里，南北二千一百里，东扎赉特，西扎鲁特，南盛京边疆，北黑龙江，万历二十一年（1593），科尔沁部明安贝勒率蒙古兵万骑，参加以叶赫为首的九部联军，兵败后尴尬地逃回。

翌年，"北科尔沁部蒙古贝勒明安、喀尔喀五部贝勒老萨，始遣使通好"。科尔沁部初次遣使建州。此后，"蒙古各部长遣使往来不绝"。科尔沁部虽然在古勒山之役遭到失败后，遣使建州和好，但实际上并不认输。万历三十六年（1608）三月，建州兵往攻乌拉部的宜罕阿麟城，"科尔沁蒙古翁阿岱贝勒与乌拉布占泰合兵"，科尔沁军遥望建州兵强马壮，自知力不能敌，便撤兵请盟，联姻结好。

努尔哈赤从总的斗争利益出发，不念科尔沁两次动兵的旧恶。他说："俗言'一朝为恶而有余，终身为善而不足'。"建州同意与科尔沁弃旧怨，结姻盟。万历四十年（1612），努尔哈赤闻科尔沁贝勒的女儿博尔济锦氏"颇有风姿，遣使欲娶之。明安贝勒遂绝允许之婿，送其女来"。努尔哈赤以礼亲迎，大宴成婚。明安贝勒是蒙古封建王公中第一个与建州联姻者，对后世影响深远。其后，万历四十三年（1615）正月，努尔哈赤又娶科尔沁孔果尔贝勒女博尔济锦氏为妻。

辟邪

建州女真贵族同科尔沁蒙古王公联姻，便是一种政治的行为，是一种借新的联姻来扩大自己势力的机会；起决定作用的是家世的利益，而决不是个人的意愿。努尔哈赤不仅娶科尔沁两贝勒的女儿为妻，他的儿子也相继纳蒙古王公的女儿做妻子。仅万历四十二年（1614），努尔哈赤的四个儿子，即次子代善娶扎鲁特部钟嫩贝勒女为妻，第五子莽古尔泰娶扎鲁特部纳齐贝勒妹为妻，第八子皇太极娶科尔沁部莽古思贝勒女为妻，第十子德格类娶扎鲁特部额尔济格贝勒女为妻。尔后，第十二子阿济格娶科尔沁部孔果尔女为妻，第十四子多尔衮娶桑阿尔赛台吉女为妻。蒙古科尔沁部等与后金政权，通过联姻，巩固同盟，以便加强自己的势力，用来对抗察哈尔部。

察哈尔部林丹汗先后讨伐与后金结盟的科尔沁等部。为统一漠南蒙古，防止后金扩张，这种为渊驱鱼的做法，更加促使科尔沁投附后金。科尔沁部粤巴台吉遣使送信至建州，报告察哈尔部在结冰、草枯以前，将夹击科尔沁，请求努尔哈赤出兵援助。后察哈尔部林丹汗围攻粤巴台吉的驻地格勒珠尔根城。

粤巴向后金告急，努尔哈赤派其子莽古尔泰和皇太极率精骑五千前往

援救，林丹汗解围西走。粤巴亲自跪见努尔哈赤，努尔哈赤把舒尔哈齐第四子图伦的女儿嫁给粤巴做妻子。随后，努尔哈赤与粤巴刑白马黑牛，祭告天地，盟誓结好。从粤巴的誓言中，可以看出蒙古贵族内部的纷争及粤巴投附后金的原因。其誓言说：

我以公忠之心，向察哈尔、喀尔喀。自北萨克图开以来，我科尔沁诸贝勒，无纤微过恶，欲求安好而不可得。杀伐我，侵掠我，殆无已时。将我科尔沁诸贝勒部除无遗，其后我达赖台吉，以无辜被杀。介赛又以兵来杀我六贝勒。我欲相安无事，而被不从。将无辜之八，恣行杀掠；吾等拒之，又谓我敢于相抗。察哈尔、喀尔喀，合兵而来，欲行杀掠，仰蒙天，又赖皇帝助我，幸而获免。我不敢忘天陁及皇帝助，以故来此，与皇帝会，昭告天地，订盟好。

努尔哈赤的誓言则明确地表示，他同粤巴结盟，是为了对抗察哈尔部及与察哈尔订有盟约的明朝。其誓言说：

我以公直处世，被明及察哈尔、喀尔喀辄肆陵侮，不能堪，乃昭告于天，天蔴我。又察哈尔、喀尔喀合兵，侵掠科尔沁粤巴台吉，粤巴台吉亦蒙天蔴。今粤巴台吉怨恨察哈尔、喀尔喀二部落，来此共谋国事，乃天以我两人被困厄，俾相合也。

粤巴与努尔哈赤惧以"受害者"的身份，在浑河岸，对天焚香，贡献牺牲，行三跪九叩首礼，宣誓言，结盟好。后金汗还以召见、赏赉、赐宴等形式，抚绥科尔沁封建王公。

万历四十三年（1615）九月，科尔沁贝勒明安第四子桑噶尔斋台吉至建州，送马三十匹，叩头谒见。努尔哈赤赐予甲十副，并厚赏缎、布。同年十月，明安贝勒长子伊格都齐台吉又至建州，送马四十四，叩头谒见。努尔哈赤赐予甲十五副，并厚赏缎、布。次年十二月，明安贝勒次子哈坦巴图鲁台吉带马匹至建州叩谒；第三年，明安贝勒第五子巴特玛台吉带僚友五十人，送马五十匹，到建州叩谒。他们都受到努尔哈赤的赏赐。

万历四十五年（1617年，天命二年）正月，科尔沁明安贝勒到建州"朝贡"，努尔哈赤对其岳翁，郊迎百里，行马上抱见礼，设野宴洗尘。入城后，每日小宴，越一日大宴，留住一个月。当明安返回时，他又送行三十里，骑兵列队，夹道欢送，厚赠礼物，至为隆重。明安后隶满洲正黄旗。其子多尔济为额驸，后授内大臣，预议政；幼子朗素后官至领侍卫内大臣；孙鄂齐尔后管銮仪卫事，授领侍卫内大臣。天启二年（1622年，天命七年）二月，明安带领兀尔宰图、锁诺木等十六贝勒及喀尔喀等部台吉，各率所属军民，三千余户，并驱其畜产，归附后金。

从此别立"蒙古一旗"，奠定了尔后蒙古八旗的基础。同时，由于蒙古科尔沁部归附后金最早，博尔济锦氏与爱新觉罗氏世为懿亲。清太祖、太宗、世祖和圣祖先后有四后、十三妃出自科尔沁等部。蒙古科尔沁部博尔济锦氏影响清初五朝四帝的政治，其中以皇太极孝庄文皇后博尔济锦氏尤为突出。

清太祖建筑遗物

因此，漠南蒙古科尔沁部成为后金的政治同盟和军事支柱。努尔哈赤采用分化抚缓和武力征讨的两手政策，在蒙古科尔沁部得到完美的成功。

后金汗在与科尔沁部联姻的同时，又开始与喀尔喀部会盟。

缔结盟约

喀尔喀五部的前身是喀尔喀万户，是成吉思汗的十五世孙通达延汗分封给自己的九子纳力布喇和十一子格哷森分领十二部形成喀尔喀万户，到了后来格哷森带领七部向西北发展，后在贝加尔湖以南，河套以北形成外喀尔喀。纳力布喇的后代带领五部向东发展，形成内喀尔喀五部。这五部分别尔为扎鲁特部、林部、瓮吉喇部、巴岳特部、乌齐叶赫部，几部之间纷争不断。努尔哈赤巧妙利用他们之间的矛盾，进行分化瓦解，来达到自己的目的。

率先归附建州的是喀尔喀巴岳特部达尔汉贝勒子恩格德尔。万历三十四年（1606）十二月，恩格德尔引领喀尔喀五部之使，"进驼马来谒，尊太祖为昆都仑汗（恭敬之意），从此蒙古相往不绝"。努尔哈赤为进一步笼络恩格德尔，万历四十五年（1617年），天命二年），将舒尔哈齐第四女嫁给他做妻子，称巴岳特格格。恩格德尔成为后金的"额驸"。他受

方城四角楼

到后金汗的特殊礼遇。天命九年（1624）正月，恩格德尔与巴岳特格格来朝，努尔哈赤御八角殿，其朝拜顺序，大贝勒先叩头，第二恩格德尔额驸率众蒙古贝勒叩头，第三阿敏贝勒、第四莽古尔芬贝勒、第五四贝勒、第六阿济格阿哥、第七多锋阿哥、第八阿巴泰阿哥……

恩格德尔朝觐后，要求偕公主留居建州。后金汗允其所请，并与之盟誓。

后金汗对恩格德尔等人，不但联姻、赐券、盟誓和宴赏，还赐予庄田奴仆；赏予恩格德尔及其弟莽果尔代，七男丁的诸申庄各二个，十男丁的尼堪庄各二个，在手下使唤的诸申（男女）各五对，运水砍柴的尼堪（男女）各五对。使他们成为后金的封建主。

恩格德尔及其弟莽果尔代还被授为总兵官，后隶满洲正黄旗。恩格德尔子额尔克戴青，顺治时列议政大臣，管銮仪卫，任领侍卫内大臣，爵至一等公。

但是，喀尔喀诸部对后金的政治态度并不完全一致。努尔哈赤对蒙古喀尔喀五鄂拓克，既利用他们内部的矛盾，又利用他们同察哈尔及其同明朝的矛盾，区别对待，逐部瓦解。

后金瓦解喀尔喀的一个重要办法是，对其逃入或归附者宴迎、赏赍、安置、封官、结亲。他们来到建州后，经济生活、政治权利和社会地位，均较前有着明显的提高。这就吸引更多的蒙古人逃归或投附后金。

天启元年（1621年，天命六年）十一月二十一日，有蒙古喀尔喀部男女九十六人，带马一匹、牛三十六头、羊四十七只、车二十六辆逃至后金；后金汗亲自去衙门，为来的逃人摆宴。对归附的喀尔喀台吉更为礼遇。

天启元年（1621年，天命六年）十一月，喀尔喀古尔布什和莽果尔台吉率所属六百户，驱赶牲畜投附后金。《清太祖高皇帝实录》中对这件事作了详细记载：

上御殿，二台吉朝见毕，大宴之。各赐；貂裘三，猞猁狲裘二，虎裘二，貉裘二，狐裘一，貂镶朝衣五，镶獭裘二，镶青鼠裘三，蟒衣九，蟒缎六，缎三十五，布五百，金以两计者十，银以两计者五百，雕鞍一，沙鱼皮鞍七，玲戏撒袋一，撒袋兼弓矢者八，甲胄十，撞仆、牛马、房舍、田亩及一切器具等物毕备。上以女妻台吉古尔布什，赐名青卓礼克图。给以满洲牛录一。凡三百人，并蒙古牛录一，授为总兵。又以族弟济白里杜济获女，妻台吉莽果尔，亦授为总兵。

尽管后金对喀尔喀诸部的分化瓦解措施初奏效验，但喀尔喀贝勒介赛仍坚持与后金对抗。在喀尔喀五部中，介赛骑兵众，牲畜多，最为强盛。他自恃兵强马壮，与明朝三次立誓，曾夺取后金已给聘礼的叶赫金台石贝勒之女，又袭击建州村屯、囚系后金使臣。万历四十七年（1619年，天命四年）七月，后金汗统兵夺取铁岭时，喀尔喀贝勒介赛、扎鲁特贝勒巴克巴等领兵万余人，埋伏在城外高粱地里，配合明军同八旗军作战。

努尔哈赤命众贝勒大臣，率兵奋击介赛军，介赛兵败，八旗军追至辽河。是役，擒获介赛及其二个儿子、二个弟弟、三个女婿、诸贝勒、诸将二十余人，兵二百人，后金获取大胜。但努尔哈赤没有杀死介赛，而是把他囚在城楼内，作为人质，以争取同该部结盟。两年后，喀尔喀部以牲畜万头赎介赛，并送其二子一女为质。后金汗与介赛盟誓，设宴赐赏，命诸贝勒送介赛至十里以外，并以其所质之女与大贝勒代善为妻，结为姻盟。

经过对喀尔喀诸部的笼络、瓦解、战争、结姻等，终于使喀尔喀五部在政策上发生了重大变化；由联合明朝抗御后金，转变为联合后金对抗明朝。这集中地表现为后金与喀尔喀五部的会盟。万历四十七年（1619年，天命四年）十一月，努尔哈赤命大臣额克星格、绰护尔、雅希禅、库尔缠和希福五人，携带誓词，与喀尔喀五部贝勒的使臣，会于冈干色得里黑孤树处，对天刑白马，对地宰黑牛，设酒一碗、肉一碗、土一碗、血一碗、骨一碗，对天地盟誓说：

今满洲十旗执政贝勒，与蒙古国五部落执政贝勒，蒙天地眷佑，俾我两国相与盟好，合谋并力，与明修怨。如其与明释旧恨，结和好，亦必合谋，然后许之。若满洲渝盟，不偕五部落贝勒合谋，先与明和，或明欲败二国之好，密遣离间而不相闻，皇天后土，其降之罚，夺满洲十旗执政贝勒算，溅血，蒙上，暴骨以死。若明欲与蒙古五部落贝勒和好，密遣离间，不以其言告我满洲英明皇帝者，五部落执政贝勒：杜稜洪巴图鲁、奥巴戴青、厄参、巴拜、阿索忒晋、芒古尔代、厄布格德衣台吉、乌巴什杜稜、古尔布什、代达尔汉、莽古尔代戴青、毕登土、叶尔登、绰虎尔、达尔汉巴图鲁、恩格德尔、桑阿拉寨、布他齐杜稜、桑阿喇寨、巴呀喇土、朵勒济、内齐、卫征、俄尔寨上、布尔哈立、额腾、厄尔济格等众贝勒，皇天后土，亦降之罚，夺其算，溅血，蒙土，暴骨以死。吾二国同践盟言，天地蔴，其饮是酒，食是肉，二国执政贝勒，尚克永命，子孙百世，及于万年，二国如一，共享太平。

后金与喀尔喀五部誓词，连篇累牍，色彩神秘，但它清楚地表明努尔哈赤的策略是满蒙联合，以明为敌。虽然后来这个联盟有过反复，但所列喀尔喀五部二十七位贝勒台吉的长名单，确是努尔哈赤对漠南蒙古政策的一个胜利。然而，漠南蒙古的察哈尔部，却仍联合明朝，抗御后金。因此，后金汗对漠南蒙古的注意力转向察哈尔部。

证抚并用

察哈尔部是由成吉思汗十五世孙达延汗辖察哈尔万户代形成的，后由达延汗曾孙打来孙汗继位后，迁到哈河以西，广宁以北的地方生活，又因

为达延汗为蒙古各部的大汗，所以察哈尔部的汗也成为各部的汗。

达延汗有十一个儿子，长子图噜博罗特的子孙衍为敖汉部，奈曼部、乌珠穆沁部、浩齐特部、苏尼特部。第三子巴尔苏博罗特的子孙为鄂尔多斯部。第五子阿尔楚博罗特的子孙为巴林部、扎噜特部。第六子鄂齐尔博罗特为克什克腾部。第十一子格列森的子孙为内喀尔喀五部。察哈尔部林丹汗，是达延汗的七世孙。他驻帐广宁以北，被达延汗的幽灵所纠缠，力图继承大元可汗的事业，称雄蒙古。

时明朝、后金和察哈尔部，都要统一辽东地区。但后金势力的扩张威胁着察哈尔部，察哈尔部的强大又妨碍后金抚绥漠南蒙古；而在明朝看来，察哈尔部与后金相比较，主要威胁来自后金。因此，在明朝、后金和察哈尔部的鼎足矛盾中，明廷与后金的矛盾是主要的。后金为着对抗明朝，必须先征抚察哈尔部；明朝为了对付后金，便利用林丹汗与努尔哈赤的矛盾，同察哈尔部联合抵御后金的进攻。明朝联合林丹汗，共同抵御后金，其条件是增加对林丹汗的岁币，并把原由明朝直接给予漠南东部蒙古诸部的岁币，转交给林丹汗控制。明廷每年给林丹汗银四千两，后增至四万两。

然而，林丹汗却在作茧自缚。他掠土地，劫牛羊，穷奢极欲，暴虐无道，"鸟休悖慢，耳目不忍睹闻"。他自恃士马强盛，横行漠

穿带壶

南，破喀喇沁，灭土默特。但其内部分崩离析。察哈尔的敖汉部、奈曼部的使者，往来于后金；林丹汗之孙扎尔布台吉、色楞台吉逃往科尔沁，从科尔沁至后金，向努尔哈赤叩首行礼。林丹汗为抵御努尔哈赤，从天启六年（1626年，天命十一年）起，先后讨伐与后金结为姻盟的科尔沁部等。科尔沁等部在后金军援助下，打退了林丹汗的军事进攻。

后金在夺占辽沈地区，臣服漠南蒙古科尔沁、喀尔喀等部之后，便向察哈尔部林丹汗发动军事攻势。努尔哈赤之子皇太极，统领满洲八旗和投顺后金的科尔沁、喀尔喀、扎鲁特、敖汉、奈曼等部蒙古骑兵，于崇祯五年（1632年，天聪六年），大举进攻察哈尔部。后金军进至西喇木伦河，吹螺呐喊，铁骑奔突，林丹汗兵败西走。崇祯七年（1634年，天聪八年），林丹汗败遁至青海大草滩，患痘症而死。次年，后金军继续追击察哈尔部余众，俘获林丹汗之子额哲等。察哈尔部被后金吞并。随着林丹汗的走死，漠南蒙古西部的鄂尔多斯部、土默特部、雍谢布部等也相继降附后金。

察哈尔部被后金征服，明朝失去北面屏障，边事越发不可收拾。《明史·鞑靼传》载："明未亡，而插先毙，诸部皆折入于大清。国计愈困，边事愈棘，朝议愈纷，明亦遂不可为矣！"

在征抚漠南蒙古过程中，努尔哈赤不仅利用蒙古诸部封建主之间的矛盾，而且利用该部各个封建王公之间的内汇，采取不同策略，加以区别对待，从而一个王公一个王公地、一部一部地降服。漠南蒙古降顺后金，进"九白之贡"，表示臣服。后金征抚漠南蒙古，组成蒙古八旗，打通从西北进入中原的道路，改变后金与明朝的力量对比，占领更为广阔的地域，在战略上取得优势地位。

第六章　立国后金

政治策略

　　努尔哈赤从为父、祖报仇日起兵到建立后金政权，总共用了三十三年，这三十三年努尔哈赤大小争战无数，但总算是走过来了。不但如此，努尔哈赤还在要处理好女真族内部的各种关系，更为重要的是要处理好对待明朝的关系。可以说建州与明朝是臣属关系，努尔哈赤对明朝称臣朝贡，用来表示忠顺明朝，但同时又暗中发展势力，准备与明朝抗衡。

　　万历十一年（1583），努尔哈赤父祖被明军误杀，他在表面上迁怒于

明代官员

尼堪外兰"害我祖、父者，尼堪外兰所构也"，内心里虽埋藏着仇恨明朝的怒火，却接受明廷封指挥使职，而对明朝佯示忠诚。

万历十七年（1589），努尔哈赤虽统一建州本部，但他仍表示"忠于大明，心若金石"。并斩札河部头人克五十以献。据《东夷考略》载：

有住牧木札河部夷克五十等，掠柴河堡，射追骑，杀指挥刘斧，走建州。宣谕奴酋。即斩克五十以献，乞升赏。

努尔哈赤斩献克五十，以表示忠于明廷。明廷以努尔哈赤进归汉人，斩献叛夷，父祖殉忠，晋升他为都督佥事。关于明廷与建州的微妙关系，《明神宗实录》中记载：

惟建州奴酋者势最强，能制东夷。其在建州，则今日之王台也。既屡送回被掳汉人，且及牛畜，又斩犯顺夷酋克五十献其级，而慕都督之号益切，则内向诚矣！及查其祖、父，又以征逆酋阿台为我兵向导，并死于兵火。是奴儿哈赤者，盖世有其劳，又非小夷特起而名不正者也。查得《大明会典》内一款，建州、毛怜三大卫夷人，如有送回抢掳男妇者，只许给赏，不愿赏，量升

天命通宝

千百户、指挥，存留都督名邑，以待能杀犯顺夷首，及执缚为恶夷人与报事、引路、杀贼有功者。此盟府立典，用以信外夷而安封疆者也。若录奴酋父、祖死事之功，即当与之都督亦不为过，而献斩逆酋之级，则又与明例合矣。秦入，上从其请，准与都督金事。此奴贼受我殊总之始也。

上面蓟辽督抚按的奏文，至少说明两方面问题：

在明朝方面来说，蓟辽督抚张国彦、顾养谦曾言，对努尔哈赤要"因其势，用其强，加以赏赉，假以名号，以夷制夷，则我不劳而封疆可无虞也"。后来历史发展证明，这只是一厢情愿。

在建州方面来说，努尔哈赤吸取王台、尼堪外兰与王杲、王兀堂的教训。前者依恃明朝来统一女真，终成泡影；后者对抗明朝去统一女真，兵败身殒。努尔哈赤则走着一条同上述两种极端相折中的道路。他从这种政策中得好处：既借明廷封赏，提高自己在女真诸部中的声威；又借明廷信任，几乎未受明军干扰而统一女真各部。努尔哈赤受明廷封为都督金事表明，他对明朝采取的两面政策初奏成效。努尔哈赤为感激明廷的封赐，扬鞭策马，察视形胜，首入京师，进贡谢恩。

都督金事努尔哈赤于万历十八年（1590）四月，率领一百零八人，装载着人参、貂皮、东珠、蜂蜜等贡市方物，经

满族传统服饰

抚顺，进山海关，到北京朝贡。

明廷的常例宴赏，如指挥使受赏采缎一表里，绢四匹，折纱绢一匹，素纻丝衣一套，靴袜各一双等；赏赐之外，又举行宴会。宴会后，开市贸易三天。努尔哈赤到北京朝贡，同时进行贸易，获取财货，开阔眼界，增长见识，了解明廷虚实，学习中原文化，而且也是他臣属明朝的标志。

万历二十年（1592）八月，努尔哈赤奏文求封龙虎将军。龙虎将军被女真视为崇勋，因为在努尔哈赤之前，只有哈达部长王台所膺。建州卫都督奴儿哈赤等奏文四道，乞升赏职衔、冠服、敕书，及奏高丽杀死所管部落五十余名，命所司知之，并赐宴如例。

上面虽载努尔哈赤求封龙虎将军，但因李成梁刚遭劾奏辞职，迟迟未予实授。直至万历二十三年（1595），努尔哈赤才得偿夙愿。

孟森《清太祖由明封龙虎将军考》一文，也力主万历二十三年封努尔哈赤为龙虎将军，说：

而至龙虎将军之封，则《清实录》固未书，《明实录》亦不见，惟明代诸家记载，皆言万历二十三年，加奴儿哈赤龙虎将军秩，视王台时。马普允《皇明通纪辑要》且著其时为二十三年八月，茅瑞征《建州夷考》，沈国元《皇明从信》则皆浑言二十三年，王在晋《三朝辽事实录》亦叙为二十年之后三年。

他在建立后金之前的二十余年间，平均每三年到北京进贡一次。他一面向明廷朝贡称臣，表示忠顺；一面又兴兵统一女真各部，称王称汗。特别是他多次到京师，"往来窥探，夷险熟知"，亲见明朝政局虚实，熟悉明代典章制度，了解中原经济文化，察访辽东明军戍守，为实现其对明廷的两面政策而往来奔走。

努尔哈赤对明廷的两面政策，蒙住了明朝昏主庸臣的眼睛，不仅使

明军三十余年未对建州军进行过一次"围剿",而且连蓟辽督抚到万历四十三年（1615），还奏称他"唯命是从"！努尔哈赤对明朝采取两面政策的成功，为他在赫图阿拉称汗做了重要准备。

称汗大典

万历四十三年，努尔哈赤创建八旗制度。到了万历四十四年（1616），努尔哈赤已经吞并了哈达，辉发乌拉，叶赫这时也遭到重创领土更加广阔，部发众多，兵强马壮，可以说形势对努哈赤来说非常好。在这种形势下，八旗贝勒，大臣给努尔哈赤奉上新的尊号，《满文老档》对此事有说细记载：

丙辰年，聪睿恭敬汗五十八岁。正月初一日，申时，国中诸贝勒、大臣及众人会议曰：我国从无立汗，其苦殊深，天乃生汗以安国人矣。汗既天生，以恩抚贫困之国人，豢养贤达者，应上尊号。议定后，八旗诸贝勒、大臣率众列成四百四隅，立于八处。八固山八大臣持书，自八旗出，跪于前，八固山诸贝勒、大臣率众跪于后。阿敦虾立于汗之右侧，额尔德尼巴克什立于汗之左侧，各自前迎受八固山大臣跪奉之书，放置于汗前御案。额尔德尼巴克什立于汗之左前方，宣书咏诵"承奉天命养育列国英明汗"。宣毕，诸贝勒、大臣起，继之，各处之人皆起。于是，汗离座，出衙门，向天三叩首，叩毕，还座。八固山诸贝勒、大臣各依年岁，向汗三叩首。

这次称汗大典，定下了两个问题。第一个问题是汗称，努尔哈赤被尊为"承奉天命养育列国英明汗"，简称"大英明汗"或"英明汗"。这个汗号，与在此之前的"聪睿恭敬汗"的汗号，有着明显的区别。区别之一是，"聪睿恭敬汗"指的是汗乃聪睿之汗，恭敬之汗，在当时国家林立称汗之人甚多的形势下，拥有这样嘉号之汗固然高于没有这种嘉号的其他汗王，但毕竟是众多的汗王之一，排起座位来，这些汗都在一排，只是有此嘉号之汗比无此美称之汗略前一点儿，坐在这群汗的第一张椅子上，其余汗王坐在第二第三第四张椅子上，但总是坐在一排。而"承奉天命"之汗就不一样了，他这位汗，是"承奉天命"而

清代粉彩百花图葫芦瓶

来的，奉天之命而生，承天之命而为汗，当然比其他未奉天命的汗更加高贵，不是一列，而是鹤立鸡群，另坐一排。

区别之二是，聪睿恭敬汗也罢，英勇汗也罢，多智汗也罢，这些称号之汗，只是一国之汗，一部之汗，只在本国本部中是君主，而努尔哈赤这位汗却远非如此，却广阔得多，他是管辖列国之汗，其他女真国家或部落之汗都将隶于他这位养育列国之大英明汗之下，都将在他这位英明汗的养育之下。

区别之三，也就是最大的区别和尊号最重要的意义，是其与明朝之间的关系不同了。从这个尊号确定之日起，它就标志着努尔哈赤与明朝皇帝的关系，努尔哈赤辖区与明朝的关系，发生了深刻的本质变化。这个尊号有十一个字，"承奉天命养育列国英明汗"。这十一个字包括了三层含义。第一层含义是"汗"。这个尊号里的"汗"，与过去"聪睿恭敬汗""建州国王"之汗、王有很大的差异，因为那些桂冠都是在本辖区里

第六章　立国后金

103

的僭称，只在本区使用，对外特别是对明朝，是不能用，不敢用的。过去，努尔哈赤进京朝贡或是与明朝交涉时，都是用建州卫都督头衔，那时的汗王是假的。这次不一样了，天命元年（1616）正月初一定的尊号中之汗，不只在本地区用，而且在与明朝的交往中也用，它表明双方都是一样的地位，你明朝皇帝是帝，我后金国汗也是帝，彼此彼此。

尊号十一个字中的前四个字"承奉天命"，十分重要，也显示了后金国之汗与明朝之帝是同等身份之人。你明朝的皇帝（如万历帝朱翊钧）是承奉天命之君，诏书的开头就是"奉天承运皇帝诏曰"，我努尔哈赤也是承奉天命之汗，两人皆系天命之汗、天命之君，没有高低之分贵贱之别，没有隶属之关系，又是一个彼此彼此。

尊号十一个字中的"养育列国"四个字，既表明英明汗努尔哈赤是建州、海西、野人三大系统中各部女真之主，是"养育各国"的英明汗，又显示出努尔哈赤要取消各部女真为明帝臣仆的旧规，埋葬明帝对女真实行"分而治之"的旧制，你明帝不许女真各部统一，我努尔哈赤偏要将大小不等的几十、几百个女真部落城寨通通放在我的管束之下，成为"养育列国英明汗"。这一点，明朝决不允许，我努尔哈赤硬要这样做，因为我努尔哈赤与你明朝皇帝都是同等身份的君汗，各自统治自己的国土。

简而言之，"承奉天命养育列国英明汗"尊号的确立，宣布了努尔哈赤要正式建立独立的、自主的、摆脱明帝辖束、不隶属于明朝的后金国，他要当一个与明帝并列、不是其臣仆的"养育列国"的英明汗。

称汗大典还定下了年号为"天命"，丙辰年这一年就称为天命元年（1616），是明万历四十四年。至于国名，照说应该随着汗号的改变和年号的确定而相应改变，"女真国""建州国"皆系偏处一隅之名称，尤其是"建州国"，更含有明朝属国的因素，因"建州"一词，乃系明成祖所赐，由封授努尔哈赤之先祖猛哥帖木儿为建州左卫都指挥使而来，在努尔哈赤被尊为"承奉天命"讲要"养育列国"之"英明汗"时，这个女真国名、建州国名是太不相称了，太过时了，必须更改。所以，此时已将国名改定为"后金国"，但由于种种原因，这个新的国名和新的"承奉天命养育列国英明汗"以及天命年沈国元《皇明从信录》和王在晋《三朝辽事实录》都在同年五月记载了后金天命政权的建立。王在晋五月二十九日记：

朝鲜咨报，奴酋僭号后金国汗，建元天命，指中国为南朝，黄衣称联，词甚侮横。

《明神宗实录》六月十九日载，礼科结事中丌诗叫题努尔哈赤僭号疏："近如朝鲜咨报所云，辄敢建国、改元、称朕"。

以上几例说明，努尔哈赤在赫图阿拉称汗，建立天命政权，迟至万历四十七年（1619年，天命四年），始见自称后金。而《满文老档》。于万历四十四年（1616年，天命元年）记努尔哈赤登汗位之事，并无"建元天命"之文。其后金始为建州自称，并非后来史称后金。不久，又称金（或大金）。

政治结构

随着努尔哈赤的势力日益增大，在努尔哈赤举行守称汗大典以后，其统治者集团也扩大了许多，如果按财产的多少和社会地位来分的话，又可以分很多不同的等级。努尔哈赤的统治集团中占主导地位的是新兴军事农奴主贵族，他们由以下几部分人构成：

第一种人，是觉罗贵族。这些人主要为爱新觉罗宗族，特别是努尔哈赤的子侄。努尔哈赤在世时，年满十六岁的儿子有十二人：褚英、代善、阿拜、汤古代、莽古尔泰、塔拜、阿巴泰、皇太极、巴布泰、德格类、巴布海和阿济格。还有他的弟侄穆尔哈齐、舒尔哈齐、阿敏和济尔哈朗等

人。他们多辖有很多的牛录。在努尔哈赤子侄中，逐渐形成四大贝勒，即大贝勒代善、二贝勒阿敏、三贝勒莽古尔泰，和四贝勒皇太极，四大贝勒又称四和硕贝勒。和硕是东南、东北、西南、西北四方或四角的意思。稍后，又逐渐形成八和硕贝勒，或称八固山贝勒、八执政贝勒。但是，其中以四大贝勒权势最为显赫。

努尔哈赤的子侄们，不仅手握兵权，而且占有大量的土地、奴仆、牲畜、金银和财物。如努尔哈赤对元妃佟佳氏所生的长子褚英和次子代善，各给予"部众五千户，牲畜八百群，银一万两，敕书八十道"。以后随着军事上的不断胜利，他们占有更多的财富，形成后金汗以下最大的军事农奴主贵族。

第二种人，是军功贵族。这些人包括八旗的固山额真、梅勒额真、甲喇额真、牛录额真等。

第三种人，是蒙古贵族。这部分人主要是指归降努尔哈赤的蒙古贝勒台吉。如明安达扎，世居科尔沁，早年随父归努尔哈赤，授为中录额真，后为正白旗蒙古固山额真，官至兵部尚书、议政大臣。布颜代，为蒙古兀鲁特部贝勒，归附后金，"尚主为额驸"，后为镶红旗蒙古固山额真。这些蒙古贝勒台吉等，投附努尔哈赤之后，不仅成为军事贵族，而且成为大农奴主。

第四种人，是汉军贵族。这些人主要是明朝投降后金的官将、生员、商人等，如李永芳、佟养真、佟养性、石廷柱、李思忠、金永和、王一屏、孙德功、张大猷、李国翰、范文程、宁完我、鲍承先等人。由于汉人降服口众，后来别置汉军，组成八旗鼎足之一的汉军八旗，从而逐渐形成汉军贵族。

汉军贵族既是后金政权的重要支柱，也是后金在统治辽沈地区的社会基础。这类人如佟养真，辽东人，原系商人，早年与其从弟养性向后金"潜输款"，后携家眷及族属投归努尔哈赤。他以从征辽阳功，被授为游击世职。不久在奉命驻守镇江时，以身殉后金。努尔哈赤命其子佟图赖袭世职，官至都统。其女为顺治帝福临妃，系康熙帝生母，后封为孝康皇后。佟图赖被赠为一等公，其长子佟国纲于"编审册内俱开为满洲"，曾与索额图同俄国订立《尼布楚条约》，后在出击噶尔丹的乌兰布通之役中阵亡；其次于佟国维，官至领侍卫内大臣、议政大臣。国维之女为康熙帝孝懿皇后；子隆科多宣谕传位世宗之遗命，雍正初为总理事务四大臣之一。

此外，还有依附和服务于后金军事农奴主阶级的文臣。他们撰制满文，通使往来，左右赞襄，参与筹划。对女真各部的统一，满族共同体的形成，后金政权的建设，满族、蒙古族、汉族的文化交流，都起了重要作用。

除汉族儒臣外，还有蒙古族医士。

综上所述，由觉罗贵族、军功贵族、蒙古贵族、汉军贵族以及依附他们的文臣墨吏等，所组成的统治者集团，是努尔哈赤统治后金社会的政治杠杆与阶级基础。

在后金社会的被统治者中，也有不同的阶级和等级，他们主要有以下几种人组成：

第一种人是农奴。他们的来源，或由奴隶转化，或从诸申分化，或系部民迁徙，或为辽沈农民。农奴是后金社会的一个基本阶级。八旗军进入辽沈地区后，农奴阶级的队伍空前扩大。如将官农庄多至有五十余所，"奴婢耕作，以输其主"。这里的奴婢即农奴，是后金汗统治"民"的主体部分。

第二种人是牧民。后金的牧民既包括建州的，也包括蒙古的。漠南蒙古地区，在元明时期进入封建制社会。后金辖区的蒙古牧民多为牧奴，而后余的牧民，也多为牧奴。

第三种人是工匠。农奴、牧民、工匠是后金社会创造物质财富的主要

107

劳动者。

第四种人是阿哈。其阶级地位即是奴隶。阿哈有时称包衣阿哈，包衣阿哈是家里之奴隶的意思。他们在后金社会中的地位如同牛马，是正在消亡的阶级。

第五种人是部民。这主要是指"野人"女真中未被迁往建州而处于氏族制的居民，他们向后金汗纳贡称臣。

此外还有诸申。它在建州女真奴隶制中，是"一任自意行止，亦且田猎资生"的平民。随着建州社会由奴隶制向封建制过渡，诸申逐渐地发生分化：有的上升为军事农奴主，有的降为阿哈，其中大部分转化为"既束行止，又纳所猎"的农奴。他们耕田纳赋，披甲从征，出差服役，生活贫苦。但总的来说，其生活状况还是比奴隶制下的自由民有所改善。

法制、思想统治

努尔哈赤的后金政权建立以后，因其势力的扩大，部发众多，在阶级之间和民族的纠纷也多了起来。于是，努尔哈赤采用军事镇压、政治笼络、物质赏赐、法律制裁和思想麻醉等多种手段，来加强统治。

后金汗努尔哈赤重视立法治民。他谕众贝勒大臣说："为国之道，存心贵乎公，谋事贵乎诚。立法布今，则贵乎严。若心不能公、弃良谋、慢法令之人，乃国之蠹也，治道其何赖焉"！努尔哈赤的"公"与"诚"我们且不去评论，但立法布令、整肃严明却是他治国、治军、治民的一贯思想。最开始，建州社会没有成文法，其不成文法使人毛骨悚然。据申忠一所见云：

奴酋不用刑杖，有罪者，只以鸣镝箭脱其衣而射其背，随其罪之轻重而多少之；亦有打腮之罚云。

但是，无论成文法或不成文法，如果没有审判机关是不能保证法制执行的。随着努尔哈赤王权的不断提高，需要建立审理和惩罚机关。万历四十三年（1615），努尔哈赤设置理政听讼大臣五人，扎尔固齐即理事官十人，并对审理程序做了规定：

凡有听断之事，先经扎尔固齐十人审问；然后言于五臣，五臣再加审问；然后言于诸贝勒，众议既定，奏明三覆审之事；犹恐尚有冤抑，令讼者跪上前，更详问之，明核是非。

在八旗军占领沈、辽之后，努尔哈赤再谕各贝勒、大臣，要每五天聚集一次，对天焚香叩头，在审理衙门对各种罪犯进行审判。时有受贿、荒怠之事，所以规定不许向有罪者索银，在审案时也不许喝烧酒、吃佳肴。

并明令允许各地可以到赫图阿拉告状申冤如属实，给予免罪；如诬告，反坐定谳。在执法时，努尔哈赤强调要按法规办事，虽子弟侄孙触法不贷。

有一次，他的侄子讲济尔哈朗、宰桑武和孙子岳托、硕托，因得扈尔汉分与的财物而获罪。努尔哈赤命他们在赫图阿拉的都堂衙门里，穿上女人的衣服、短袍、裙子，加以羞辱；并画地为牢，监禁三天三夜。他还亲去四位贝勒幽坐的地方，斥责诸侄孙，向他们脸上啐唾沫。后金汗如此大动肝火，故作姿态，显然想利用这件区区琐事，既惩儆子侄，又严惩诸臣。不过，勋臣如罹重罪，他们因军功而获得的免死券，仍可得到赦免。

建州的刑法在当时极为残酷。但是，随着女真社会的巨大进步，又受到明朝辽东刑法的影响，酷刑被逐渐废止。天启二年（1622年，天命七年）六月，后金宣布"废除刺鼻耳之刑"。

为了加强法制，巩固后金政权，努尔哈赤还指令翻译《刑部会典》

和《明会典》。他在下达给阿敦、李永芳的文书中，要他们将明朝的"各种法规律例，写在文书里送上；抛弃其不适当的条文，而保留其适当的条文"。后来，其子皇太极仿照明朝有关典章，制定出《登基后议定会典》会典的前二十条，都是有关和硕亲王、多罗郡王、多罗贝勒、固山贝子、固伦公主、和硕公主、多罗格格、固山格格等的等级名号，效法汉族封建伦常，改革满族旧习。皇太极继承努尔哈赤的法制思想，制定典章，这对后金封建生产关系的发展，满洲政权的巩固，都是有积极作用的。

后金汗努尔哈赤非常重视加强思想统治。他利用喇嘛教取代萨满教，作为麻醉人民的精神鸦片。萨满教，萨满又称珊蛮、萨莫、萨吗、叉妈，在满语中是巫祝的意思。产生于原始社会末期并为奴隶主贵族服务的萨满教，已不能适应满族社会由奴隶制向封建制变迁的需要。因为原始的萨满教，不适应于满族封建主对农奴和降附蒙古族人民进行思想统治的需要。

而喇嘛教则既能怀柔蒙古族人民，又能成为驾驭满族农奴和奴隶的一条缰绳。因此，努尔哈赤在征抚漠南蒙古的过程中，汲取蒙古封建主统治经验，把长期在蒙古地区流行的喇嘛教加以推崇，作为驯服满族人民和

明朝火器"红衣大炮"

笼络蒙古人民，维护后金军事农奴主统治的精神工具。喇嘛教是我国佛教的一支。佛教传入西藏以后，在它和当地原有的本教长期立相影响的过程中，逐渐采取了喇嘛教的形式。

喇嘛教黄派首领宗喀巴，创立复杂的寺院等级制度，制定喇嘛教寺院的清规戒律。后来由于西藏新兴封建领主的扶持，黄教派逐渐取代红教派而成为执政教派，并传入蒙古族地区。喇嘛教按佛教信条，宣扬生命即是苦难，摆脱苦难的方法是修行。它劝说被压迫者群众，要听天由命，放弃斗争，安分守己，忍受苦难，以换取来世的幸福。喇嘛教的这一套说教及其宗教等级制，恰恰符合后金新兴封建主的需要。

努尔哈赤模仿喇嘛教的语言，劝谕：

所谓福，就是成佛。在今世苦其身，尽其心，那么在来世能生在一个好地方，福便得到了。

以努尔哈赤为首的女真贵族，也以喇嘛教的信徒自居。

如果崇奉喇嘛教，便要兴建喇嘛庙。万历四十三年（1615）四月，努尔哈赤授意在赫图阿拉城东高地，修建喇嘛寺。始建佛寺及玉皇诸店于城东之阜，凡七大庙，三年乃成，从兴建工程所用的时间，可知建筑之宏伟，工程之浩大。

进入辽沈地区后，他曾发布达保护庙宇、违者治罪的汗谕。他对蒙古大喇嘛，"二聘交加，腆仪优待"，遣使迎至后金传教。乌斯藏（西藏）人大喇嘛干禄打儿罕囊素，即"不惮跋涉，东历蒙古"，来至辽阳。后金汗努尔哈赤对大喇嘛千禄打儿罕囊素，"敬礼尊师，培（倍）常供给"。天启元年（1621年，天命六年）农历八月，干禄打儿罕囊素大喇嘛死去，努尔哈赤敕令修建宝塔以为纪念。他又命派六十三户诸申种地纳粮，以供香火。

　　努尔哈赤因为大力提倡喇嘛教，使其原有的萨满教受到某种程度的压抑。萨满教与喇嘛教便发生了矛盾。在满族中关于《萨满与喇嘛斗法的传说》，则是这一矛盾的影子。努尔哈赤虽力倡喇嘛教，在女真内部仍设堂子祭天。古勒山之役临战前，努尔哈赤"率诸贝勒大臣诣堂子拜"祝。在费阿拉城有祭天之所。在赫图阿拉，"立一堂宇，绕以垣墙，为礼天之所，凡于战斗往来，奴酋及诸将胡必往礼之"。堂子祭天礼俗，延及有清一代。

　　后金汗努尔哈赤，一手持法令，一手捧佛经，动之以残酷刑法，诱之以憧憬来世，威慈并济，硬软兼施，加强了对后金人民的统治。

第七章　激战萨尔浒

伐木之争

自万历四十四年（1616）努尔哈赤举行称汗大典，建立后金政权以后，后金政权和明朝之间的关系开始发生变化，努尔哈赤和明朝之间再也不是臣属关系，双方的关系变为平等的两个国与国之间的关系。

这样一来，努尔哈赤对明朝的政策也就要相应地改变，取消过去长期以来以夷酋事君恭听"大皇帝"驱策的效忠帝君的政策，不再毕恭毕敬，悉听裁处，改为平等的两个国家之间的政策，遇事据理争辩，维护本国利益，决不屈服。这个改变是顺理成章的，但也是根本性的，真要做到也不容易。就在称汗大典举行以后的第五个月，努尔哈赤与明朝政府之间便因采伐木材之事，闹了一场震惊朝廷的纠纷。

事情的经过是这样的：天命元年（1616）六月，明朝清河游击冯有功遣人出边，进入建州地区，采伐木材，努尔哈赤派兵劫杀，双方为此发生争执。

这件事情，双方的叙述不尽相同，有的地方还相差太远。先看看明朝方面的记述：

（万历四十四年十二月辛亥）敕辽东巡按御史提问清河游击冯有功，责其启边衅之罪也。初清河与奴酋邻，以金石台为界，旧禁不许汉人出境。有功以协营采木孤山堡，葺军丁房，遂私纵军民出金石台，采运木植，奴酋瞰之，邀杀四十余人。辽东督抚移文诘责之，奴酋悔罪认罚，献

生事部夷十人，枭斩汉境上。至是，督抚诸臣以奴酋阳顺阴逆，为祸方深，但有功营利后衅，当正其罪，上是之。

这个叙述过于简略，另一部文献讲得多一些，且附载了巡按参刻冯有功的奏疏，现录于下。《明神宗实录》内阁文库本卷四十四载：

先是清河游击冯有功遣军出边，深入夷地，采取木植，为奴贼鄙夷所觉，先伏贼众三百余人于林莽，以十余贼要挟财物，我众不与之，群贼齐出，将军丁及同行商民五十余人杀伤殆尽，有张通者得脱走入报。巡抚李维翰檄令奴酋速献生事部夷正法，奴贼遵谕，缚献生事部夷打喇汉等十名，及罚处牛马，悔罪罚伏。

对于这次事件，《满文老档》卷五作了更为详细的记述，有的情节与《明实录》还有差异：

六月，闻边境汉人皆越境进入女真（诸申）地方。汗曰：每年越边刨银采参，搜寻松子、蘑菇、木耳，扰害者甚多，为杜绝混扰，立碑宰白马为誓，今食其誓言，每年经常潜越帝境，我等杀之，亦无罪矣。遂遣达尔汉虾，将越边之汉人杀之，约五十余人。嗣后，闻新任巡抚至广宁，遣刚古里、方吉纳二人往见，明朝捕刚古里、方吉纳及其他九人，以铁索系之，遣人来告曰：若我等之人出边，尔擒捕解回，何得杀之。英明汗曰：昔碑誓曰：若见出帝境之人不杀，殃及于不杀之人，今何不顾其言而如此强为之说也。明人不从曰：尔等将为首之达尔汉虾执来，我杀之，不然，事将扩大。以言挟之。英明汗拒而不答，不从。明人曰：此事已闻于上，不得隐矣。尔将有罪之人献之，持至吾边上，斩以示众，此事即了结矣。英明汗欲得其遣去之十一人，即将潜往叶赫因而捕置狱中之十一人，解至边上杀之。明朝乃释其所拘之十一人遣回。

明与后金双方的记载虽然有所差异，都讲有利于己的话，建州尽量删去与明交涉的卑顺情节，《明实录》则炫耀天朝神威，贱视"东夷"，但对基本事实的叙述，即明人违禁出边，潜入建州伐木，被其斩杀，建州被迫献斩"生事部夷"，两者还是大体一致的。根据上述记载，我们可以得出三点结论。

第一，此次纠纷，曲在明朝。为了减少边境争执，万历三十六年（1608）六月二十日，努尔哈赤与明朝辽阳副总兵吴希汉、抚顺王备御商议决定，"刑白马，以血、肉、土、酒各一碗，削骨而盟誓：各方勿越帝之边界。无论汉人、诸申，若有偷越帝之边界者，见者杀之。若见而不杀，殃及不杀之人。明若渝盟，则明帝之广宁都堂、总兵官、辽东道、副将、开原道、参将等六大衙门之官员，均受其殃"。"若满洲国负此盟，满洲必受其殃"。

将此誓词刻于碑上，立于沿边诸地。这次，明清河游击冯有功违背誓言，遣派军丁，私出边界，潜入建州地区采伐木植，完全是非法的，为利忘誓，侵犯了建州利益，努尔哈赤依据碑誓，劫杀明兵，是遵誓而行的合法行为，是有理的，并非胡作非为。

天命八年牛庄云板

第二，明朝倚势逼人，欺压建州。尽管明朝自知理屈，却硬要维护"大皇帝"的威严，强词夺理，威逼"东夷"。巡抚李维翰摆着威严上司的架子，"移文诘责"，檄令建州献送"生事部夷"达尔汉虾，要行正法，否则，"事将扩大"。明明是自己边将违誓胡来，并非女真无理拦劫，杀人夺财，怎能说成是建州"生事"？怎能逼令建州交出"生事部夷"打喇汉？

这个打喇汉可非无名之辈市井小人，他乃是达尔汉虾，即努尔哈赤的养子，五大臣之一，固山额真，清朝的开国元勋。这样一位后金国屈指可数的高级将官，怎能随便缚送听明斩杀。何况，此次劫杀，并非达尔汉虾个人的任意行为，而是遵奉汗命，依据碑誓而行，有法可据，有理为凭，杀了达尔汉虾，就意味着惩治了努尔哈赤，杀了他的替身，叫其怎样下台。这个要求真是横蛮到了极点，实在是欺人太甚。

第三，努尔哈赤被迫从命，委曲求全。努尔哈赤虽然有着十分充足的理由，从道义上、法律上完全驳倒辽东巡抚，但是他不能不考虑"事将扩大"的威胁。所谓"事将扩大"，所谓明人"以言挟之"，虽不具体，但含义是十分清楚的，那就是停止贡市，调兵遣将，兴师问罪。

明朝一些将相对建州对努尔哈赤的看法，努尔哈赤是十分清楚的。虽然他一直阳尊明帝，进京入朝，贡献马匹，对辽东巡抚尊称"马法"，自己屈居奴仆（阿哈），竭力逢迎奉承，遇有吩咐，听从其命，尽量装出恭顺、效忠的模样，但不少明朝大臣已经断定奴酋乃是辽东大患。远的不说，就拿一年多以前辽东巡抚郭光复议处建州之疏来说，虽然努尔哈赤对郭光复尽力逢迎，伪装恭顺，但郭光复已经认定建州将给明朝带来大祸。他于万历四十三年（1615）正月奏上《为直述建夷始末之情急图内地防御之策疏》，详述"奴酋"由"孑然一孤雏"，而"渐长"，败叶赫，斩布寨贝勒，并南关（哈达），图谋北关，"以为窥伺内地之渐"的情形。

他说，并哈达后，"奴酋""地日广，而部落日众，渐有跋扈飞扬之意。故今日攻兀喇，明日攻朝鲜，今日纠西虏，明日攻北关（叶赫），诚欲吞并诸夷，尽归统摄，以称雄东海，目中似不复知有中国矣。故每借婚婿为名，种地为由，必欲将北关一鼓而吞之，是蚕食诸夷者，乃他回窥伺内地之渐也"。郭光复力言，"今日筹辽，必以救北关为主"，当急为建置敌楼火器，修补城堡墩台，选练将士。辽东总督薛三才也和郭光复一样主张必保北关，"缓则用守救"，派兵助叶赫（北关）防守，"急则用战救"，出兵攻打建州袭击北关之军，绝对不许建州吞并北关。

这时，努尔哈赤虽然已登上英明汗的宝座，决定要取消为明帝臣仆的旧规，但仍然没有充足的必战必胜的信心，时机尚未成熟，一旦拒绝明朝命令，恐将招致明军大举进剿，胜负难卜。权衡利弊，努尔哈赤果断决定，接受明廷命令，"悔罪认罚，献部夷十人，枭斩境上"，从而消弭了这场争端，又一次麻痹了明朝君臣，争取到训练将士不日大破明军的时机。

当然，努尔哈赤也因"伐木之争"而愤怒异常，旧仇之外，又添新恨，他和八旗贝勒官将更加痛恨明朝，一定要报这个仇，雪这个恨，新账旧债一起清算，两年之后，便以"七大恨"誓，征伐明朝了。

"七大恨"

努尔哈赤在举行称汗大典以后，因扩展太快，内部的管理问题便很突出。在此后的二年多时间进里，努尔哈赤主要是在整顿内部，增加国力。当一切都稳定下来以后，努尔哈赤又把目光转向明朝，军事战略重点也移向南方。

发布"七大恨"告天，是后金汗努尔哈赤把战略重点由北方转移到南方的标志，也是他的兵锋由统一女真诸部转移到公然指向明朝的标志。发布"七大恨"告天的背景主要有三个：其一，是努尔哈赤深知明万历帝晚

年政治更加腐败，辽东军备更加废弛；其二，是努尔哈赤已基本完成女真的统一（除明支持的叶赫部外），并建立了后金政权；其三，是辽东女真地区灾荒严重，景象悲惨。

水灾严重，农作失稔，不仅限于朝鲜，而且殃及建州地区。朝鲜平安兵使李时言，据后金女真人罗可多等所报驰启：

> 上年水灾，胡地尤甚，饥寒已极，老弱填壑，奴酋夺去觅食云云。许多群胡，逐日出来，则供给之物，想必浩大。而年条所纳，亦未毕捧，其间需用，势似难继，是用为虚。其赤身乞食，其情虽似可矜，而桀骜之心有同饥鹰，在我防备之道，不可小缓，而赠给杂物，亦不可不预为算定，请令庙堂斯速指挥。

上面驰启除奏报后金地区灾荒惨重外，还谏言加强防备。这远比明朝辽东的庸劣官将有见识。

女真人遭遇多年不遇的凶年，饿殍塞路，四处乞食，老弱填壑。后金汗努尔哈赤怎样解决这一严重的社会危机？翻开中国封建社会史册，在中原地区，农民起义往往在大灾之年爆发，因为灾荒使本来尖锐的阶级矛盾更加激化；在边疆地区，严重灾荒也使本来尖锐的民族矛盾更加激化。努尔哈赤正

豆青釉青花人物纹罐

是选择这个有利时机，发布"七大恨"告天，把女真人的不满、怨恨引向明朝，并借对明战争胜利和掠夺汉人财富，以缓和后金的社会危机。

万历四十六年（1618年，天命三年）四月十三日，后金汗努尔哈赤以"七大恨"告天：

四月十三日，壬寅，巳时，帝将步骑二万征明朝，临行书七大恨告天曰：吾父、祖于明朝禁边，寸土不扰，一草不摘，秋毫无犯，彼无故生事于边外，杀吾父、祖，此其一也。虽有祖父之仇，尚欲修和好，曾立石碑誓曰：明朝与满洲，皆勿越禁边，敢有越者，见之即杀，若见而不杀，殃及于不杀之人，如此盟言，明朝背之，反出边卫叶赫，此其二也。自清河之南，江岸之北，明朝人每年窃出边入吾地侵夺，我以盟言，杀其出边之人，彼负前盟，责以擅杀，拘我往谒巡抚使者纲古里、方吉纳二人，挟令吾献十人于边上杀之，此其三也。遣兵出边，为叶赫防御，致使我已聘之女转嫁蒙古，此其四也。将吾世守禁边之叙哈（柴河）、山齐拉（三岔）、法纳哈（抚安）三堡耕种田谷不容收获，遣兵逐之，此其五也。边外叶赫，是获罪于天之国，乃偏听其言，遣人责备，书种种不善之语以辱我，此其六也。哈达助叶赫侵吾二次，吾返兵征之，哈达遂为我有，此无与之也，明朝又助哈达，必令反国，后叶赫将吾所释之哈达，掳掠数次，先因呼伦部（前九部）会兵侵我，我始兴兵，因合天意，天遂厌呼伦而佑我也，明朝助天罪之叶赫，如逆天然，以是为非，以非为是，妄为判断，此其七也。期凌至极，实难容忍，故以此七恨兴兵。祝毕，拜天焚表。

努尔哈赤所说第一恨，杀其父祖，这既是事实，但又必须加以补充说明。觉昌安、塔克世确实是死于明兵之手，可是需要加上其他一些事实，一系觉昌安父子是为明军当向导，助其袭杀亲家阿台。二是他俩是在明军

攻打阿台城寨的混乱情形下，被明兵误杀，明兵不是故意杀人。三是明军系因惩治掠边"夷酋"阿台，因而出边，并非"无故生衅于边外"。四则事后明臣即承认是误杀，送还遗尸，给予敕书三十道，使努尔哈赤承袭祖职，当上了都指挥使，后又以其父祖有"殉国忠"，晋其为都督佥事，"长东夷"，蒙受"殊恩"，这也可算是了结了此事，弥补其过了。

第二恨为明朝违誓出边，护卫北关（叶赫），这一恨有些强词夺理，难以成立，根据有三个：

其一，明军不是违誓派兵出边。所谓违誓之"誓"，乃是努尔哈赤与辽阳将将吴希汉为杜绝越边而立的盟誓，仅仅是指建州人不得私自越边，进入明境，明朝汉人不得进入建州地区采参伐木，以免因此引起争端。是禁止明朝辽东汉人，并不是规定明兵不能逾越边境一步，不能出边，不能进入女真地区，须知，努尔哈赤也罢，海西女真叶赫也罢，哈达也罢，其地区皆是明朝"天皇帝"的辖地。建州、海西女真各卫都是明帝钦封的，是明朝辽东都指挥使司辖治的卫所，普天之下，莫非王土，女真各卫都督、都指挥皆是明帝臣仆，明朝当然可以派兵出边，进入女真地区，调解纠纷，惩治掠边违法之人，这与努尔哈赤所说之誓，风马牛不相及。

其二，明朝并不是一直袒护叶赫。努尔哈赤在万历十九年（1591），即言"七大恨"之前的二十七年，讽刺叶赫纳林布禄贝勒遭受明帝欺凌不敢申诉杀父之事时说道："昔我父被大明误杀，与我敕书三十道、马三十匹，送还尸首，坐受友都督敕书，续封龙虎将军大敕一道，每年给银八百两、蟒缎十五匹。汝父亦被大明斩杀，其尸骸得收取否？"努尔哈赤列举纳林布禄之父仰加奴（扬吉努）、伯父卿加努被明总兵李成梁斩杀之事，对比自己父、祖被"误杀"后的优待，来羞辱叶赫贝勒，这固然是事实，但由此不是更清楚地表明，明朝政府并不是存心偏袒叶赫亏待建州。

其三，明朝为什么要派兵出边，"以护叶赫'？答案很简单，但也会令努尔哈赤难堪。因为正是由于努尔哈赤，并哈达，亡辉发，吞乌拉后，图谋叶赫，于万历四十一年（1613）统军四万，进攻叶赫，夺取了兀苏等大小十九城寨，叶赫奏报明帝，明派游击马时楠率兵千人，携带火器，帮助叶赫守卫东城西城。可见罪魁祸首乃是英明汗努尔哈赤，不是明朝君臣违誓派兵出边。

第三恨，伐木之争，此事曲在明朝，确系欺人太甚，实为一恨。

第四恨，助叶赫，致已聘之女改嫁西虏。这就是当时轰动于世的"老女之争"事件。万历二十一年（1593）建州大

清虎石像

败九部联军，之后，第五年叶赫、乌拉、哈达、辉发共同遣使，请求"更守前好，互相结亲"，愿以布寨之女布扬古之妹许与努尔哈赤，以纳林布禄之弟金台石之女许与代善，努尔哈赤备办鞍马盔甲等物为聘礼，又杀牛设宴，宰白马，盛酒、血，与四国"歃血会誓"，定下了这门亲事。纳林布禄是努尔哈赤爱妻叶赫纳拉氏（皇太极之生母）之兄，努尔哈赤是其妹夫。

不久，纳林布禄与侄布扬古贝勒违背誓言，将布扬古之妹改许哈达国主孟格布禄贝勒，盖格布禄死后，又改许辉发国主拜音达礼贝勒，万历三十五年（1607）辉发亡国后，此女又许与乌拉国主布占泰贝勒。乌拉亡国后，布扬古于万历四十三年（1615）将妹许与蒙古喀尔喀部巴哈达尔汉贝勒之子莽古尔岱台吉。布扬古之妹，艳丽多姿，是当时名传满蒙的美

女，然而佳人命薄，由于政治角逐，年方十五即许聘于比她大二十四岁的努尔哈赤，中经多次改聘，直到三十三岁仍未婚娶，成为"老女"，最后嫁与蒙古台吉，一年而亡，实为可悲。

第五恨为明朝不容收割柴河、三岔儿、抚安三路庄稼，此恨与事实出入很大。所谓柴河、三岔儿、抚安等地，原来都是哈达部万汗及其子孟格布禄辖区，努尔哈赤并吞哈达后，遣派人丁，大量耕种哈达旧地，但是明朝政府不承认建州攻灭哈达的行动，认为这是叛逆不法行为，而且因为这些地方邻近叶赫，易起争端，威胁叶赫安全，威胁明境安全，故一直不允许建州人员住种。

万历四十二年（1614）四月，辽东巡按翟凤翀的奏疏，对此讲得十分清楚。他的奏疏，先援引开原道薛国用的呈文。薛国用呈称："奴儿哈赤差部夷五百名来本边汛河口刘家孤山地名住种，又地名仙人洞，有种田达子四十四名，去年宣谕数次，令彼撤回。三见题疏，两经部覆，奉有明旨，奴投有不收种之甘结，翀意倏忽变幻时来，以善言谕之，不肯去，以逐杀胃之，各夷云，我只怕我都督，就死在这里，也不回去。"

翟凤翀的奏疏，接着就讲这些地上是哈达旧地，不应允许建州霸种：

备查南关地界，至台存日，自威远堡起，至三岔儿止。后王台故后，猛骨孛罗在时，至抚安堡龙潭冲止，三岔儿一处，已为侵占矣。迨猛骨学罗故后，俱属之建州，旧种之田，味斯语吴，又侵占抚安堡矣。分遣人牛，临边住种，万万当亟行驱除，不可一日容者。……今不论新垦旧垦，但系南关之地，则不当容建州住种，有五利焉：一不得逼近内地，侦我虚实；二不得附近北关，肆其侵扰。

万历四十三年（1615）正月，辽东巡抚郭光复亦对此上奏：

至如柴河、靖安、三岔、抚安四堡边外地，原系南关旧地，奴酋立寨开种有年，而上年驱令退柴河、靖安二堡地者，谓其逼近北关，以杜窥伺耳，但未曾立界，所以令春复来耕种。今奴酋遵我约束其文，愿照界镌碑，惟讨秋收将熟之禾，以后再不敢越种。随行两道，待镌碑后许之，即今将柴河、靖安、三岔界碑上镌番字书，自四十三年春起，不许来种。

两道奏疏讲得十分明白，柴河等堡边外之地，是哈达旧地，明朝不许建州侵垦，因为明朝政府从来不承认建州侵占哈达，把这件事看作是建州叛逆不忠的一件大罪。建州也一再具结，立碑于石，保证不来耕种，但说归说，做归做，不管具的甘结，还是立碑为誓，都不管用，仍然年年派人侵垦收获。就此而言，这个不许收谷的第五恨，又是强辞夺理，缺乏根据，难以成立。

第六恨为偏听叶赫之言，遣人侮辱建州。此事乃指万历四十二年（1614）二月明使进入建州而言。《满文老档》太祖朝卷三载，（甲寅年）"四月，明万历帝遣其肖备御伪称大臣，乘八抬轿赍书至，乃命叩接帝旨，故做丑态相威胁。并以种种恶言奢谈古今成败之例。聪睿恭敬汗说：对尔恫吓之书，我为何叩拜耶！遂以恶言对恶言，善言对善言，未览其书即遣回之"。《武皇帝实录》卷二亦载，万历帝遣守备肖伯芝来，"诈称大臣，乘八抬轿，作威福，强令拜旨，述书中古今兴废之故种种不善之言"。但究竟作何不善之言，宣谕何事，建州接受与否，二书未写明，不得而知。

观看第二年正月兵部回复辽东巡抚郭光复的妻疏，才对此事有些了解。兵部复议说："今日筹辽，必以救北关为主。惟是奴酋反复靡常，顷抚臣提兵出赛，遗羁酋佟养性为间谍，遣备御肖伯芝为宣谕，谕之退地则退地，谕之罢兵则罢兵，而察其情形，实怀叵测。"这下清楚了。

原来，老档和实录所谓的"不善之言"，是备御肖伯芝奉了巡抚之

命，责令建州退出侵占、耕垦柴河等堡的边外哈达旧地，谕令建州不得以索要"老女"为借口攻打叶赫，命其尽快撤军。照此看来，肖伯芝没有什么大错，他是巡抚之使者，当然有其使者的威风，他宣谕的命令，是巡抚的命令，明朝政府从来就认为建州吞并哈达是非法的叛逆行为，根本不该耕垦其地，也不该以"老女"为托辞，一再进攻叶赫。努尔哈赤把肖伯芝的宣谕说成是对他欺凌侮辱的切齿大恨，理由并不充分。

第七恨为明朝责令建州退还哈达旧地，恢复其国，保护叶赫不被消灭，此恨也不能成立，建州、叶赫、哈达都是"大明"的卫所，首领皆系明帝之都督臣仆，哪能让建州吞并叶赫、哈达。

后金汗努尔哈赤发布"七大恨"，是利用女真人的民族情绪，把女真人的不满引向明朝，并借对明战争的掠获，以缓和其因灾荒而加剧的社会矛盾。"七大恨"誓师后，努尔哈赤即率师攻明，计袭抚顺。

智取抚顺

努尔哈赤为了做好攻打明朝的准备，不但在思想上用"七大恨"进行动员，还在军事上加紧训练，修整器械，严明军纪，并还为此颁布《兵法之书》让大家学习军事理论。努尔哈赤有一次对手下讲话很是精彩，他说：

凡安居太平，贵于守正。用兵则以不劳己、不顿兵，智巧谋略为贵焉。若我众敌寡，我兵潜伏幽邃之地，毋令敌见，少遣兵诱之：诱之而来，是中吾计也；诱而不来，即详察其城堡远近，远则尽力追击，近则直薄其城，使塞集于门而掩击之。倘敌众我寡，勿遽近前，宜预退以待大军。俟大军既集，然后求敌所在，审机宜、决进退。此遇敌野战之法也。至于城郭，当视其地之可拔，则进攻之，否则勿攻。倘攻之不克而退，反损名矣！夫不劳兵力而克敌者，乃足称为智巧谋略之良将也。若势兵力，虽胜何益？盖制敌行师之道，自居于不可胜，以待敌之可胜，斯善之善者也。

努尔哈赤的军事思想和作战原则，丰富而精粹；并在夺取抚顺之役中，再次加以运用。

在计袭抚顺之前，又严厉申明军纪："阵中所得之人，勿剥其衣，勿淫其妇，勿离其夫妻；拒敌者杀之，不拒敌者勿妄杀。"同时，又诡密地进行作战准备。如命军丁伐木缮治云梯、楯车，却扬言砍伐木材，修整马厩。木材运回赫图阿拉之后，又恐修缮器械泄露机密，竟将所砍伐的木材用来修建马厩。

后金汗努尔哈赤既发布"七大恨"，又颁布《兵法之书》，修器械，严军令，一切准备就绪之后，于四月十四日命将出师。努尔哈赤命军分两路：令左四旗兵攻取东州、马报单；亲率右四旗兵及八旗巴牙喇直奔抚顺。

抚顺城濒临浑河，这机关报地理位置就成为建州女真与明互市的重要场所。努尔哈赤青年时经常到抚顺贸易，他对抚顺的山川、道里、形胜、城垣了如指掌。时抚顺游击李永芳率兵驻守，此人早在六年之前，曾同努尔哈赤在抚顺所教场并马交谈。努

抚顺元帅府武将雕像

尔哈赤这时对抚顺主用智取，辅以力攻。他先一日派人至抚顺，声言有三千女真人于明日来赴市。到十五日寅时，假冒商人的后金先遣队果然来到抚顺扣市，将抚顺商人和军民诱出城外贸易；后面接踵而来的后金军主力，遂乘机突入城内，里应外合，夹击夺城。据《明神宗实录》四月十五日记载：

先一日，奴一抚顺市口言：明日有三千达子来做大市。至日，寅时，果来叩市。诱哄商人、军民出城贸易，随乘隙突入。

王在晋在《三朝辽事实录》中，也作了类似的记载：

四月十五日，奴儿哈赤计袭抚顺，伴令部夷赴市，潜以精兵踵后，突执游击李永芳，城遂陷。

朝鲜《光海君日记》据明游击丘坦票文记载。奴酋向来与抚顺互市交易，忽于前面四月十五日，假称入市，遂袭破抚顺。

但是，《满文老档》和《满洲实录》等书却力言努尔哈赤的武功：八旗军布兵百里，旌旗蔽空，驰趋抚顺，兵到围城；旋派被捕汉人入城，送书与守将李永芳：以禄位相诱，以屠城相胁。李永芳览毕，衣冠立南城上，言纳降事，又令城上备守具。

努尔哈赤命八旗军竖梯登城，不久，兵士攀梯上城。抚顺城中军千总王命印等力战而死。游击李永芳勉强投降，穿官服乘马出城，镶黄旗固山额真阿敦引与汗见，不让下马，互相拱手示礼。但《清太祖武皇帝实录》作永芳下马跪见，帝于马上拱手答礼；《清太祖高皇帝实录》作永芳下马匍匐谒上，上于马上以礼答之，均系溢美之文，使真相不存。

努尔哈赤战前就已设计，伴称互市，潜以精兵，外攻内应，诱陷抚顺，守将李永芳剃发降。同日，后金军左四旗兵攻占东州、马根丹。抚顺失陷败报驰至，明辽东巡抚李国翰急檄总兵官张承胤仓促赴援。张承胤急率到将颁廷相、参将蒲世芳、游击梁汝贵等领兵万余人尾追努尔哈赤。努尔哈赤命大贝勒代善、四贝勒皇太极统军三面环攻明军，并利用风沙大作的有利天时，全歼明军。明军主将兵马，一时俱没。八旗军获马九千匹，甲七千副，兵仗器械，不可数计。

八旗军不仅夺占抚顺、本州、马根单，而且骑兵横排百里，梳掠小堡、庄屯五百余处，虏获人畜三十余万，编为千户，毁抚顺城，还赫图阿拉。努尔哈赤命将俘获编为千户，若每户以六口计，则共六千人。看来所谓虏获人畜三十余万，多为牲畜。后金汗率军在短短几天内，掳掠数以十万计的牲畜以及粮食、财物，按军功大小进行分配，缓和了因灾荒缺粮而加剧的社会矛盾。

抚顺之取，充分体现了努尔哈赤具有卓越的军事指挥才干，不愧为智勇双全所向披靡的英明统帅。这在七个方面显示得非常清楚。

明朝士兵雕像

其一，目标不大。努尔哈赤在四月十三日以"七大恨"祭天誓师，大事张扬的"伐明"，为何不将目标定得更高一些，如攻开原，袭沈阳，夺取半个辽东，

沈阳故宫雕梁画栋

而只看上一个小小的抚顺千户所？

按照明朝政区军情的编制和划分，内地是省府厅州县，设有布政使、按察使、都指挥使三位"封疆大吏"，辽东则废州县，设辽东都指挥使司，简称辽东都司，下辖定辽中卫、沈阳中卫等二十五卫，卫之下设所。抚顺是千户所，辖于沈阳中卫。努尔哈赤既要浩浩荡荡地"伐明"，为何不去袭取辽东巡抚、辽东总兵官、广宁卫等四卫指挥使所在地广宁城？不去袭取仅次于广宁的辽东都指挥使、辽东巡按及定辽中卫等六卫指挥使所在的辽阳城？再往下降一点儿，为何不去进攻沈阳中卫指挥使所在地的沈阳城或北路参将所在地开原城？或者是眼光更大一些，去夺取半个辽东？这些大城，都不去，偏偏看上小小千户所的驻地抚顺城。

可见努尔哈赤虽在誓师祭天之时，激昂慷慨，豪气可上九霄，壮志敢吞日月，但具体落实在进攻目标，却慎之又慎，选中有百分之百把握的小小抚顺城，以免久攻不下，兵败于广宁、辽阳等大城总兵副将之手。

其二，选中抚顺之由。将抚顺定为"伐明"第一个目标的原因，虽然努尔哈赤本人未曾明说，明、清《实录》，明朝辽东督、抚、总兵、副将与中央兵部尚书侍郎以及论述边事的能人学士和近人著作，也未对此评

128

论，但经过分析，还是可以了解其中奥妙的。

主要因素有两个，一是很有必要，二是又很有可能。之所以有必要，这是由于抚顺的战略地位十分重要，它与建州女真地区相邻，努尔哈赤及其子皇太极一再声称为"大明看边"，明辽东巡抚张涛所言"东奴所守九百余里之边也"，就是讲抚顺在地理上的重要性。

抚顺，在今辽宁省东南部，今为抚顺县，城濒临浑河，是明朝辽东都司沈阳中卫抚顺千户所地区。明朝实行卫所制，在各省要害地方，系一郡者设所，连郡者设卫，卫之上为都指挥使司，简称都司。大体上一千一百二十人为千户所，五千五百人为卫。明代共有"都司二十一，留守司二，内外卫四百九十三"，"千户所三百五十九"。抚顺千户所属于辽东都司沈阳中卫，原来设有备御一员。抚顺千户所之城系明洪武时建，"周围三里有奇，池深一丈，阔二丈"，在沈阳城的东北，离沈阳八十里。抚顺城东三十里设有抚顺关马市，为建州女真人市贸易之处。

抚顺千户所肩负相抚、接待、震慑建州女真各部的重任，辖有新河口台、土台墩等二十二座边台及会安堡，嘉靖末年设城堡墩台障塞操守官军一千六百七十一员名，其中驻在本城的官军为一千一百八员名，兵数并不算少。但是，随着明朝军政的腐败，抚顺军力亦衰落不堪，无法应付建州吞哈达、并乌拉、图谋叶赫的蓬勃发展局面。万历四十二年（1614）九月，辽东巡按翟凤翀上疏言及抚顺一带败坏情形时说："开原东鄙一带边堡，如抚安、三岔、柴河、靖安等处，闻惧圮坏，而守道所属偏东会安、东州、嶙场、孤山、一堵墙、马根单等堡，近多坍塌。"抚顺仍设备御，仅有"马步羸卒五百"，无力防范。经他奏请，抚顺才由备御改为游击，以原备御李永芳充任，并添兵六百名。

抚顺既是明朝与建州的贸易之地，又是明朝震慑、防范和进攻建州的军事要地和前沿城市，正如辽东巡抚翟凤翀所指出"奴酋所最贪者清（河）抚（顺）之市，所最怕者清抚两处之捣巢"。兼之抚顺兵马单

努尔哈赤传

弱，有可乘之机，因此攻取抚顺，既有必要，又有可能，这就是伐明之战从抚顺开始的原因。

其三，准备充分。明朝疆域辽阔，人口上亿，大军百万，枪炮众多，区区几万女真，怎能轻易取胜！因此，努尔哈赤对伐明之举，准备工作作得非常充分。一是确立八旗制度，加强训练，组成精兵数万。二是以"七大恨"祭天誓师，激励将士奋勇冲杀。三是制定用兵之法，宣示统兵诸贝勒、大臣。他颁布的用兵之法包括作战方针、野战、攻城及军纪等几个方面。方针是"用兵之道，以我军木受损而克敌制胜为上"，"以智巧谋略，不劳己、不顿兵为贵"。野战之法：若敌众我寡，兵直潜伏低洼之地，勿令敌见，遣少许兵士诱之，使其中计。如果诱而不来，则追击敌兵于城下，俟敌拥集于门而斩杀之。

若敌兵甚多，己方只有一旗或二旗兵，则勿与接近，先退后，急请大军来会合，再行计议。攻城之法：能取则取，不能取则勿攻，以免攻之不克而后退，"反损名矣"。军纪禁令：自出征之日到班师，禁止离蠚，擅离者，论死。五牛录额真及牛录额真"不以汗所颁法令宣谕于众"，罚马一匹。攻城之时，"不在争先竞进"，"先破城者，方为先进之功"。努尔哈赤此时特别强调不要虐待俘获之人，谕令："凡阵获之人，勿剥其衣，勿淫其女，勿离其夫妻。因抗拒而死，听其死，不抗拒者勿杀。"

其四，是严格保密，不让敌方发觉。在此之前，努尔哈赤一向装作忠于明帝恭顺听命的样子，麻痹了明朝，没有想到他会起兵入边掠城攻堡。这时，为了制造登城的云梯，怕被明朝发觉，他宣布要建造诸贝勒的马厩，以此为名，"遣七百人伐木"。不久，又怕明朝通事因事入使建州，被其发觉，便命令将造云梯之木，"用以盖马厩"。由于保密严格，尽管从赫图阿拉到抚顺足足有二百三四十里，军队整整走了两天，从四月十三日巳时出发，十五日晨到达，明朝边将居然没有发觉。

其五，是设计相诱。虽然抚顺城小兵少，但它西距沈阳才八公里，南距清河北距铁岭、开原也不很远，或一天途程，或两日之路，应援之兵上万，除了严格保密不使师期泄露外，必须速战速决。抚顺虽然兵马不多，但若据城死守，枪炮齐放，也很难立即攻克，固守几日，援军赶到，问题就麻烦了。努尔哈赤深知此情，故决定以计相诱，再乘机猛攻。《明神宗实录》卷五六八载述建州计袭抚顺情形说："四月十五日，建酋奴儿哈赤诱陷抚顺城，中军千总王命印死之，李永芳降。先一日，奴于抚顺市口言，明日有三千达子来做大市。至日寅时，果来叩市，诱哄商人军民出城贸易，随乘隙突入，掳杀据住。"

王在晋的《三朝辽事实录》卷一的记载与此类同："四月十五日，奴儿哈赤计袭抚顺（抚顺陷）。佯令部秀赴市，潜以精兵踵后，突执游击李永芳，城遂陷。永芳降奴，去须发为夷。"

明游击岳坦致票文与朝鲜义州官员说："奴酋向来与抚顺互市交易，忽于前面四月十五日假称入市，遂袭破抚顺。"

这些记述基本上符合实际，但也有一些出入，因为马市并不在抚顺城内，建州商人不是在城内与汉商交易，而是在城外几十里处。明辽东巡按李辅编纂的《全辽志》卷一载称："抚顺马市，城东三十里，建州诸夷人于此交易买卖。"努尔哈赤是以做"大市"相诱，使明朝边将误认为八旗军前锋不是将士，而是"夷商"，允其进入马市，努尔哈赤遂乘机快马加鞭，三十里地瞬息赶到，包围了抚顺城，遗书劝降，守城游击李永芳虽声称愿降，却"又令城上备守备"。努尔哈赤下令攻城，八旗将士奋勇攀梯，很快就"登其城"，李永芳只好"着饱服，策马出城来降"，"于是攻取抚顺和东州、马根单三城及小堡、台、屯共五百余"，获人畜三十万，编降民千户。

其六，大破援军。努尔哈赤于四月十五日攻下抚顺后，拆毁其城，押送人畜财帛，回归建州。四月二十一日，他又率兵返回距明朝二十里的建州边地。这时，明朝辽东总兵张承胤、副总兵颇廷相、参将蒲世芳领兵

一万追来，见建州兵已出明边，不敢逼近，只蹑后观视。哨卒飞报，大贝勒代善、四贝勒皇太极命令将士尽披甲胄迎至边境。努尔哈赤起初不愿交锋，遣人命令两位贝勒停兵，两位贝勒力主进攻，汗同意，遂率兵往击，大败明兵，斩张承胤、颇廷相等总兵副将参将等官五十余员，明兵"十损七八"，"获马九千匹、甲七千副、器械无算"。明兵部奏报，此次战争，阵亡总兵张承胤等将官四十九员、兵士三千一百五十八名。

其七，战果辉煌，影响巨大。下抚顺，败张承胤，紧接着又于五月连克抚安、三岔儿等十余堡，七月又攻克清河，斩守城游击邹储贤、副将张旃等。攻取城堡之多，斩杀将官士卒之众，连佩带征虏将军印的辽东总兵张承胤，颇廷相、张旃两位副总兵以及几位参将、游击，皆死于八旗军之刀下，这是女真历史上从未有过的，自然大大地鼓舞了八旗将士士气，也震惊了明朝君臣。明内阁首辅方从哲、署兵部尚书薛三才、蓟辽总督汪可受纷上奏疏，各官多次集议对策，长期不上朝的万历皇帝也不得不连下敕旨，责令群臣提出对策，调兵遣将，加强边关防卫，并决定征调重兵，进攻建州。

明朝辽左失陷抚顺，陨将丧师，损辱国威。从此，举朝震惊，群臣神经极度紧张，如刑科结事中姚若水奏请"罢内市，慎启闭，清占役，禁穿朝"，并给宫监各发木牌，出入凭牌查验，以防努尔哈赤的奸细混入大内。

后金却恰恰相反，进攻抚顺是努尔哈赤起兵三十五年以来第一次同明军正面交锋，初战告捷。先是努尔哈赤对明朝阳示觳觫林遵命，暗里伺机倏进，未敢宏图大举。甚至于他在发兵进攻抚顺之前，仍告诫统兵贝勒、诸臣，要"咱居于不可胜，以持敌之可胜"尚有此举胜负未卜之意。但是，他袭破抚顺，碰了一下明朝这个庞然大物，竟然俘获人畜三十万，这是自兴兵以来从未有过的大掳掠。从而刺激了努尔哈赤更大的贪欲——统兵蚕食辽东。

五月，攻取抚顺、铁岭之间的抚安堡、花豹冲、三岔儿等大小十一堡，并沿屯搜掘粮窖，"迁其积粟"。

七月，进攻清河。清河城地势险隘，为辽、沈屏障。它城周三里，四拥高山，左近沈阳，右邻瑷阳，南枕辽阳，北控宽奠，有小路与抚顺相通。努尔哈赤亲统八旗军，进鸦鹘关，围清河城。守将邹储贤、张旆率兵一万，婴城固守。城上施放火器，八旗兵死伤千余人。努尔哈赤命军士头顶木板，从城下挖墙而入，城陷，邹储贤、张旆及"兵民共约万人皆陷殁"。

后金夺取清河，从其作战方式来看以力攻，又用智取。据史载，努尔哈赤破清河，先令'驱貂、参车数十乘入城，貂、参穷而军容见。因入据城门，延入诸骑。故清河之破，视抚顺尤速"。副将贺世贤率兵往援，见城已陷，遂斩女真屯寨中妇幼一百五十一人而还。

努尔哈赤破抚顺、拔清河，胆越壮、气越粗，遂将一名被掳汉人割去双耳，令其鲜血淋漓地送信与明。这封辞令强硬的信中说："若以我为非理，可约定战期出边，或十日，或半月，攻战决战；若以我为合理，可纳金帛，以图息事！"

努尔哈赤在上述信里吐露了自己的愿望。但是，努尔哈赤在信中表示的愿望，受到万历帝的妨碍。万历帝对努尔哈赤的回答是："调兵遣将，犁庭扫穴。"于是，努尔哈赤与万历帝双方相互交错愿望所产生的历史事变，即萨尔浒大战。战争的后果，又出现了他们谁也没有料想到的一系列历史事变。

大战萨尔浒

当明朝得知抚顺被攻陷的消息，而且其总兵张承胤副将颇廷相等将官阵亡，一万多人的军队被消灭，顿时朝野震惊。连一贯荒淫的万历皇帝，

也从后宫出来，如召集群臣商议，最后决定，任用杨镐为经略，李如柏等人为总兵，从四方调兵十万，军饷三百万，准备攻打努尔哈赤。

论兵数，明军多于建州。《满洲实录》卷五载，明兵"二十万"，号称"四十七万"，进攻建州。经过考证分析，明军没有这样多。王在晋当时任山东巡抚，后历任兵部尚书、辽东经略，熟悉辽事。他遍查邸报奏疏后，详细记述萨尔浒之战时官军兵数和死亡将官姓名。他写道："以上各路除丽兵外，主客出塞官军共八万八千五百五十余员名。"丽兵，指的是朝鲜兵。

早在万历四十六年（1618）四月，辽东巡抚李维翰即移咨朝鲜国王，令其"操练兵马七千"，以备征讨之时与明军"合剿"。不久，蓟辽总督又咨会朝鲜，令"急拨数万军兵，依期听候"。朝鲜国王遣使臣前往广宁，于六月初一日晋见经略杨镐，禀报已备兵七千，杨镐大怒，厉声斥责。经使臣再三叩头恳请，杨镐才令再增三千，共派兵一万。朝鲜只好应允，并于六月下旬移咨杨经略，告诉已派议政府左参赞姜弘立为都元帅，平安道节度使金景瑞为统领大将到元帅，调集"炮手三千五百兵""射手"六千五百名。杨镐责令再"选精兵五六千或三四千"。朝鲜国王恳求不允，只好再增三千，共一万三千名。万历四十七年（1619）正月，"都元帅姜弘立、副元帅金景瑞领三营兵一万三千人，自昌城渡江"，于大瓦洞与明东路军会合。至此，朝鲜共派兵一万三千名从征。再加上叶赫出兵二千名，明朝进攻建州的军队总数为十万三千余名。

后金的兵数，据明经略杨镐三月十一日的奏疏说："据阵上共见，约有十万"。实际上，后金军没有这样多，杨镐所言，不过是把战败的原因归之于敌众我寡，以推卸自己指挥谬误之责耳。努尔哈赤于万历四十三年（1615）确定八旗制度时，一牛录三百丁，每旗二十五个牛录，八旗共二百牛录，总共是六万丁，讫至萨尔雅大战时，后金只于天命元年（1616）七八月派兵二千，征东海萨哈连部，取四十七寨，招服使犬路

沈阳故宫一角

等路路长四十人。天命四年（1619）正月袭攻叶赫，"取大小屯寨二十余"，并未增加大量人丁，即使八旗中录人人皆兵，也不过六万名，哪来的十万之数！此战之中，后金军约有五六万。

明朝发兵十万，号称四十七万，筹饷三百万两，在对女真用兵的历史上，兵数之多，军费之巨，规模之大，是空前的。这是因为，明朝政府的这次大军进剿，并不仅仅只是为了打退建州的进犯，将其逐回旧地，护卫辽阳、沈阳，保证辽东安全，而是欲图诛戮"元凶"，彻底消灭建州。

经过十个月的紧张筹备，兵、将、粮、马、甲、炮大体备办完毕，明万历四十七年（天命四年，1619年）二月十一日，辽东经略杨镐、蓟辽总督汪可受、辽东巡抚周永春，辽东巡按陈王庭，在辽阳演武场，集合征辽官将，誓师讨敌。议定兵分四路，西路为抚顺路，以山海关总兵杜松为主将，保定总兵王宣及原任总兵赵梦麟为副，分巡兵备副使张铨监军，按察司经历左之似赞理，官兵二万余，由抚顺关出，从西进攻。

北路为开原、铁岭路，以原任辽东总兵马林为主将，下辖管开原副总兵事麻岩等将官，开原兵备道佥事潘宗颜监军，岫岩通判董尔砺赞理，官兵二万余人，从靖安堡出，由北路进攻赫图阿拉，叶赫出兵二千从征。

南路为清河路，以辽东总兵李如柏为主将，管辽阳副总兵事参将贺世贤等随从，分守兵备参议阎鸣泰监军，推官郑之范赞理，兵二万余，从鸦骨关出边，由南进攻。东路为宽奠路，以总兵刘綎为主将，海盖兵备副使康应乾监军，同知黄宗周赞理，兵一万余，朝鲜都元帅姜弘立、副元帅金景端领兵一万三千余从征，由亮马佃出边，从东进攻。四路兵共十万零三千余人，号称四十七万，从东南西北四个方面进击，企图于同一天合围赫图阿拉，擒斩"元凶"，消灭建州。

经略杨镐为诸路军总指挥，坐镇沈阳。各路兵总共十万余人，号称四十七万，以张扬声势。杨镐既庸懦昏聩，又骄躁寡谋。原定二十一日出师，适十六日天降大雪，跋涉不前，复改于二十五日。但大学士方从哲、兵部尚书黄嘉善等连发红旗，催杨镐进兵。杜松因大雪迷路，请缓师期。刘綎也以未谙地形，再请缓师。杨镐勃然大怒道："国家养士，正为今日，若复临机推阻，有军法从事耳！"遂悬尚方剑于军门。

杨镐只图侥幸取胜，既不知己，又不知彼，于天气、地理、军心、敌情他一概不顾，便大张旗鼓地下令出兵。兵法曰："善攻者动于九天之上，藏于九地之下。"但明军尚未出师，军期早已泄露。据山西道御史冯嘉会言：

我师进剿，出揭发钞，略无秘密，以致逆奴预知……又闻奴酋狡黠异常，不但辽左事

矾红彩蝙蝠陶瓷

机，尽为窥瞰，而长安评报，亦用厚赀抄往，盖奸细广布，则传递何难？

努尔哈赤早已探知明军的部署、师期，便确定了迎击明军的战略原则。经略杨镐兵分四路，分进合击；努尔哈赤并没有分散兵力，四面出击，而是集中兵力，各个击破。他说："凭尔几路来，我只一路去！"

这就是说集中优势兵力，逐路击破明军。后金汗努尔哈赤在明军四面压境的危难时刻，坚定了一个夺取战争胜利的铁的军事原则，选择了一条素来走向成功的光明道路。他在确定反击明军的战略原则之后，又"调度安排，机构周密"，做出相应准备：操练兵马，整备器械；派出哨骑，搜集军报；勘查地形，寻机设伏；坚壁清野，埋粮填井；撤回各路屯寨兵民，将力量集中到赫图阿拉，攥成一个拳头迎击来势汹汹的明军。

明军抚顺路主将是时总兵官杜松，率所部二万余官兵，二十八日从沈阳起行，二十九日至抚顺关。杜松是一员勇健虎将，但刚愎自用，骄傲轻敌，鲁暴无谋，急贪首功。史载：

松，榆林人，守陕西与朝骑大小百余战，无不克捷，敌人畏之，呼为杜大师而不名。被召过潞河，裸示人曰："杜松不解书，第不若文人惜死。"体创如疹，潞人为挥涕。松方出师，牙旗折为三，识者忧之。李如柏阳洒洒拜送回："吾以头功让汝。"松慷慨不疑。临行携扭械自随，曰："吾必生致之，勿令诸将分功也。"如柏复遣人语之曰："李将军已自清河抵故寨矣！"松踊跃向前。

杜松因欲贪首功，率军最先出抚顺关口，头盔似海，刀枪如林，星夜燃火炬，日驰百余里，急度五岭关，直抵浑河岸。杜松执意渡河，诸将请宿营，不听；总兵赵梦麟谏之，也不听；东营将官恳止，竟发怒。杜松酒意正浓，祖露胸怀，挥舞大刀。裸骑径渡。众将请他披甲，杜松笑道：

努尔哈赤传

"科阵披坚，非大夫也。否结发从军，今老矣，不如甲重几许！"并挥兵而进。兵士们都脱衣涉河，水深没肩，淹死多人。辎重渡河困难，尚遗车营枪炮在后。杜松率前锋渡河后，俘获女真十四人，焚克二寨，遂一面疾书报捷，一面策骑疾驰，追越二道关，至萨尔浒山口。

后金探骑不断地向努尔哈赤报以敌人的动向。被派往西方的探骑先报"昨二十九夜，见明朝兵执灯火出抚顺关"。派往南方的侦骑又报"清河路也发现敌兵"。后金汗向诸贝勒大臣分析错综复杂的敌我态势，认为明军主力一定会先从西面来。八旗军统帅努尔哈赤命令；派兵五百名防守南路；以左翼四旗和右翼二旗共六旗驰向萨尔浒，另右翼二旗驰往吉林崖，"全军向西方"，迎击杜松军。

杜松军于三月初一日，驰至萨尔浒。其时，东路刘綎军虽于二月二十五日出宽奠，但因在凉马佃舍朝鲜军，尚在马家口一带行进中；北路马林军二月二十九日出铁岭，也因叶赫兵尚未出动，后金砍树塞道阻滞，尚在途中；南路李如柏军，是日则刚出清河鸦鹘关。

只有莽勇喜功的杜松驰驱至萨尔浒后，分兵两部：一部在萨尔浒山下结营；亲自率领另一部进抵吉林崖，攻打界凡城。努尔哈赤统领六旗铁军冲向明军萨尔浒大营。明军在进抵萨尔浒之先，前军遭遇八旗兵的伏击，后军又受到八旗兵的截击，兵伤马毙，锐气大挫。他们抵萨尔浒后，战车环阵，挖堑树栅，外列火器，旗鼓壮威，准备进行一场厮杀。努尔哈赤令先锋军冲杀。明军放火铳，发巨炮，炸弹爆发，血肉横飞。八旗兵仰面扣射，万矢如雨；铁甲骑军，奋力冲击。在震撼山岳的呐喊中，如风暴，似雷霆，狂扑明军萨尔浒大营。

努尔哈赤的军事才能最善于使用骑兵，铁骑集中于一点，攻陷方阵，突破战线，粉碎联队，驱散步兵，这便是他胜利的秘诀。后金汗的骑涛，纵横驰突，越堑破栅，厮杀蹂躏，所向披靡，一鼓攻下萨尔浒明军大营。攻下萨尔浒的八旗军，摩师驰援吉林崖。

时进攻吉林崖的杜松军，听到萨尔浒营陷的败报，军心已动摇；又遇到从吉林崖山上压下来的八旗兵，士气更颓落。但主将杜松"率官兵奋战数十余阵，欲聚占山头，以高临下，不意林中复起伏兵，对垒鏖战，天时昏暮，彼此混杀"。八旗劲旅从河畔与莽林，山崖与谷地，以数倍于杜松的兵力，将明军团团围住。明军点燃火炬，从明击暗，铳炮打入丛林，野草瑟缩，万木染红。八旗军矢发风落，从暗击明，万矢射向明垒，矢孔沥血，裂口呼叫。明军抚顺路主将杜松，虽眼发火光，左右冲杀，但矢尽力竭，落马而死。

据从石洞和积尸中逃生的朝鲜援明杜松军炮手李守良所目击言：

> 贼自东边山谷间迎战，又一阵从后掩袭，首尾齐去。汉兵收兵结阵，贴大噪薄之；汉兵亦哈喊齐放，贼中丸中马者甚多。方谓酣战，贼一大阵自山后下压，汉兵大败。……贼从山上乱下矢石，我军百余人及汉兵数千皆死。贼四面合围，斯永无余。

两根盘龙柱

杜松部尸横遍野，血流成河，甲仗山积，全军覆灭。

杜松悬军深入，长途疾驰，不谙地形，构成已短；而突骑野战。据险设伏，又为八旗军所长。所以，努尔哈赤以众击寡，以逸待劳，以长制短，以客当主，打败杜松而获得萨尔浒之捷。八旗兵刚击败杜松军，侦骑又飞报开原路马林军至。马林率军出三岔口，管稗子谷，夜闻杜松败，林军遂哗。天

明，与八旗军相遇。

初二日，马林军在萨尔浒西北三十余里富勒哈出的尚间崖安营。马林见杜松兵败，所部军哗，急忙转攻为守，形成"牛头阵"：马林亲自率军驻尚间崖，依山结成方阵，环营挖三层壕，壕外排列骑兵，骑兵外布枪炮，火器外设骑兵，壕内布列精兵；潘宗颜在飞芬山扎营，龚念遂在斡珲鄂漠结营。

两营相距数里，呈犄角形。马林雅好诗文，交游名士，图虚名，无将才。他自以为"牛头阵"既能互相救援，又能以战车和壕堑阻遏后金骑兵的驰兀，以炮铳和火箭制伏后金的弓矢。但他消极防御，兵力分散，鼎足成阵，各营蚕缚，形成被动挨打的局面，给努尔哈赤提供可乘之机。聪明的努尔哈赤尽管有三倍于敌的兵力，却没有分兵围攻明军的三个营，而是集中兵力，先砍其"牛头阵"的一只犄角龚念遂营。

参将龚念遂、游击李希泌统领步骑，楯车屯营，环营浚壕，排列枪炮，严密防守。努尔哈赤次打龚念遂营，也没有四面包围，而是亲自率领一千精骑，朝着其薄弱的一隅猛冲，"攻打进去，推倒楯车"，突破一个缺口。八旗兵像洪水似的从缺口涌进龚念遂营，骑兵踩着死人和活人，冲突、砍削、狂奔、躁躏。龚念遂营破战死。努尔哈赤在斡珲鄂漠得胜之后，跃马疾驰尚间崖。尚间崖的马林营防守严整。努尔哈赤命"先据山巅，向下冲击"，但见马林营内与壕外兵汇合，又命"停止攻取山上，下马徒步应战"。

大贝勒代善、二贝勒阿敏、三贝勒莽古尔泰各率兵鼓勇急进，冲向马林营。营中明军发鸟枪、放巨炮，但火未及用，刃已加颈。两军短兵相接，骑兵横驰，利刃飞舞。正在酣战之际，马林恐甚，策马先奔。主将马林先遁，副将麻岩战死，余众大溃，全营皆没。明军死者遍山谷间，血流尚间崖下，河水为之尽赤。

努尔哈赤攻下尚间崖马林营，又马不停蹄地驰往飞芬山潘宗颜营。

中国著名帝王

努尔哈赤传

潘宗颜在飞芬山据山扎营，楯车为垒，环列火器，督军坚守。努尔哈赤指挥八旗，令一半兵下马，重甲兵持刀枪在前，轻甲兵操弓矢在后；另一半兵骑马，包围飞芬山步骑冒死前进，仰山而攻。潘宗颜"奋呼冲击，胆气弥厉"。明军后高临下，施发火器。八旗兵虽死者枕藉，但仍必须冒火器。缘山猛冲。潘宗颜寡不敌众，八旗军突破营阵。两军混战、周旋、厮杀、肉搏。炮队迎步兵，铁骑冲炮队；境蜓动荡，血肉横飞。马林"牛头阵"的另一只犄角也被砍掉，潘宗颜营溃战死。其死时骨糜肢裂，惨不忍睹。

时叶赫贝勒金台石、布扬古"约助明兵，与潘宗额合，至开原中固城，闻明兵败，大惊而遁"。至此，明北路马林军，除主将马林仅以救骑逃回开原外，全军覆灭。先是开原道兵备佥事潘宗颜如马林无将才，在出师之前致书经略杨镐：

> 林庸懦，不堪一面之寄，乞易刘帅当此重任，而以林遥作后应，庶其有济；不然，不惟误事，且恐此身实不自保。

杨镐不听，果然马林兵败。

努尔哈赤败抚顺路杜松军和开原路马林军后，初三日，又接到侦骑驰传明总兵刘綎由宽奠进董鄂路、总兵李如柏由清河进虎拦路的警报。他派一支军队往南防御清河路李如柏军；又派主力东出，设伏山谷，以待刘綎军。他安排就绪后，从古尔本来到界凡，杀八牛祭纛告天，庆祝连破两路明军的胜利，并激励将士去迎接新的驰突。

努尔哈赤在界凡祭告后，返回赫图阿拉，亲自率兵四千留守，坐镇指挥同刘綎军的战斗。刘綎，江西人，是明军中与杜松齐名的勇将。他身经大小数百战，名闻海内。他善用大刀，"所用镔铁刀百二十斤，马上轮转如飞，天下称'刘大刀'"。他善弓马，如尝"命取板扉，以墨笔错落乱

141

清剔红海云龙纹茶托

点，袖箭掷之，皆中墨处。又出战马数十匹，一呼俱前，麾之皆却，喷鸣跳跃，作临阵势，见者称叹"。他又嗜酒，每临阵饮酒斗余，激奋斗志。

刘綎受命之后，二月二十五日刚出宽奠，天时不利，风雪大作，三军不得开眼，山谷晦冥，咫足不能辨人。他率领一万余人器械龃龉、又无大炮火器的混杂队伍，同朝鲜都元帅姜弘立、副元帅金景端统领的一万三千人会师后，在不得地利的险远道路上行进。如二十七日"过涉横江，比鸭儿河深广。少有雨水，渡涉极难。鸭儿河凡四渡，深没马腹，水黑石大，人马艰涉。军人各持行装，未到半路，疲惫已甚。所赍之粮，亦已垂尽"。在刘綎驰往赫图阿拉的路上，不仅峻岭险隘，大川萦纡，山径崎岖，丛林密布，而且后金设置路障，坚壁清野。

因后金屯寨埋藏粮谷，宽奠路军粮不继，朝鲜兵尤甚，其"三军不食，今已屡日"。军粮短缺，行军迟缓，至三月初二日始到浑河。浑河离牛毛寨六十里，行军竟三日。这时杜松军和马林军已经败没，刘綎却全然不知。

在这段艰难的行军中，宽奠路军几经小的战斗，"生擒斩获共二百一名颗"，其中除女真游骑外，多为屯寨妇幼。刘綎虽焚克十余寨，"军声大震"，但中了努尔哈赤的诱兵之计："夷贼精兵五百余骑，直逼对山诱战，连诱连退"。

142

明东路宽奠刘𫄧军，进至距赫图阿拉约五十里的阿布达里冈。它位置在今拉法河、加哈河分水岭处的老子沟岭，地形复杂，易于设伏。刘𫄧军陷于努尔哈赤设在阿布达里冈的埋伏之中。初四日，努尔哈赤派去迎击刘𫄧的八旗军互相配合：扈尔汉率五百人诱明军西进；皇太极等率右翼四旗兵，隐伏在阿布达里冈山上的丛林里；阿敏率兵潜伏在冈的南谷，待放过刘𫄧军一半之后，击其尾部；代善等率左翼四旗兵，在冈隘日前旷野正面驰突；又派降顺汉人装扮成杜松军卒，赚诱刘𫄧：

建州兵得杜松号矢，使谍驰给之，令亟来合战。𫄧曰："同大帅，乃传矢，谍我哉！"谍曰："主帅因事急取信耳。"𫄧曰："殆不约传炮乎？"谍曰："塞地烽堠不便，此距建州五十里，三里传一炮，不宕飞骑捷也。"𫄧首肯。

刘𫄧军在阿布达里冈的行进途中，"遥闻大炮三声，隐隐发于东北"，以为西路杜松大军已到。刘𫄧唯恐杜松独得头功，急命火速进军。阿布达里冈一带，重峦叠嶂，隘路险夷，马不能成列，兵不能成伍，刘𫄧督令兵马单列急进。刘𫄧亲率精锐的前锋部队将到阿布达里冈，隐伏在山顶、丛林、溪谷中的后金伏兵四起。阿敏等率兵突击，将刘𫄧军拦腰切断而攻其尾部。皇太极等率兵从山上往下驰击，似山洪暴泄，漫山冲杀。这时努尔哈赤设计诱骗刘𫄧：

奴酋设计诱之，用杜松阵亡衣甲、旗帜，诡称我兵，乘机督战。𫄧始开营，遂为奴酋所败。

后金军里迎外合，首尾齐击，弥山满谷，四围厮杀。刘𫄧奋战数十合，力竭败死。其养子刘招孙冲突力救，亦死。

东路宽奠军主将刘綎身死兵败。后有数千浙兵败屯山上，据目击者说："湖数百骑驰突而上，浙兵崩溃，须臾间厮杀无余，目睹之惨，不可胜言"。阿布达里冈的刘綎军失败之后，代善等移师富察，进击监军康应乾统领的刘綎余部及助明作战的朝鲜兵。在明监军乔一琦的督催下，姜弘立率朝鲜兵于四日到达富察。

都元帅姜弘立下令军队分左、中、右安营，自驻中营。营刚扎下，代善等统领数万骑兵冲向富察，漫山蔽野，烟尘涨天。康应乾和乔一琦瞬间兵败，乔一琦奔向朝鲜兵营。当朝鲜左右营兵铳炮初放，还没有来得及再燃的时候，后金骑兵已突入营中。朝鲜的兵卒，披纸做甲，柳条为胄，饥馁数日，焦渴并剧，"欲走则归路断绝，欧战则士心崩溃"，无可奈何，都元帅姜弘立、副元帅金景瑞投降。明监军乔一琦走投无路，投崖而死。

明军抚顺路、开原路、宽奠路相继败北，经略杨镐急檄清河路李如柏回兵。李如柏怯懦蠢弱，出师晚，行动缓，还没有同后金军交锋。他接到杨镐檄令后，急命回师。后金牛录额真武理堪，受命率二十名哨骑在虎栏山巡逻，见李如柏退师，机智地斩杀四十人，获马五十匹。致使明军大乱。据《清史列传·武理堪》所载：

> 武理堪率二十骑至呼兰山，见敌军行山麓，乃于山巅驻马大呼，弓手四顾为指麾伏兵状。敌望见惊溃。武理堪遂纵骑疾驰击之，斩四十人，获马五十，敌相蹂躏，死者千余。

《满文老档》和《满洲实录》中也作了类似的记述。上述记载，虽不免张饰，但可以看出李如柏退师时"草木皆兵"的惊惶之状。

李如柏退师之后，明朝言路极愤，劾其与努尔哈赤有香火情，所以李如柏逗留观望，努尔哈赤也一矢未加。户科给事中李奇珍疏劾李如柏娶努尔哈赤之弟舒尔哈赤女为妻，现生第三子，有"奴酋女婿作镇守，未知辽东落谁手"之谣。李如柏逃回清河，后下狱自裁。

努尔哈赤与经略杨镐、后金与明朝，在双方决定雌雄的萨尔浒之战中。以后金军的胜利和明军的溃败而告结束。这次战役，明军损失重大，据统计，明军文武将吏死亡三百一十余员，军丁死亡四万五千八百七十余人，阵失马、骡、驼共二万八千六百余匹。明军在萨尔浒之战中所以失败，主要由于政治腐败、军事废弛、将帅不和、指挥失算。

清代碧玉瑞兽宝瓶

辽事之错，在经略、拒部、辅臣以至于万历帝腐败不堪。明浙江道御史杨鹤上萨尔浒之败疏言：

辽事之失，不料彼己，丧师辱国，误在经略；不谙机宜，马上催战，误在辅臣；调度不闻，束手无策，误在枢部；至尊优柔不断，及至为自误。

同僚认为杨鹤疏言过鲠，他便引院辞职。杨鹤所言朝廷之谬误，系失败的主因，是颇有见解的。明军之失利，固然与前线将领的指挥不当和怯战惧敌分不开的，但更重要的因素是明王朝的腐败。除了前面讲到的朝廷暴政乱政，盘剥欺凌兵民，丧失人心，使征战难以获胜的这一根本前提

外，明政府用兵方针、策略、任命将帅的谬误，是导致"辽事之误"的主要原因。首先，任帅非人。被廷臣赞称"熟谙辽事"特别起用为经略、兵部右侍郎的杨镐，实际上却是一个不谙兵法、胆怯怕死，以权谋私、谎报战功、贻误军机的庸帅。

杨镐曾任朝鲜经略，集兵四万，加上朝鲜兵，进攻屯驻岛山的倭寇，因其援兵赶来，"镐大惊，狼狈先逃，诸军继之，贼前袭击，死者无算"。史称"是役也，谋之经年，倾全国之力，合朝鲜通国之众，委弃于一旦，举朝嗟恨"。杨镐却不知羞耻，隐瞒败将，将这次"士卒死亡殆二万"的大败，"诡以捷闻"，遭人揭发，差点被斩。这样一个贪生怕死、丧师辱国、讳败冒功的劣官，竟被文武大臣捧为克敌制胜、安国定国的大帅，从一个闲官提升为兵部左侍郎兼右佥都御史，荣任辽东经略，怎能不贻误军机？

庸帅必用劣将。放纵声色的纨绔子弟李如柏，因系已故宁远伯、辽东总兵官李成梁的第二个儿子，在辽东总兵张承荫战殁之后，为"文武大臣英国公张惟贤等合疏荐"，被帝起用为辽东总兵，杨镐即委其为南路主将。贪生怕死的李如柏，畏惧强敌，行进迟缓，致杜松孤军深入败殁。

北路军主将原任总兵马林，乃一虎父犬子的不肖子孙，马林之父马芳，行伍出身，"有胆智，谙敌情，所至先士卒"，身经百战，军功累累，"擒部长数十人，斩馘无算，威名震边陲，为一时将帅冠"，任至左都督、总兵。马林荫父之威，历任参将、副总兵、辽东总兵，"时誉藉甚，自许亦甚高"，明廷信其虚名，用为主将。

监理马林北路军的开原兵备佥使潘宗颜看出马林庸懦本相，上书经略杨镐说："林庸懦，不堪当一面，乞易他将，以林为后继，不然必败。"杨镐拒其建议，致作战之时，马林慌恐万分，"一战而败，策马先奔"。东路军主将刘𬭎勇猛过人，杨镐却对其百般压抑，少拨兵马，督其速进，致其全军覆灭。

萨尔浒战前，明军临时征调，仓促赴战，粮饷不继，器械钝朽，援兵号泣，将领叛逃。如新调到的援兵皆"伏地哀号，不愿出关"。明军不但援兵啼号，而且援将脱逃，如：

陕西固原游击佟国祚，领兵授辽，于万历四十六年九月二十八日，师次昌平，国祚闻伊父原任总兵鹤年降奴，遂萌叛志。给各官领兵先行，至二十九日，又诡称家人佟六汉亡，即差牢投邵进忠等分投追赶，国祚遂得只身轻骑脱逃以去。

明军帅与将和将与将之间，心怯而忌，气骄而妒，如杜松同刘綎争魁，马林同杜松互妒，潘宗颜对马林不满，刘綎对杨镐怨恨，等等。而刘綎对杨镐不悦之色，溢于言表。朝鲜都元帅姜弘立和刘綎的下述对话，可见一斑：

臣问曰："然则东路兵甚孤，老爷何不请兵？"答曰："杨爷与俺自前不相好，必要致死。俺亦受国厚恩，以死自许，而二子时未食禄，故留置宽田〔佃〕矣。"臣问曰："进兵何速也？"答曰："兵家胜筹，唯在得天时、得地利、顺人心而且。天气尚寒一不可谓得天时也；道路泥泞，不可谓得地利也；而俺不得主柄，奈何？"颇有不悦之色。

经略杨镐指挥失算，是明军萨尔浒之败的直接原因。杨镐既不察敌情，不听谏言，也不熟谙地理，不亲临战阵。他虽议兵分四路，分进合击，却分散兵力，击而未合。这击而未合，便使明军由战略上的优势，变为战术上的劣势，从而导致四路出师，两双败北。

后金军在萨尔浒之战中所以获胜，固然有明朝政治腐败、军事废弛、将帅不和、指挥失算等外部因素，也有后金上下一致、将领智勇、兵马精

清代陵寝的月牙城

强、部民支持等内部因素。但是，更为重要的是努尔哈赤指挥得当。满族杰出的军事家努尔哈赤，在萨尔浒之役中的卓越功绩，在于他谨慎地利用了上述外部和内部

的因素，巧妙地抓住了杨镐产生悲剧的各个特殊环节，充分地发挥了自己的聪明才智。

第一，侦察敌情，判断正确。同杨镐不料彼已相反，努尔哈赤重视查探敌情。他通过哨探、谍工、商人等多种途径，对明军的统帅、主将、兵力、分路、师期等都有所了解。尤其在各路哨骑报警时，他能够把握关节，制定主攻方向，确定首先以杜松军为迎击的重点。

第二，集中兵力，各个击破。明军向赫图阿拉进攻，总兵数十万余人，号称四十七万。后金军投入作战的兵力，据《满文老档》记载，仅有八个旗，约六万人。如将筑界凡城的夫役一万五千人计入，也不过八万人左右。后金军在数量上少于明军。但努尔哈赤在诸路告警时，东路派兵五百人御敌，南路派二百兵防守，北路文献缺载，也不会太多。他确定"凭尔几路来，我只一路去"的原则，集中兵力，迎击明军。努尔哈赤每战以三倍或四倍于敌的兵力，将明军逐路击破。这就使后金军在战略上的相对劣势，变为在战术上的绝对优势。

第三，铁骑驰突，速战速决。这是努尔哈赤在萨尔浒之战中，克敌制胜的重要法宝。他统率骑兵，速战速决，即在明军合围前的四天之中，第一天败杜松军，第二天破马林军，第三天设伏准备，第四天灭刘綎军。如

果后金军行动迟滞一天或两天，那么战局或会逆转。

第四，诱敌入伏，以静制动。努尔哈赤军事指挥的一个特点是利用地形，诱敌入伏，以静制动，夺取胜利。如他计诱刘綎入伏，以逸待劳，以静击动，将其在行动中加以消灭。

第五，亲临战场，全民行动。后金兵民，融为一体，共同反击明军的进攻。即在边远山区屯寨，也能埋藏粮谷，坚壁清野，遍设路障，抗御明军。同时，努尔哈赤在萨尔浒之战中，亲临战阵，策马驰突，冲锋陷阵，调度指挥。

努尔哈赤在萨尔浒之役的整个过程中，自始至终掌握着战争的主动权。尤其是他在明军合围之前，集中优势兵力，逐路击破明军，表现了卓绝的军事才能。萨尔浒之战是努尔哈赤军事指挥艺术一次精湛的表演。

八旗将士铁骑威风，代善当机立断，谓帝说"吾当领兵前进"，即策马迎敌，直入其营，诸贝勒亦不顾汗之命令，与二固山将士"并力杀人"，另外六个固山将士亦飞奔袭击，此时，努尔哈赤并未坚持下马步战命令，听任代善挥军冲杀，终于迅速大败马林军。

当三月初一日早晨，哨探禀报明兵分别从抚顺关路和从栋鄂路而来时，努尔哈赤果断判定，明朝令我预见南方之兵，"是诱吾军南敌，其大兵必从抚顺关来，当先战此兵"，遂下令八旗将士迎敌抚顺明军，而南方只留原已安排的五百名兵士防御。这个判断和决定，非常英明，如果判断失误，以为栋鄂路之明兵是其主力，八旗军前往迎战，则抚顺路杜松军便可乘虚而入，直捣费阿拉了。

总的来说，一边是腐败的明朝政府，赋重役繁，国穷民贫，君昏相庸，帅劣将怯，士气不振，人心思乱，指挥谬误；另一边是新兴后金，统帅英明，用兵有方，将士奋勇，因此萨尔浒之战，自然是只能以明军惨败，后金大胜来结局。

萨尔浒之战，影响巨大。这一仗，给明朝政府以重大打击。明朝政府人马

物资损失惨重，共有总兵、副总兵、参将、游击、都司、守备、中军、千总、把总、道员、通判等官三百一十余名阵亡，阵亡军丁共四万五千八百七十余名，马、骡、驼死亡十万八千余匹，枪炮火药丢失无数。

明兵部尚书黄嘉善于万历四十七年（天命四年，1619年）三月中旬奏述损失之大时说："向奴酋发难以来，奉旨后先起六七宿将，调募精锐几十万余，不虞其大帅殒者四，道臣死者一，士马物故亦复过半，器械刍粮其折而人于奴者，又不知凡几。"

这一仗让努尔哈赤正式打出了"后金国汗"或"后金国皇帝"的国名汗号，公开宣布与明朝分庭抗礼，并肩称朕。天命三年（1618）四月打下抚顺，努尔哈赤遣被俘汉人送致明朝"七大恨"文书时，自称建州国汗。此时努尔哈赤已经敢于用"建州国汗""建国"来与明朝、朝鲜打交道，也就是说正式宣布不再是明帝臣仆，废除了过去隶属明帝的君臣关系。但是，这时还是"建国"，"建州国"，而"建州"之词，来源于明永乐帝敕封的"建州卫"，还是有些遗痕。因此，过了一年，天命四年（1619）三月萨尔浒大捷之后，努尔哈赤就自称"后金国""后金国汗""后金国皇帝"了。

天命四年（1619）四月，努尔哈赤遣使致书朝鲜国王，其书称："天命二（四）年后金国汗谕朝鲜国王，枚数七宗恼恨"。国王传示备边司："奏文中后金汗宝，以后金皇帝陈奏，未知如何？"备边司回奏："胡书中印迹，令解篆人申汝櫂及蒙学通事翻解，则篆样番字，俱是后金天命皇帝七个字。"这里第一次出现了"后金国汗""后金天命皇帝"，而且既有书信，自称"后金国汗"，还有"汗宝"，有"后金天命皇帝"之印，可见，这时努尔哈赤才开始在对朝鲜交涉中第一次抬出了"后金国"的国号和"后金国汗""后金天命皇帝"的汗号。

朝鲜立即将建州僭称向明朝报告，明人大惊，稍晚一点儿，努尔哈赤攻下开原、铁岭，灭掉叶赫以后，遍发招降榜文，劝诱辽民归顺。明经略熊廷弼于万历四十八年（1620）六月戊申上奏说：

奴贼招降榜文一纸，内称后金国汗，自称曰朕，皆僭号也。大略贼自言为天所佑，中国为天所怪，谕各将率城堡归降。

努尔哈赤第一次对辽东军民使用了"后金国汗"的称号，抬出了"后金国"，意义重大。

在此之前的"建州国汗"，虽然已有了国名和汗名，但毕竟还是自"建州三卫"演变而来，可以理解为努尔哈赤是辖领建州女真之汗，只是割据边外僭称为王为汗的一部酋长，最多不过像蒙古察哈尔部林丹汗而已，在当地称孤道寡，有时进边抢掠人畜财帛，并未对明朝直辖版图有领土野心。

可是，"后金国""后金国汗""后金国皇帝"的含义却显然不同了。后金国，意味着此乃金国之后裔建立的国家，其祖先是金国。昔日的金国，可非中原正统王朝之边外小部，而是大军南征，掳去北宋徽宗、钦宗二帝，随即形成南宋与金对峙，占有半个中国的大金国，宋朝的燕云十六州悉皆变为金国领地，北京成为金帝之国都。努尔哈赤将其辖地命名为"后金国"，自称"后金国汗""后金国皇帝"，岂不是表明要与明帝分庭抗礼，相提并论，且称明朝为南朝，照此下去，不要说辽东都司应该为其吞并，就是包括北京在内的华北地区也应隶于彼之辖领之下，号称"天朝天皇帝"的明神宗，只好逃往黄淮之南，迁都杭州或南京了。

这可是天大的噩耗！难怪明经略熊廷弼在奏报"奴酋"僭号招降榜文时，因其榜文辱我君父而愤怨忧郁，致忽尔昏仆。万历皇帝也愤怒惊恐交加，谕中外臣工说"逆贼出榜招降，横肆诟侮，朕心深切愤恨"。努尔哈赤自称"后金国汗""后金国皇帝"，显示了其有进占辽东甚至侵入关内的意图，使明朝君臣大为惊恐。

第八章　攻占辽东

乘胜再进

在萨尔浒之战中努尔哈赤打败明军，缴获的战利品堆积如山。努尔哈赤于是在费职权拉大摆庆功宴，大贝勒代善、二贝勒阿敏、三贝勒莽古尔泰、四贝勒皇太极，还有投降的朝鲜都元帅姜弘立、副帅金景瑞六人陪同努尔哈赤坐在一起，其余的八旗贝勒，大臣分坐八处，庆功宴会开始举行，努尔哈赤还让将缴获的战利品堆积成八处，按军功分配给各旗，宴后，努尔哈赤命令士座进行休整，并等待时机，好攻占开原铁岭。

萨尔浒三路败绩报至京师，吏民惊愕，举朝震惊。言官频上刻章，要求追究丧师责任；官吏收拾细软，准备遣送眷属南逃；商民惶恐不安，京城九门辰开午闭；部院官员戍守，稽防后金谍工潜入。

但是，朝廷在一片埋怨和混乱之中却拿不出扭转辽东局势的对策。大学士方从哲在萨尔湖之败的当月，疏请万历帝"即日出御文华殿，召集文武百官，令各摅所见，备陈御虏方略，庶几天威一震"。他在奏疏中分析三路丧师之后的形势。

> 军气日益灰沮，人心日益惊惶，开原商贾士民逃窜几半，宽、叆城堡奔溃一空，辽之为辽真岌岌乎有不可保之势矣！

但是，他的疏言留中不报。

萨尔浒丧师过去二个月之后，明廷对辽东局势并未做出有力的决策。

努尔哈赤见时机有利，便乘胜率军进攻开原。开原是一座古城，辽左三面临险，而开原孤悬一隅。它东邻建州，西接蒙古，北界叶赫。开原不仅是明朝同蒙古和女真经济文化交流的重要场所，而且是明廷在辽东对抗蒙古贵族和女真贵族南进的前沿堡垒。

清代银壶

努尔哈赤进兵辽、沈，自然要先摧毁明朝孤悬的堡垒开原。万历四十七年（1619年，天命四年）六月初十日，努尔哈赤率八旗军四万人往征开原。他兵分奇正两路：以小股部队直奔沈阳为疑兵，沿途杀三十余人、俘二十人以虚张声势；主力部队进靖安堡，于十六日突抵开原城。时明开原道韩原善不在署，以推事官郑之范摄道事。

原总兵马林、副将于化龙、参将高贞、游击于守志、守备何懋官等率兵戍守。郑之范"赃私巨万，天日为昏"，异常贪暴，素失军心。城中守军腐败不堪，毫无斗志，兵无粮饷，马缺草料，逞现兵逃马倒的混乱情况。据载：

> 赴署开原兵奋事推官郑之范处领草、豆，并无升束。马食蒭杆，一日而倒死二百四十九匹。把总朱梦祥到开原领钱粮，一月不给。各军衣物尽变，马倒人逃，离城草茂之处，趁青喂养马匹，贼至，猝不及收。

努尔哈赤事先派谍工到开原，对其内部的军队多寡、兵立勇怯、粮饷虚实、将吏智庸都了如指掌，尤其是探知守军到城外远处牧放马匹，便乘虚突然率兵围城。当时马林同蒙古介赛、暖兔订有盟约，他们答应后金进

153

攻开原时出兵相援。马林依恃盟约而不设防。

八旗军驰抵开原城下，马林来不及布防，郑之范等慌忙登城守御，并在四门增兵。八旗军一面在南、西、北三门攻城，布战车、竖云梯，鱼贯而上，沿城冲杀，杀得城上守兵溃散；一面布重兵于东门，进行夺门搏战。由于后金派进的谍工开门内应，八旗兵得以顺利地夺门进城。摄道事郑之范临阵仓皇，下城乘马带家丁从北门逃窜，后被逮，死狱中。

开原城陷，于化龙、高贞、于守志等皆死，马林被斩。马林之父马芳，由行伍出身而升为大帅。马林由父荫官参将，后为辽东总兵官，但自许甚高，并无将才，纸上谈兵，终致败死。八旗军占领开原城后，努尔哈赤登上城，坐南楼，举目四眺，阅览形胜。他以声东击西、乘虚而攻、步骑摧坚、里应外合的策略，智取开原。

曾任明兵部尚书、辽东经略的王在晋说："开原未破而奸细光潜伏于城中，无亡矢遗镞之费，而成摧城陷阵之功。奴盖斗智而非徒斗力也。"这对努尔哈赤以智谋取胜，是一例很好的说明。后金军夺占开原之后，志骄气满，夜醉如泥，纵掠三日，满载而归。据明人记载，开原"城大而民众，物力颇饶，今住城中，用我牛马、车辆，搬运金钱、财货，数日未尽，何止数百万"。《满文老档》也记载，后金夺取开原，将虏获的财宝、金银、布匹、粮食等，用马骡驮载，牛车装运，竟达三日夜。然后放火焚烧了开原城的衙署、房舍、仓廪、楼台。

后金将虏获的财物运至界凡城，按军功大小进行分配。如

金銮殿

一等的困山颜真、诸大臣等各分银二百两、金二两；二等的困山颜真、诸大臣等各分银一百两、金二两；以下三至八等，各分银都有差别。智取开原之后，努尔哈赤更为重视对降服汉官的政策，他说"彼知天意佑我，又闻吾国爱养人民，故相继来归耳"。

明原任开原城千总王一屏、戴集宾、金玉和、白奇策等六人，因妻子被掳，投降后金。他们被赐各五十人，各马五十匹、牛五十头、羊五十只、骆驼二头，各银五十两，各缎布若干匹。其随从人员也被赐予妻仆、耕牛、乘马、衣物、粮食、田庐、器用等。

这个优厚投降后金汉官的政策表明，努尔哈赤要分化明朝官员，收买汉族地主，进占更多的辽东城镇。七月二十五日，努尔哈赤继夺取开原之后，又率领贝勒大臣统兵五六万人，出三岔儿堡，围攻铁岭。铁岭是明朝沈阳北部的重要城堡。堡垒是最容易从内部攻破的。努尔哈赤为了从明军内部攻破堡垒，不惜重金收买明军中的叛徒，使铁岭守军陷于腹背受击的地位。

先是同年四月，明廷派李如桢为辽东总兵官。李如桢为李成梁第三子，由父荫为指挥使，官至右都督，并在锦衣卫，曾掌南、北镇抚司。如桢虽将家子，然未历行阵，不知兵。他受命之后，借父兄权势，又以锦衣近臣自诩，未出山海关，就遣使与总督汪可受讲钩礼，闹得朝议哗然。既抵辽东，经略杨镐以其为铁岭人，派他守铁岭；不久，又令李如桢屯驻沈阳。铁岭仅以参将丁碧等领兵防守，兵力更加单弱。因此，努尔哈赤把丁碧作为饵下游鱼。后金汗是在深知明军将领之间的矛盾及铁岭城守空虚后，才带兵围城的。他坐在铁岭城东南的小山上，指挥八旗军的步骑攻城。

城上游击喻成名、吴贡卿、史凤鸣、李克泰等率军坚守，放火炮，发矢石，八旗兵死伤很多。努尔哈赤派兵竖起循梯，登城毁陴。同时，被收买的明参将丁碧开门迎敌，引导八旗军进城。明游击喻成名等因外无援

兵，内有叛徒，城陷后阵亡。努尔哈赤通过明军中的叛徒，从内部攻破堡垒，智取了铁岭。然而，总兵官李如桢未能闻警驰援，是明失去铁岭的重要原因。

据辽东巡按陈王庭参劾李如桢：

据七月二十四日酉时，署铁岭游击李克泰以虏入三岔儿堡，紧急夷情飞报李如恢矣。闻虏距边只十四五里，设使亲提一旅，衔枚疾趋，一夜可度铁岭，虏闻援至，自不得不解铁岭之围，何乃缩胸观望，延至二十五日申时方抵新兴铺，俟贺镇守兵至方才合营，而铁岭于是日辰时陷矣。

熊廷弼

努尔哈赤攻占铁岭时，消灭军士四千余人，并在城乡掳杀平民万余人。努尔哈赤打到现在可以说是踌躇满志，正准备进行扩大战果的时候，形势又发生了急剧变化，这是因为明朝辽东，经略熊廷弼来到辽阳。

熊廷弼的到来，使后金汗进取辽沈计划遇到了困难。努尔哈赤召集诸贝勒大臣及李永芳等人，会议进取方略。据熊廷弼获明生员降顺后金并为其谍工的贾朝辅，同年八月的供词称：

本月初十日，降主会集诸部各头目及李永芳等，问此番攻取何先？或曰当先辽阳，倾其根本；或曰当先沈阳，溃其藩篱；或曰熊经略已到，彼必有备，当先北关，去其内患。降主曰："辽已败坏是此，熊一人虽好，如何急忙整顿兵马得来！"李永芳曰："凡事只在一人，如憨一人好，事事都好。"降主曰："说得是。我意亦欲先取北关，免我内顾。将来好用全力去攻辽、沈。"

石望主

　　上述供词中的降主，即努尔哈赤。熊廷弼经略辽东，打乱了努尔哈赤拟定的进军日程表。他根据辽东局势的变化，重新做了部署。北取叶赫，西抚蒙古，等待时机，攻取辽、沈。

　　杨镐丧师，明廷于三月二十三日起用熊廷弼立慰辽东。明朝三路丧师，辽东告警。吏部尚书赵焕率领廷臣诣文华门，具公疏跪请万历帝召见群臣，共议辽东战守长策。至暮，始遣中官以帝疾谕之退。赵焕等再流趋万历帝御文华殿听政，疏言：

　　他日蓟门蹂躏，敌人叩阍，陛下能高枕深宫，称疾谢却之乎？

　　于是，明廷在群臣促议之下，终于起用原任御史熊廷弼为大理寺丞兼河南道御史，宣慰辽东。

　　熊廷弼，字飞百，江夏（今武昌）人，万历二十六年（1598）进士，后任御史。他身高七尺，雷厉风行，能左右射，有胆知兵，刚直不阿，严

明有声。万历三十六年（1608）巡按辽东。他在巡行金州路上，有一个同城隍神作斗争的故事："岁大旱，廷弼行部金州，祷城隍神，约七日雨，不雨毁其庙。及至广宁，逾三日，大书白牌，封剑，使往斩之。未至，风雷大作，雨如注，辽人以为神。"这个传说活灵活现地反映出熊廷弼敢于斗争的无畏精神。时巡抚赵揖、总兵李成梁放弃宽奠八百里给建州，并将六万民户焚舍内徒。熊不畏权责炙炎，疏劾二人罪状。他在辽数年，杜馈遗，核军实，按劾将吏，不事姑息，风纪大振。后党争案起，熊廷弼回籍听勘。

时廷弼家居，闻命后，每昼夜兼驰二百余里，赴京清敕书、关防，但两上奏疏，不即给发。六月二十二日，擢为兵部右侍郎兼右金都御史，经略辽东。至七月初七日，始陛辞赴辽。时开原已失，刚出山海关，铁岭又陷。熊廷弼于二十九日抵辽阳后，展现在面前的是一幅残破凋敝的画面：

官将：明自丧败以来，辽军总兵以下官将死者五六百员，降者百余员，辽将、援将已是一扫净尽，今残兵零碎，皆无人统率；幸存者也是终日兀兀，畏敌如虎。

兵士：辽军中的残兵，身无片甲，手无寸械，随营糜饷，装死扮活，不肯出战；额兵，或死于征战，或图厚饷逃为新兵；募兵，多

清代《斗蟋蟀图轴》

为无赖之徒，不习弓马，朝从甲营领出安家月粮，而暮投乙营点册有名；援兵，更为滥竽充数，弱军朽甲，不堪入目。这五六万辽兵，各营逃者日以千百计，且人人要逃，营营要逃。

辽民：辽东人民在一年之间或全城死，或全营死，或全寨死，或全家死。军散之日，辽、沈余民放声大哭，魂魄虽收，头颅犹寄。人有百死而无一生，日有千愁而无一乐，家家抱怨，人人思逃。逃难的饥民，吃草根、树皮度日，草根、树皮吃尽，竟然父子相食。

军器：明自清抚失陷以来，百年所藏储的盔甲、弓刀、枪炮等军器，一空如洗。坚甲、利刃、长枪、火器丧失俱尽，今军士所持，弓皆断背断弦，箭皆无翎无镞，刀皆缺钝，枪皆顽锈。甚至在辽阳校军场受验的近三万兵士中，有的全无一物，借他人残盔朽甲应付；竟有两万多人戴毡帽、着夹衫，徒手应战。

粮饷：到户部领粮饷，连续三个月，俱不发给。熊廷弼说："岂军到今日尚不饿，马到今日尚不瘐不死，而边事到今日尚不急耶！军兵无粮，如何不卖袄裤什物，如何不夺民间粮窖，如何不夺马料养自己性命，马匹如何不瘐不死！"

战马：辽东原有战马数万匹，兵败之后，一朝而空。所余马匹羸损不堪，除因短料缺草外，"率由军士故意断绝草料，设法致死，图充步军，以免出战。甚有无故用刀刺死者"。

熊廷弼面对敌强我弱、危在旦夕的险恶形势毫不畏惧，在大学士、兵部尚书等达官大僚畏敌成疾纷纷引病告退的浪潮冲击下他毅然挺立，逆流而进，力挽狂澜，担起了拯救危辽的艰难重任，在短短一年里，彻底扭转了危局，稳定了辽东，巩固了边防，增强了军力。这个奇迹之所以能够出现，主要有以下三个原因：

其一，熊廷弼不畏艰险，亲自巡视边境城堡，收拾残局。熊廷弼尚未出京，开原失陷，刚出关，铁岭又失，沈阳及诸城堡，军民一时尽窜，辽

阳汹汹。他虽然仅仅带了几百名疲弱士卒，却并不畏难而退，反而兼程前进。八月刚抵辽，即令金事韩原善往抚沈阳，但韩怯不敢行。继命金事阎鸣泰去，阎至虎皮驿（沈阳城南），不敢前行，痛哭而返。熊廷弼乃躬自巡历，自虎皮驿，抵沈阳，复乘雪夜赴抚顺，总兵贺世贤以抚顺离建州太近，恐有危害，力行谏阻。

熊廷弼泰然自若地说"冰雪满地，敌不料我来"，遂击鼓吹奏，堂而皇之进入抚顺。这时，兵燹之后，数百里无人迹，熊廷弼祭悼死难兵将士民，招流移，缮守具，分置士马，耀兵奉集，相度形势而还，这对稳定民心，振作士气，起了很大作用，因而"人心复固"。几个月以后，为了巩固东南防务，熊廷弼又从奉集至咸宁，历叆阳、宽奠，缘鸭绿江岸抵镇江城，复迂道看险山旧边，转渡夹河，登凤凰山寻莫利支屯兵处，再从镇夷、镇东、甜水站而归，往返十三日，行走千余里。

其二，制定正确的抗敌方针。早在万历四十七年（1619）六月，熊廷弼即上疏，力言辽左为京师肩背，欲保京师，辽镇必不可弃，河东（辽沈）为辽镇腹心，欲保辽镇，河东必不可弃，开原为河东根本，欲保河东，开原必不可弃。十一月，熊廷弼在巡视边城、观察形势并反复思考以后，上呈《敬陈战守大略疏》，提出以守为稳着，守正以为战的保卫辽东的根本战略方针以及几项重要措施。

一是分布险要，以敌之出路为我之入路，此路有四，东南路为叆阳，南路为清河，西路为抚顺，北路为柴河三岔儿之间，每路设置重兵，以为今日防守和他日进攻之备。每路设兵三万，设裨将十五六员、主帅一员。每路军布为前、后、左、右、中五营。在镇江设兵二万、裨将七八员、副总兵一员。再于辽阳设兵二万，海州、三岔河设兵一万，金州、复州设兵一万。共设兵十八万。

二为守战之法。每路军，首尾相应，小警自为堵御，大敌互为应援。如与贼对垒，前锋迎战，中军继之，左右营横击之，后军殿之，使各路自为一分合奇正，以当一面。如贼与一路相持，在西路相持时，则南路、北路军出奇以击之，东南路军全力以捣之。若在南路相持，则东南路、西路军出奇以台之，北路全力以邀之。使各路总为一分合奇正，以成全局。

三是马匹粮草。十八万兵，一兵岁计饷银十八两，共该饷银三百二十四万两。其中，每军月给本色粮五斗，该粮一百零八万石，每马日给豆三升，马九万匹，该豆九十七百二千万石，草二千一百六十万束。运输粮草的水陆运费、车牛人工费，不在军费三百二十四万两之内。

四是战车火器盔甲弓箭等等军中必不可少之物，需尽力备办。

万历皇帝览疏后降旨批示："览奏，审度贼势，分布战守方略，颇合机宜，防守既固，徐图恢复进剿，尤是万全之策。所有兵马粮饷，着该部多方措处，毋致缺乏。"各省镇应调兵将，着从速遣发，挑选精锐，不许以瘦弱搪塞。

这套战略方针及布置是比较正确的，发挥己长，克敌所短。后金军善骑射，士气高昂，惯于猛冲猛打，交战之时，万马飞驰，铁骑冲突，如

福陵西红门外的神龟流泪石雕

风如火，瞬息而至，箭射刀劈，敌不及防，片刻即亡。萨尔浒之胜，即系一例。但是八旗军缺乏火器，长于野战，短于攻坚，遇建深堑宽濠高墙坚城，骑兵难以施展，只有使用计策，诱敌出战，乘机歼灭，或纵间入城，开门内应，趁乱而入。

开原之失，就是智取的成功。明军大败之后，斗志不旺，弓箭不佳，但火器众多，凭借坚固城池，据险扼守，以逸待劳，便可克服不善野战的短处，发挥枪炮的威力，依靠人多地广资源丰富的优越条件，打一场比资源、拼物力人力，以守为主，由守而战的持久战，就能抵消敌之长处，暴露对方弱点，发挥自己的优势，挡住后金军的进攻，守住城池，稳定战局，再伺机而进。

美中不足的是没有突出凭借大炮枪铳闭城固守的关键因素，守为稳着。这是对的，是此时对付后金的正确方针，充分发挥火器之威力，是能守的重要依据，但是，怎样才能守住？怎样才能充分发挥火器威力？最好的办法，也是唯一行之有效的办法，就是固守坚城，大炮枪铳齐放，才能守得住，才不致被敌军冲垮，在城外设营防御，靠营的火力，是挡不住后金军铁骑冲击的。后来沈阳、辽阳之失守，宁远闭城固守之成功，从正反两个方面证实了这一点。

其三，征兵调将，赶制器械，修建城堡。

虽然熊廷弼的议兵十八万、马九万匹、饷三百二十四万两的战守方案得到了明神宗朱翊钧的批准，但兵马饷银并不会凭空而降，各方横加阻挠，援兵饷银迟迟不来。熊廷弼心急如焚，不断上疏，恳请皇上降旨催促，明神宗对此倒还不算糊涂，多次谕令兵部、户部、工部从速办理，解往辽东。

万历四十七年（后金天命四年，1619年）十二月，熊廷弼上疏催兵说"兵部所调援兵，俱是纸上虚数，十无一二到辽阳者"。兵部陆续来咨，大约说是征剿失利按臣报阵亡者四万五千余名，现存

四万二千三百六十余名，续到川兵一万零五百三十二名，巡抚招募兵一万四千二百五十八名，先调已发未出关的湖广兵一万五千名，兵部续调兵一万七千五百名，其中已出关兵七千零六名，已发未出关兵二千七百名，见催未发兵七千七百四十余名。"总计辽左见在已到兵共七万四千二百余名"。再议调蓟、宣、真、保、延、大各省镇及祁、鲁二家兵一十万一千六百五十名，又于大同、延绥、宣府、山西、宁夏、固原、昌平各镇"共募兵二万名"。此系兵部六月三十日题过清数。但是，自七月到十一月止，大同、保定、河间、山西、蓟镇、真定、天津、宣府、甘肃、山东、青州各镇兵到辽阳者，"总计一万五千一百二十八员名"，扣除留存广宁的三千一百四十名及逃敌一百三十名外，实到辽阳的只有一万一千七百二十七员。并且，兵部咨文中所说巡抚招募兵一万四千二百五十八名，其中汰去一千九百八十四名，逃去二千三百余名，一部分存广宁，实到辽阳者，只有二千人。

熊廷弼又说，辽阳与自在州南北连城九门二十余里，共三千余垛，除民兵摆守外，每垛需贴步兵二名，共"应贴六千余名"。每二十五垛扎兵一队为游兵。两项应置兵"一万二千余人"，今只有残兵八千余人，"贴守尚少三千余人"。城内每面"应置马兵二千人为游骑"，四面为八千人，今只有兵五千余人。城外扎营，只有川兵一万一千余人。此外，总兵贺世贤领马步兵一万余人，总兵柴国柱领马步兵一万余人，总兵李怀信领马步兵七千余人，分驻虎皮驿、三块石等处。

兵马实在太少。熊廷弼恳请皇上严敕兵部急速催督各镇将奉调兵将限期赶到辽东。

堂堂辽东军事重镇的辽阳，九个城门，周长二十余里，城内只有步兵八千余人、马兵五千余人，城外有兵一万一千余人，合计共两万五千人，怎能防御后金劲旅？

万历皇帝读过熊廷弼奏疏后，下旨说"据奏，前此议调援兵，多未出

沈阳故宫的石雕龙

关，凭何调遣防御"，着"兵部即便马上差官严催"，违命者，"领兵官依律治罪。抚镇道臣一并查参"。

兵部见经略一一举出到辽之兵实数，不敢再隐瞒，只好立即回奏，承认咨报出关兵九万八百一名中，"已经起程兵共一万一千八百九十二名"，"见调未经起程兵四万六千余名"，"此外尚少三万余名"，"急宜选发"。

经过熊廷弼多次上疏督催，兵部奉旨紧急招募调集，很快就改变了兵少又弱的状况，从区区二三万败残之卒，增加到拥兵近二十万的庞大军队。

熊廷弼深知火器战车尤其是大炮御敌威力之大，于万历四十八年正月上疏，请造战车运送大炮说"奴贼战法，死兵在前，锐兵在后。死兵披重甲，骑双马冲前"，"锐兵从后杀之"，"此必非我之弓矢决骤所能抵敌也，惟火器战车一法，可以御之"。现在正在赶造"双轮战车"三四千辆，"每车载大炮二位，翼以步军十人，各持火炮，轮打夹运，行则冲阵，止以为营"。现在存有的大炮，不及所需之数十之一二，且要留为守城之用，奏请将京师"各厂局、戎政府存贮大炮，查发三千位"，并敕命蓟辽总督查发蓟镇、昌平、保定三镇四关各府大炮一千五百位。万历帝降旨，京师大炮供保卫京师之用。"这所请大炮等炮，着各衙门酌量发与"。

二月二十八日工部奏，经略疏讨大炮，已由兵仗局查发铜炮二千位，正在装载时，经略又来咨称，铜炮率多崩炸，此次必发铁炮，不炸不坐不

倒者，随即从盔甲、王恭两厂简出涌珠铁炮二千位、连珠铁炮五百位，一一演放，甚皆堪用，即将这批炮运往辽东，兵仗局的铜炮留京。经略所讨建铁四十万斤、真铜一万斤及牛皮等项，亦一并解往。经过一年的紧张造车造炮，原来萨尔浒惨败之后军无片甲，手无寸铁局面，已一去不复返。除了京师运来数千门大炮外，熊廷弼又造了几千门，又打造枪铳、弓箭，制造了双轮战车五千辆，每辆安灭虏炮两三门以及火箭火轮之类，无所不备，弓箭亦多。大炮上万，枪铳数方，自此军中始有弓矢，"军士始有攻守具"。

与此同时，熊廷弼又大修城池，挖濠缮城。辽阳城垣，城高厚壮，屹然雄峙，城外挑场三道，每道宽三丈，深二丈，濠外复筑大堤潴水。沈阳亦修缮加固，城颇坚，城外浚濠，伐木为栅，埋伏火炮。城外挖有与人身相等的陷阱十道，井底密插尖木桩，陷阱之后挖有四道大濠，插满尖木桩，又竖立用一二十人抬的大木头修筑的栅栏，沿内濠排列楯车，每车安置大炮二门、小炮四门，两车中间又放置大炮五门。奉集堡、虎皮驿亦开河建闸，修缮坚固，时人称四城犹如金汤鼎峙。其他要地，亦各加固。

熊廷弼又整军纪，斩逃将刘遇节、王捷、王文鼎，以祭死节官兵，诛贪将陈伦，劾罢庸懦怕死的辽东总兵李如桢。

在熊廷弼多次恳求和催督下，爱财如命的万历皇帝不得不谕令户部赶运饷银，天启皇帝继位以后也连发内帑，增发户部库银。据天启元年（1621）正月户部尚书李汝华奏，"辽饷之数，自万历四十六年（1618）四月二十五日起，至泰昌元年（1620）十月十七日止，共发银一千九百九十三万二千五百六十两"。银数之多，空前罕有，保证了增兵备粮、筑城、铸造大炮枪铳等等的用费。

经过熊廷弼精心安排，半年多后，兵、马、将、粮、火器、大炮、军械无所不备，城池坚固，人心安定，士气有所振作，令严法行，守备大固，辽东转危为安了。

　　泰昌元年（万历四十八年，1620年）十月，熊廷弼为辩解被人诬劾而连上二疏"自理"，疏中概括了上任之时辽东危急情形，在任之时战防措施，以及辽东转危为安的基本情形，现摘录部分内容如下：

　　辽师三路覆灭，再陷开原，职始驱羸卒数百人踉跄出关，至杏山，而铁岭报失。当是时，河东士民谓辽必亡，纷纷夺门而逃也。文武官谓辽必亡，各私备马匹为走计也。各道谓辽必亡，遣开原道韩原善、分守道阎鸣泰往沈，皆不行，而鸣泰且途哭而返河西，谓辽必亡，议增海州、三岔河戍，为广宁门户也。关西谓辽必亡，且留自备而不肯转饷也。通国谓辽必亡，不欲发军器火药而恐再为寇资也。大小衙门谓辽必亡，恐贼遂至京师，而昼夜搬家眷以私也。中外诸臣谓辽必亡，不议守山海。都门则议戍海州为辽阳退步，戍金、复为山东搪牌也。即奴贼谓辽必亡，而日日报辽阳坐殿，以建都也。其间苍惶之状，不能以旦夕待。而今何以转亡为存，地方安堵，举朝帖席而卧也。

　　自去岁开、铁连陷，辽城非长（常）破碎，士民知不可守，而欲谋先去，贼亦知不可守，而谋速来，今内外巩固，壮哉一金城汤池也。去年无车牛脚夫运粮，臣与各道处办本地牛至三万余头，车至三万余辆，昼夜攒运，而军中始有粮草。三路覆没之后，军无片甲，手无寸铁，臣调宣大各匠役改造，又增造大炮数千、枪炮一二万，而军中始渐有器械。采桑削箐，买角易骹，各镇弓箭匠尽夜制造，而军中始有弓矢。又调各镇木匠，制造双轮战车五千辆，每辆安灭虏炮二位或三位，以至火箭火轮之类，无所不备，而军士始有攻守具。自斩贪懦三将，而将之（知）畏，斩逃叛数卒，而卒知惧。不时捆责不喂马不操军者，而营伍知收拾。寒夜有赏，久戍有赏，时节有赏，而军士知鼓舞……辽已转危而致安，臣且生之而致死，天地鬼神实共怜鉴。

熊廷弼所言，确系实情。

奉旨行勘熊廷弼功过的兵科给事朱童蒙，出关调查后，于天启元年（1621）闰二月，虽然处在言官纷纷参劾熊廷弼的强大压力下，仍然客观地上疏力言廷弼之功说："开、铁初陷，辽阳之人束装思涉者，以城不足为凭也。廷弼葺其外，筑其内，绕掘两河，引水建闸，城之上密布火车、火器，分兵防守，稽闲杂，绝奸细，心思之巧，经营之周，有才人所不能到者。至沈阳、奉集、虎皮驿大小三城，修工如是，守具亦复如是，曾几何时，而金汤鼎峙。任事才十余月耳，而辽阳之颓城如新，丧胆之人复定，至奉集、沈阳二空城，今且俨然重镇也。迄于今，而民安于居，贾安于市，商旅纷纷于途。巨人辽阳，民士庶垂泣而思，遮道而为之鸣，谓数十万生灵皆廷弼一人之所留。"

袁应泰，万历二十三年（1595）进士，历任知县、工部主事。兵备参议、右参政、按察使，泰昌元年九月擢右佥都御史，巡抚辽但是，正当明朝辽东形势初步好转的时候，明统治集团内部发生重大政治变化。

万历四十八年（1620年，天命五年）七月二十一日，明神宗万历帝朱翊钧死去。其长子朱常洛于八月初一日继皇帝位，是为光宗泰昌帝。但九月初一日又吞红丸死于乾清宫。一月之内，梓宫两哭。朱常洛长子朱由校袭受皇位，是为熹宗天启帝。时三案构争，党祸益炽。天启朝统治集团内部的党争愈演愈烈。大臣之间，结党营私，排斥异己，互相讦告。熊廷弼虽在边防劳绩可纪，但他性刚

清宁宫

直，拒援引，不徇私受贿，也不曲意逢迎。得罪了一些人，成为党争中的被攻讦者。

刘国缙和姚宗文先挟私鼓煽同类倾陷熊廷弼，他上疏自辩；御史冯三才、张修德又弹奏熊廷弼，他再疏自明。"辽已转危而致安，臣且之生而致死"。给事中魏应嘉等复连章攻劾，朝廷派袁应泰代熊廷弼为辽东经略。熊廷弼在统治集团政治斗争中再次被挤下台。他含愤抗辩道：

> 今朝堂议论，全不知兵。冬春之际，敌以冰雪稍缓，哄然言师老财匮，马上促战；及军败，始愀然不敢复言。比臣收拾甫定，而愀然者又复哄然责战矣。自有辽难以来，用武将，用文吏，何非台省所建白，何尝有一效！疆场事，当听疆场吏自为之，何用拾帖括语，徒乱人意，一不从，辄怫然怒哉！

熊廷弼先后五疏，极辩边吏得不到君主的信任。针砭了当时弊政的要害。明廷罢免辽东经略熊廷弼，正是自毁长城。

袁应泰代熊廷弼为经略，薛国用为巡抚。

袁应泰，万历二十三年（1595）进士，历任知县、工部主事、兵备参议、右参政、按察使，泰昌元年（1620）九月擢右佥都御史，巡抚辽东。十月擢兵部右侍郎兼右佥都御史，代熊廷弼为辽东经略。袁应泰为官精敏强毅，善于治政，但用兵非所长，持法太宽，且于九月刚入辽东任巡抚，随即转晋经略，对辽事并不熟悉。

他是抱有保辽安辽的决心，一受命，即刑白马祀神，誓以身委辽，并上疏说："臣愿与辽相终始，更愿文武诸臣无怀二心，与臣相终始。有托故谢事者，罪无赦。"熹宗下诏对袁褒奖，赐尚方剑。袁应泰乃诛贪将何光先，汰大将李光荣等十余人。但是，光有决心没有才干，也是于事无补的。身为保辽安辽的大帅，袁应泰做了危害甚巨的两大错事：

一是谋取抚顺。袁应泰上任伊始，即奏请于明春进取抚顺。天启元年正月更上取抚方略，力言抚顺为敌我必争之地，会同巡抚、巡按、道臣、诸将商议，"皆曰宜复抚顺、清河"，议兵十八万，抚顺大将（总兵、副总兵）六员，兵六万，清河大将三员，兵三万，宽奠、叆阳大将各一员，兵二万，以二万兵守辽阳，大将二员，旧兵一万守沈阳，一万守蒲河，七千守奉集，另外备兵一二万为临时调遣之用。议饷八百万。兵马钱粮须齐集于二月之前，齐集之后，即进取抚顺，将其城修筑坚固，屯兵驻守，相机进攻。

天启皇帝批准了这个方略。这个谋取抚顺的计划，是绝对错误的。后金正在蓬勃发展之时，将勇兵精，士气高昂，早就在等待时机进取辽沈，明朝则是惨败大逃之后，刚刚稳定，民心军心尚未恢复元气，凭借辽阳就阳城坚炮利，也许还能固守一段时间，如果弃此不用，进袭八十里以外的抚顺，凭借这座周长只有三里的小小旧城，要想打败后金那真是白日做梦，这六万大军恐怕又会像两年前的杜松、刘綎、马林三路六七万军队一样，尽行死于后金军之刀斧之下，再演一次萨尔浒大败之悲剧了。

不仅如此，袁应泰及辽东官将全力以赴，欲图实现取抚方案，从而放松了对沈阳、辽阳的继续加固和防守，客观上为后金军的克城，提供了有利条件。

当时的有识之士就认为袁应泰贸然进取抚顺的计划是错误的，将招来战败大祸。吏科给事中周朝瑞上疏，力言此举不当说："读经略袁应泰受任一疏，欲于明春进屯抚顺，心切壮之。惟是奴酋非疥癣小疾也，累岁之所训练，数胜之所收集，今其众已不下十余万，且器被犀利，马闲驰逐，即以一兵当一贼，势恐不胜，况我兵合之不少，分之不多乎。向者沈阳、奉集之间，守备略具，贼来不敢攻，营不能久，非示弱也，苦于粮糒粮之间，恐一旦食尽，为我所乘耳。若进屯抚顺，粮草不足。兵法云，围则攻之，无攻人之兵，而久处围地，一鼓成擒矣。功难立就，目前当计军计

饷，神兵足而民安，勿更堕贼谋而认为易与也。"朝廷对此，置之不理。

二是广纳降夷。当时，蒙古诸部大饥，多入塞乞食。袁应泰说"我不急救，则彼必归敌"，是为敌方增兵也，乃下令招降。蒙古纷纷来降，归者日众。袁应泰将"降夷"安插在沈阳、辽阳，多至六千余人。沈阳主将贺世贤总兵收纳的蒙古降夷就多达三千余人。总兵李光荣不收降夷，并上报，兵科给事中肖基等言收降过多，或阴为敌用，或敌杂间谍其中为内应，祸且叵测，袁应泰拒而不听，反自诩得计。后果中其祸，为后金遣人诈降用间，城中内应，提供了十分难得的好机会。

另外，袁应泰因不谙兵法，"规画颇疏"，又对熊廷弼之安排部署，改动颇多。廷弼"持法严，部伍整肃，应泰以宽矫之，多所更易"。

后金在明统治集团内部发生政治变化的时候，既有胜利，也有困难。后金灭叶赫，抚蒙古，女真实现统一，势力空前强大，军队约有十万人。同时，辽东大旱，赤地千里，年荒米贵，石米四两。后金人口增多，粮食奇缺，数以千计的女真人南丐东乞。后金汗为摆脱经济困境，度过灾荒，需要向辽河流域兴兵。但熊廷弼任经略使努尔哈赤原拟进军辽、沈的计划推迟一年多。

他经过耐心地等待，向明进兵的时机终于到来。机不可失，时不再来。善于等待时机，巧于捕捉时机，是努尔哈赤聪明机智的火花。努尔哈赤紧紧地抓住明朝皇位更替，经略易人，军心涣散，边防紊乱的有利时机，向江、沈大举进兵。

占领沈阳

努尔哈赤得知明朝经略换了人，又多方面打探得知新经略不懂兵法，布置也有些混乱，就认为时机到来，决定亲率大军征讨明朝。天命六年（1621年）三月十二日。努尔哈赤率兵来到沈阳城下，在城东七里河北面驻扎下来，准备攻打沈阳。

他在战前，刺侦情报，秣马厉兵，制钩梯，造楯车，做了精心准备。福余卫头目暖兔名下把速等向明边吏密报"有达于哈喇等四名持布匹，前往奴儿哈赤家贸易，闻奴酋欲于闰二月来克沈阳"。被后金掳掠辽民逃回者，也皆言奴酋制造钩梯、营车，备糗粮，将犯沈、奉。

努尔哈赤要夺取辽、沈，先略奉集堡，从而揭开辽沈之役的序幕。奉集堡是明朝辽东的战略要地。熊廷

下马碑

弼言："沈之东南四十里为奉集堡，可掎角沈阳，奉集之西南三十里为虎皮驿，可掎角奉集；而奉集东北距抚顺、西南距辽阳各九十里，贼如窥辽阳，或人抚顺，或人马根单，皆经由此堡，亦可阻截也。不守奉集则沈阳孤，不守虎皮则奉集孤，三方鼎立。"

努尔哈赤深知奉集堡居于辽、沈之中的重要战略地位。明给率中倪思辉言："奉集居辽、沈之中，奉集危则辽、沈中断，此奴之所眈眈而视也！"努尔哈赤正是要举兵略奉集堡，以武力侦探辽阳和沈阳两城明军的实力。二月十一日，努尔哈赤率诸贝勒大臣，统左右翼步骑劲旅，分八路略奉集堡。守城总兵官李秉诚得八旗兵来攻的哨报，领三千骑兵出城六里安营迎战。他先派二百骑兵为前探，与后金军左翼四旗相遇，被击败。后

171

努尔哈赤传

金军驰击，李秉试率兵拔营入城。后金军追至城下，被城上大炮打死参将一员及兵士多人。时努尔哈赤在城北高冈处指挥。他命其第十子德格类等率右翼四旗兵追击明军。

明总兵朱万良引师来援，但见虏而溃，死者数百人。明监军道高出，得后金军围奉集堡的驰报后，睨视佩刀，即有意外，引以自裁，完全失去胜利的信心。努尔哈赤在奉集堡进行的一场矢镞侦察，获得意外的成功。后金汗在略沈阳的一只犄角奉集堡五天之后，一又攻沈阳的另一只犄角虎皮驿。随之，后金兵又至王大人屯，往来无定，觊图大举。

努尔哈赤麾兵四击，忽东忽西，既试探明军的虚实。又麻痹明军的警觉，以准备率倾国之师，进取沈阳。沈阳是明朝在辽东的重镇。三月十日，努尔哈赤亲诸贝勒大臣，统领八旗大军，将板木、云梯、战车，顺浑河而下，水陆并进，向沈阳进发。明军闻警，举燧传报。沈阳守将总兵官贺世贤、尤世功得警报后，连夜率领一万兵丁守城。沈阳城颇坚，城外浚濠，伐木为栅，埋伏火炮。城周挖有沟堑，设置陷阱，井底插有尖桩，并覆盖秫秸，虚掩浮土。城上环列火器，分兵坚守。

八旗军于三月十二日兵临沈阳城下。努尔哈赤统兵驰至，未敢督兵攻城，先派数十骑隔濠侦探。武举出身的明总兵尤世功，带家丁冲出，杀死四人，略获小胜。努尔哈赤又命"用战车冲锋，马步继之"，将沈阳城围困。

努尔哈赤于三月十三日，清晨，再派骑兵挑战。行伍出身的总兵官贺世贤勇猛而寡谋，日日饮酒，贪功出城迎战。据《明熹宗实录》记载：

世贤故嗜酒，次日取酒引满面，率家丁千余出城击奴，曰："尽敌而反！"奴以羸卒诈败诉我，世贤乘锐轻进。奴精转四合，世贤且战且却，至沈阳西门，身已中四矢。

贺世贤兵败返回，虽挥铁鞭奋力抵御，但身中数十矢，坠马而死。时努尔哈赤一面派精骑追杀贺世贤，一面督兵用云梯、楯车攻城。八旗兵从城东北角挖土填

大明楼方城北墙

濠，城上连发炮，因发炮过多，炮身炽热，至装药即喷。八旗兵乘机蜂拥过濠，急攻东门。此时，城中闻贺世贤兵败，尤世功战死，士兵溃散，降夷复叛，吊桥绳断，八旗兵拥门而入。进占沈阳诚。明兵民被杀死者，据说有七万人。

明总兵官童仲揆、陈策等统川浙兵由辽阳北上授沈，行至浑河，得报沈阳已陷。陈策下令还师，裨将周敦吉等坚请进战。明军遂分为两大营，周敦吉与石硅都司副总兵素帮屏等率兵营桥北；童仲揆与陈策等率浙兵营桥南。努尔哈赤得到侦报后，急命右翼四旗兵前去驰击。

明军桥北营结阵未就，被四面围攻，双方展开激战。明军杀死后金兵二三千人，后金军却而复前，如是者三；明军饥疲不支，周敦吉、秦邦屏等战死，其余兵将奔桥南浙兵营。后金军将浙兵营包围数重。这时明守奉集堡总兵李秉诚、守武靖营总兵朱万良、姜弼领兵来援，至白塔铺观望不前，及浙兵营被围，始前一战，被后金左翼四旗兵杀三千人，败遁而归。后金军左右两翼遂并攻浙兵营，营中放火器，后金兵死伤枕藉。浙兵营火药罄尽，短兵相接，力战而败。董仲揆、陈策等人皆战死。

浙兵营虽败，但奋死殊战，极为壮烈。《明熹宗实录》中载："自奴酋发难，我兵率望风先逃，未闻有婴其锋者，独此战以万余人当虏数万，

杀数千人，虽力屈而死，至今凛凛有生气。"

沈阳已拔，敌兵大败，可率大兵，乘势长驱，以取辽阳。

攻克辽阳

努尔哈赤攻占沈阳以后，就召麻诸贝勒大臣商议攻打辽阳，在决定攻打辽阳以后，努尔哈赤率大军开始向辽阳进发。

辽阳是明朝辽东的首府，是东北政治、经济、军事和文化的中心。辽阳城坚池固，外围城濠，沿濠列火器，环城设重炮。沈阳、奉集陷落后，辽阳失去屏障。初，辽阳恃沈阳、奉集二城为藩蔽，而沈东捍建州，西障土蛮，较奉集更重。沈阳既陷，奉集失掎角之势，亦没。时骁将劲卒，皆萃沈、奉，辽兵不满万。经略袁应泰得到沈阳失陷的败报之后，急檄撤各路兵守辽阳。他下令引太子河水注濠，缘城布兵，加强防守。

此时，论兵数，明多于金。论地形，明防守，得地利。熊廷弼在任时，大修城池，辽阳城墙十分坚固，又高又大，高达三丈三尺，又引入太子河水，灌满护城深壕。熊廷弼还准备了上万门炮，其中七门大炮，是兵部协理戎政尚书黄克缵专门召募能铸吕宋大铜炮的高超工匠来京铸造的，最重的炮重三千余斤，其余的炮重千余斤、二千余斤，一发可击毙敌兵数百人，威力很大。

十三万大军，战将百员，枪炮众多，城坚壕深，防守相当严密。辽阳城守备说"（明官）放太子河水于壕，塞其西闸，内列火器于城上，排兵四面，守御甚严"。朝鲜文献甚至记述了后金军望城生畏的情形，指出"（八旗军队）至辽阳，望见城池险固，兵众甚盛，虏皆意沮欲退"。

如果明经略袁应泰熟谙兵法，调度有方，据城死守，辽阳是不会轻易失陷的。设若努尔哈赤不讲策略，不使用正确的战略战术，一味蛮攻，以弓矢对枪炮，用血肉之躯强登高城，伤亡必大，难以取胜。在这场势均力敌的战争中，统帅决策的正确与否成为决定胜负的主要因素。

面对坚固高大枪炮众多守御甚严的辽阳城，努尔哈赤在这样严重的关键时刻，发挥了非凡的军事指挥才干，夺取了胜利。首先是让将士树立死战胜敌的决心。他针对士卒有畏难情绪，意沮欲退，严正宣布必战死战的决心，声色俱厉地谕告将士说："一步退时，我已死矣。你等须先杀我，后退去。"言毕，即策马先进。这样斩钉截铁无所畏惧的英雄气概和以身作则身先士卒的榜样行动，对八旗将士发挥了强大影响，使他们转怯为勇，知难而进，军心大振，为打败明兵攻取辽阳奠定了精神基础。

其次，发挥所长，克服所短，发扬骑射野战的长处，尽量诱使明兵出城入伏，合歼敌军，同时遣派细作，混入城内，待机响应。三月十九日，他派遣少数人马横渡太子河，引诱敌人，果然，明军中计了。明辽东经略袁应泰，本来已与诸将议定，"畏敌多，主守"，这时看到后金兵马太少，其骑可数，遂因见贼少而主战，亲督侯世禄、李秉诚、梁仲善、姜弼、朱万良五位总兵，率兵五万，出城五里，在校场扎营。明监军御史方震儒叙述此情说："沈阳陷后，我兵尚十三万人精壮未尽亡也。贼从代子河渡，其骑可数，而不知贼从三处渡，以少兵诱我耳。始畏贼多主守，既见贼少又主战。"

明军原已畏敌，现在又忽战忽守，军心不定，且饥疲已甚，比开门放军，一时散走。努尔哈赤乘机指挥大军奋力冲杀，明兵大溃而走，军败多死，追杀六十里，至鞍山始回。另一营兵从西门即武靖门出，被后金两红旗兵击败，退入城内，人马自相蹂践，积尸不可胜计。努尔哈赤收兵，回至城南七里安营。袁应泰也住于城外明军扎营之处。

三月二十日，努尔哈赤遣左翼四旗兵攻城的小西门，亲率右翼四旗兵攻东门。明军三万出城，在东门外安营，列枪炮三层，连发不已。经略袁应泰督战，并派号称虎旅军的家丁助阵。努尔哈赤亲率右翼四旗兵猛攻东门外明军，双方激战，明兵败走，后金兵乘势驱杀，明兵溺水而死者满

努尔哈赤传

积，壕水尽赤。明总兵梁仲善、朱万良战死，袁应泰退入城内。

此时，左翼四旗兵攻打小西门，阿敏、莽古尔泰、扬古利等领兵奋勇冲击，夺取了西门桥，近城强攻，守军放炮发矢，连绵不断，放火箭、火炮，掷火罐。后金军拼死冲突，坚梯登城，驱杀守兵，夺了西城一面，据其西角楼。努尔哈赤立即停止攻打东城，带兵转往西城，八旗军合兵猛攻。

当天晚上，城内兵举灯火，与后金军拒战达旦。城中官员兵民丧胆惊溃，往来奔走，监军道牛维曜、高出、邢慎言、胡嘉栋等官，并军民等，多坠城而逃。

三月二十一日，黎明，明兵复布车大战，又败。努尔哈赤率领八旗将士猛攻，沿城追杀，明兵大败。先前后金派入城内的细作乘机放火骚扰，后金军攻占了辽阳城。明经略袁应泰自焚而死，巡按张铨拒绝逃走，端坐衙署，被俘之后，不屈而死。其余官民皆迴发降，辽阳城落入后金国汗之手。

后金连陷沈、辽，河东十四卫生灵尽为奴属。努尔哈赤夺取辽阳之后，数日间，金、复、海、盖州卫，悉传檄而陷。据《清太祖武皇帝实录》中载：

萨尔浒之战遗址

辽阳既下，其河东之三河、东胜、长静、长宁、长定、长安、长胜、长勇、长营、静远、上榆林、十方寺、丁字泊、宋家泊、曾迟、镇西、殷家庄、平定、定远、庆云、古城、永宁、镇夷、清阳、镇北、威远、静安、孤山、洒马吉、暖阳、新安、新奠、宽奠、大奠、永奠、长奠、镇江、汤站、凤凰、镇东、镇夷、甜水站、草河、威宁营、奉集、穆家、武靖营、平房、虎皮、蒲河、懿路、汎河、中固、鞍山、海州、东昌、耀州、盖州、熊岳、五十寨、复州、永宁监、栾古、石河、金州、盐场、望海埚、红咀、归服、黄骨岛、岫岩、青台峪等大小七十余城官民，俱剃发降。

后金军长于野战，短于攻城；而明军长于守城，短于野战，但后金军却能以短击长，在十天之间，连陷沈阳和辽阳。这固然由于明朝政治腐败，失去民心，经略易人，士气不振，情况不明，指挥失措；后金战机有利，将士勇猛，兵力集中，准备周详，器械精利，指挥得当。

但是，更由于努尔哈赤的策略有两个显著的特点：其一，诱敌出城，歼其精锐。如沈阳的贺世贤，辽阳的袁应泰，都误堕其计。这就变敌之长为短，而使己之短为长。其二，用计行间，里应外合。

夺取广宁

明朝闻知辽沈城江失陷，大军也被努尔哈赤消灭的消息后，顿时京师人心惶惶，找不到抵抗努尔哈赤的方法，把唯一的希望寄托在广宁的防守上，好能争取时间，准备再次迎战努尔哈赤。

天启二年（1622年，天命七年）正月十八，后金汗努尔哈赤命族弟铎弼、贝和齐及额驸沙津和苏巴海等统兵留守辽阳，亲率诸贝勒大臣，带领八旗大军，向广宁进发。经鞍山、牛庄，二十日渡辽河，直逼西平堡。广

宁巡抚王化贞得到后金军西进的驰报，仓促布兵防守。

原议总兵刘渠领兵二万人守镇武，总兵祁秉忠领兵万人守闾阳，分南北两路与广宁呈掎角之势；副总兵罗一贯率三千人守西平堡，又在镇宁驻兵。王化贞自带重兵驻广宁，企图以四堡屏障广宁，阻击后金军的进犯。后金汗率军过辽河，二十日，围西平堡。守城参将黑云鹤轻敌出战而死。罗一贵坚壁固守，后金军攻城不下。巡抚王化贞命总兵官刘渠率镇武兵，总兵官祁秉忠率闾阳兵，心腹骁将孙德功率广宁兵，驰援西平。

努尔哈赤分一半军队围西平，以另一半军队迎击前来增援的明军。二十一日，孙德功、刘渠、祁秉忠在平阳桥迎战后金军。孙德功分兵为左右翼。推刘渠部、祁秉忠部先出战。刚交锋，"孙德功等故意上前一冲，即卸去，因而各营俱起，以至大败"。总兵官刘渠和祁秉忠战殁于沙岭。努尔哈赤击败明三路援军之后，遂集中八旗兵力，继续围攻西平。后金兵先发火炮，继拥楯车，竖云梯攻城。明军在城上发炮，杀伤大量后金兵。

西平之战打得异常激烈。《明熹宗实录》中载：

罗一贵将三千人守西平。……贼先攻西平，黑云鹤出战而死。罗一贵固守不下，杀奴数千人。李永芳竖招降旗，阴遣人说一贵。一贵骂之曰："岂不知一贵是忠臣，肯作永芳降赋乎！"斩其使，亦于城中竖招降旗。奴尽锐攻之，相持两昼夜。用火器杀贼，积尸与墙平。会一贵流矢中目，不能战，外援不至，火药亦尽，一贵北向再拜曰："臣力竭矣！"遂自刭。奴尽屠西平。

罗一贵以三千人抵御后金军九万人的围攻，最后矢尽援绝，城陷身亡。后金军在西平堡下，损失极为惨重。后金军在攻破西平、拔除镇武和闾阳城堡之后，驻师西平堡，准备夺取广宁，广宁城在山隈。形势若盘，俗谓之盘城，恃三岔河为阻，是明朝失陷辽阳后辽东巡抚的驻地。巡抚王

化贞率二万军队守广宁城。城中富家大户早已逃奔。官将生员暗通后金，兵士漫无纪律，人民惊恐不安。二十二日，王化贞得少岭败报后，督将士上城戍守，皆不应。

游击孙德功在援救西平时佯败先归，因潜纳款于太祖，还言师已薄城，城人惊溃。王化贞急召德功至衙署，仍委以守城重任。他刚出衙门，即发炮，堵城门，封银库，封火药，以待后金军入城。城中军民一片混乱，携带家眷夺门出奔。

时天化贞正在衙署阅视军报，对城中惊乱事茫无所知。突然参将江朝栋"急入化贞卧内，化贞方检书，见之大怒，呵责之。朝栋急拉化贞曰：'事急矣，快走，快走！'"。他也说边挟着王化贞，奔向马厩。但马已被牵走。仅余两只骆驼。王化贞的行李用两只骆驼装载，在江朝栋等陪护下步随到城门，"而城门刀棍堵截如林，仅以身免。身旁一相伴朋友已劈头打伤，驼箱已被打夺"。巡抚王化贞狼狈出逃。

明朝腐朽的统治，后金贵族的铁骑，给辽西人民造成多么悲惨的境况！后金军虽夺取西平堡，但受重创。努尔哈赤驻西平，哨探广宁虚实，未敢策骑轻进。王化贞逃奔之后，游击孙德功、守备黄进等控制了广宁城。二十三日，孙德功派生员郭肇基等至后金汗前，跪请努尔哈赤进驻广宁。努尔哈赤得报后，率领八旗军向广宁进发。二十四日，孙德功等带领降顺后金的官将、生员等，已剃发，设龙亭，抬轿，打鼓，吹喇叭，奏唢呐，出城三里，夹道跪迎后金汗入城。

努尔哈赤先派八旗诸贝勒大臣入城，然后骑马玉巡抚衙门。至此，后金军全部占领广宁。广宁兵败，京师大震。

后金占领广宁，并连陷义州、平阳桥、西兴堡、锦州、铁场、大凌河、锦安、右屯卫、团山、镇宁、镇远、镇安、镇静、镇边、大清堡、大康、镇武堡、壮镇堡、闾阳驿、十三山驿、小凌河、松山、杏山、牵马岭、戚家堡、正安、锦昌、中安、镇彝、大静、大宁、大平、大安、大

179

定、大茂、大胜、大镇、大福、大兴、盘山驿、鄂拓堡、白土厂、塔山堡、中安堡、双台堡等四十余城堡。后金军将广宁等地数百万购帑、粮食、军器、火药、马牛、布帛等运回辽阳，并把辽河以西的人民驱赶到河东。以右屯卫为例，被驱赶的人口有一万四千七百二十八人，被掠走的牲畜为六千一百九十七头；被运走的粮食有五十万三千六百八十一石八斗七升。

为庆贺努尔哈赤占领广宁，福晋们二月十一日从辽阳出发，二月十四日来到广宁。大福晋率领众福晋，在铺设红地毯的衙门里，向坐在衙署正堂的后金汗努尔哈赤叩贺道："天眷佑汗，占领了广宁"。随后依次行庆贺礼，摆设盛宴。二月十七日，后金汗在福晋们陪伴下返回辽阳。几天之后，后金军又放火烧毁广宁城。

努尔哈赤自"七大恨"誓师后，四年之间，陷清、抚，败杨镐，取开、铁，夺辽、沈，占广宁，兵锋所向，频频告捷。整个辽东形势，为之一变。明江东经略王在晋疏言：

> 东事一坏于清、抚，再坏于开、铁，三坏于辽、沈，四坏于广宁。初坏为危局，再坏为败局，三坏为残局，至于四坏则弃全辽而无局，退缩山海，再无可退。

明朝失陷广宁，丢弃全辽，无险可守。但是，努尔哈赤占领广宁，却达到了四十年戎马生涯的顶峰。

努尔哈赤进占辽河流域后，摆在他面前的一个重要课题是如何治理和巩固这个幅员辽阔、人口繁盛的地区。他决定整顿内部，发展生产，颁布"计丁授田"法令，改革女真经济制度。

第九章　社会改革

建州时局

建州女真可以说是努尔哈赤的大本营，在努尔哈赤的治理下建州女真社会经济的发展非常良好，这给努尔哈赤这些年南征北战打下了良好的物质基础。

女真奴隶制已有长久的历史。明初的建州女真，奴隶占有制经济形态占居支配地位。但是，它既出现了封建制因素，也保留着氏族制残余。在女真奴隶制形态下，奴隶的主要来源是掳掠，"劫掠人口、牛马、财产，孤人之子，寡人之妻"。这是因为野人之俗，不相为奴，必掳汉人，互相买卖使唤。所以奴隶也叫作"使唤人口"。据明朝辽东六件《信牌档》的不完全统计，仅永乐二十一年（1423），被掳人口竟达一千零八十九人。但女真内部也有少量债务奴系或罪犯奴隶。此外，奴隶即阿哈被允许结婚后所生的子女也是奴隶。

女真奴隶主经常剽掠汉人和朝鲜人卖作阿哈。据朝鲜史书记载，许多辽东汉人"被猛哥帖木儿掳掠到阿木河为奴使唤"。奴隶既用于家内使唤，又用于农耕、渔猎、畜猎、采集等生产方面，也用之于经商，做"贸易使唤人"。

在猛哥帖木儿的斡木河时期，由于建州女真社会生产力的发展，明朝和朝鲜封建经济的影响，在其奴隶占有制经济形态中，已经出现了封建因素。斡木河地区社会生产组织是封建制的。猛哥帖木儿在这里拥有大量的耕牛和农器，从事耕农。朝鲜史书记载，建州女真人，耕田交租，或"服

役纳赋，无异于编户"，这就为后来努尔哈赤进行社会改革播下了种子。

建州女真辗转迁徙至苏克素浒河、浑河流域之后，这里的土壤和气候比较适宜农业生产，与抚顺毗连，汉族高度发达封建经济的影响，汉人的大批流入，以及通过"潮贡"和"马市"换回大量铁制农器与耕牛，使女真社会生产力迅速提高。

耕牛和农器为建州女真"所恃以为生"。早在天顺三年（1459），建州卫头目从北京返回旧居时，"沿途买牛，带回耕种"。到万历初年，海西女真和建州女真买回的耕牛、农器数量是很大的。如万历十二年（1584）三月的十七次交易，女真人买进铁铧四千三百八十八件，其中一次为一千一百一十三件；同月二十九次买牛交易，买进耕牛四百三十头，其中一次为九十七头；同月的二十七次交易，参加的女真人共有一万三千七百八十人，平均每次五百一个人，最多的一次达一千一百八十人。

同时，建州等卫女真人到北京朝贡，人数众多，借贡兴贩，显以规利。据《明神奈实录》中载，"祖宗朝建州、海西诸夷世受抚驭，故进贡许一年一次，每次贡夷数逾千名，天顺、成化间为其供费浩繁，量议裁减，嗣后仍复加至一千五百名"。即到万历中期，海西每贡千人，建州每贡五百人。他们车辆辐辏，汇聚京师，熙来攘往，开市贸易。

在返回时，将所买货物装车，货位高达三丈余，仅瓷器一项，有时"多至数十车"。尤其是建州灭哈达之后，原哈达的三百六十三道敕书，奴酋夺而有之，扩大了对明朝的直接贸易权。由于朝贡和马市贸易的不断扩大，汉族先进的生产工具和生产技术进入女真地区，促进了女真奴隶制经济的发展。

建州女真的经济，以农业为主，也有渔猎、采集、畜牧、矿冶、手工业和商业等部门。努尔哈赤在费阿拉称王后，建州女真的农业经济，由于普遍使用耕牛和铁制农具，以及耕作技术的不断提高，已经达到较高的水平。如申忠一到费阿拉，见婆猪江、苏克素浒河一带地方。无墅不耕，至于山上，亦多开垦；粮食产量较高，田地品膏，则粟一斗落种，可获八九石，瘠则仅收一石。后来李民寏也有同样记载：

土地肥饶，禾谷甚茂，旱田诸种，无不有之。

并大量种植山稻，如兵士出征打仗，常携带炒米。努尔哈赤强调说建州不同于以吃肉衣皮为生的蒙古，而是以种田吃粮为生。所以他重视女真农业生产的发展。如出征不违农时，不许将牛马拴在果树上，以防啃咬树皮；牛群毁坏庄稼，牧人要鞭二十；牲畜踏坏农田，每匹罚银一两。他在春耕季节，带领诸贝勒大臣等出城巡视农耕。他还责令额真要重视种植粮棉，如额真所属诸申等秋后衣食不足可告状，然后将其从收成较差额真那里，拨出交给收成较好的额真，以示奖惩。

农业之外还有渔猎经济。女真人渔猎经济源远流长，如辽金元时海东青的捕猎，明初的貂皮贸易都可说明。于是，努尔哈赤兴起之后，貂皮、明珠等贸易，使其民殷部富。《清太祖武皇帝实录》记载：

本地所产有明珠、人参、黑狐、玄狐、红狐、貂鼠、猞猁狲、虎、豹、海獭、水獭、青鼠、黄鼠等皮，以备国用。抚顺、清河、宽奠、暧阳四处关口互市交易，照例取赏，因此满洲民殷国富。

可见渔猎经济在建州女真中占有重要地位。后来明开原道薛国用也称："盖奴酋擅貂、参、海珠之利，蓄聚綦富"。为捕获貂鼠和捞采珍珠，到了采捕季节，女真人成群结队，或深入松林，貂巢其上，张弓焚巢，貂坠于网；或拥入河汉，猎架渔梁，幂棚马迹，珠采于袋。

畜牧业也是一个重要的生产部门，家畜的驯养比较繁盛。如申忠一目

睹建州女真，家家皆畜鸡、猪、鹅、鸭、羔、羊、犬、猫之属。自给自足的个体经济占有相当的地位。牛马的牧放非常兴旺。六畜唯马最盛，将胡之家，千百为群，卒胡家亦不下十数匹。女真的雄马不骗，马匹也不喂菽粟，夜间圈围在不蔽寒暑的栅栏里，白天牧放在水草丰足的原野上。因马匹牧放的膘情直接影响其军事力量，所以努尔哈赤常常亲自检查马匹，肥壮的受犒赏，赢弱的受鞭责。

采集经济仍占很大的比重。采集主要包括挖人参，酿蜂蜜、捡松子、摘蘑菇、收木耳、拾榛子等。建州女真地区征产蜂蜜。蜂蜜是努尔哈赤岁贡和市易的重要物品，酋岁贡蜜，兼开蜜市。为建州蜂蜜事，有人敷衍出一个贻笑远人的故事。

人参在女真采集经济中占据首位。人参喜欢生长在露水浸润的丛林里，在美丽的小花凋谢后，结着圆圆的蒴果。每逢采参季节，倾落出动，百十为群，深入密林，挖掘人参。女真人在挖参前，虔诚地默默祷告；挖参时，顺着参茎掘其根部，小心翼翼地唯恐误伤根须；挖完后将人参放在河溪中洗涤泥土，用桦树皮包装，再回到原地祷告。

清早期和田玉

世界上可能再也找不出第二种植物像人参那样神圣，引出那么多的神话和传说。这是因为就某种意义说，人参是建州女真经济的生命线。为此，明廷官员试图以减买人参，遏制努尔哈赤就范：努尔哈赤擅参为利，该道欲于市易中默寓裁减之意，使商贩渐稀，参斤无售，彼之财源不裕，自将摇尾乞怜。明廷一度停止互市，建州女真两年间腐烂人参达十余万斤。努尔哈赤为打破明人对人参贸易的垄断，对人参生产技术进行革新，即改浸润法为煮晒法：

曩时卖参与大明朝，以水浸润，大明人嫌湿推延，国人恐水参难以耐久，急售之。价又甚廉。太祖欲煮熟晒干，诸王臣不从。太祖不徇众言，遂煮晒，徐徐发卖，果得价倍常。

努尔哈赤的上述改革，使女真人获得实际的物质利益，更提高了他在女真人中的声望。

手工业也得到发展。建州女真早在明初就有冶匠，但箭镞贸大明铁自造。后又能淬火，设风炉造箭镞，皆淬之。到万历二十七年（1599），女真经济中发生一件大事：开始较大规模地采矿、冶炼。这更促进建州手工业的发展。

当时主要有官营军事手工业和家庭民用手工业两种。如申忠一往费阿拉，见峰上设木棚，上排弓家十余处，棚内造家三座。其后汗城的官营军械工匠，北门外则铁匠居之，打造铠甲；南门外则弓人、箭人居之，专造孤矢。手工业内部有分工：银、铁、革、木，皆有其工。工匠有女真人，如朝鲜通事河世国见费阿拉的甲匠十六名、箭匠五十余名、弓匠三十余名、冶匠十五名，皆是胡人，无日下措矣。但后来更多的工匠是汉人，也有朝鲜人。

这些善手工匠加速了建州手工业的发展。一自铁人人去之后，铁物兴

产。他们制造的锁子甲等，坚硬精巧。明官员徐光启言："后金兵所带盔甲、面具、臂手，悉皆精铁，马亦如之"。《满洲实录》称征叶赫盔甲鲜明。如三冬冰雪。这些都从一个侧面反映了后金手工业的迅速发展。特别是在进入辽沈地区之后，后金社会已能淘金、炼银，掌握焊接技术。炼制黄色火药成功，并接管明朝辽东的铁矿、冶炼设备和大批工匠。从而手工业有了更大的发展。

在手工业中，车船、纺织、制瓷、煮盐等均有所发展。女真人的陆路运输用独轮车，家家皆用小车；水陆交通用船，制造的小船可乘八九人，极轻捷。船的数量较多，据朝鲜备边司启文称其"造舡千艘"。这或有所夸饰，但足资说明建州造船手工业的规模。天命初为进取萨哈连部。在兀尔简河造船二百艘。

女真人的纺织，李民寏目睹女工所织，只有麻布。自从汉族缫丝、棉织技术传入建州，其纺织业有了发展。如攻抚顺时遇雨，四旗后金军"有雨衣，弓矢各有备雨之具"；攻辽阳时，自称旌旗蔽日。显然后者会有夸张之意。后金进入辽沈地区，已能织蟒缎。

女真人的制瓷是在占领辽阳之后。先前他们用木制碗、盆，后来逐渐使用汉人烧制的绿碗、盆、瓶等器皿。女真人的食盐，先是来自"贸盐"。后明廷断绝盐路，建州吃盐困难。努尔哈赤说："包衣阿哈们逃走，都是因为没有盐吃"。

于是，万历四十八年（1620年，天命五年）六月，努尔哈赤派兵去东海煮盐。据朝鲜国王李晖奏言，"俄倾之间，收得四百余驼"。收得的食盐，按男丁分配。努尔哈赤特命给修筑萨尔浒城者每人半斤盐，以资恤励。至占领辽东海、盖、复地区，许灶户不纳公差，鼓励多煮盐。如盖州一次贡赋盐一万斤。后金的食盐问题始得到解决。

建州手工业的发展，是与努尔哈赤重视工匠分不开的。他出于征战的需要，对进入女真地区的工匠，"欣然接待，厚给杂物，牛马亦给"。夺占辽沈地区之后，更为重视工匠的作用。努尔哈赤在下达的文书中说：

有人以为东珠、金银是宝，那是什么宝呢？天寒时能穿吗？饥饿时能吃吧？收养国的贤人，理解国人所不能理解的事情，制造出国人不能制造物品的工匠，才是真正之宝。

后金汗在文书中视工匠同贤人，列为国中之宝，这是难能可贵的。显然，提高工匠社会地位，给予各种优厚待遇，有利于建州手工业的发展。但是，实际上他们仍处于工奴的地位。

还有商品交换经济。建州通过朝贡、马市和行商，同明朝、蒙古利朝鲜等进行贸易，以貂皮、人参、东珠、马匹、皮张、干果、蜂蜜等，换取牛、铧、锅、针、盐、布、猪等。努尔哈赤在青年时期即往来抚顺经商，后多次到京师边朝贡、边贸易，又曾一次派三十名商人往黑龙江地区作生意，还在家中同蒙古商人交易，也通过女真商人把光海君咨文从朝鲜王京带回赫图阿拉。建州商业的活跃，推动其生产的发展，促使其生活的提高。

但是长期以来，女真的商品交换主要是以物易物。所以掠钱无所用，高积如山。随着商品交换经济的发展，万历四十四年（1616年，天命元年），铸天命通宝钱。今天见到的是用红铜铸造的天命汗钱。它一面无字，另一面为无圈点满

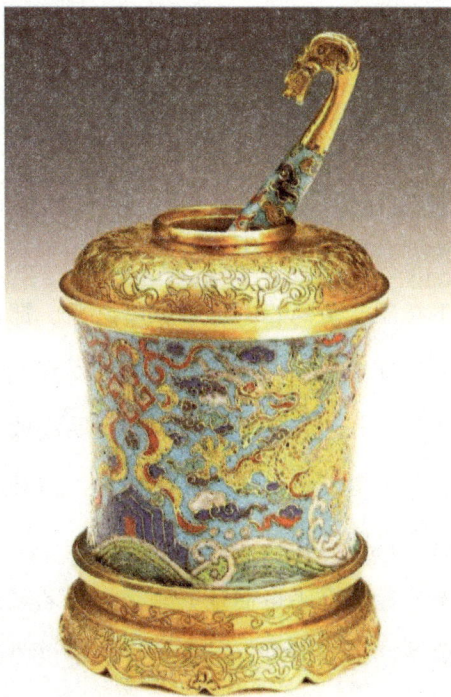

沈阳故宫的清掐丝珐琅云龙水丞

文。但努尔哈赤的铸币并未大量流通，后以银子充足，不必铸钱，而停止铸币。当时主要流通的货币，仍是明朝的白银。努尔哈赤攻占辽阳后，设置管理贸易的额真，商品的价钱和税收，援依明例，并允许原有商人继续开店做生意，只是对偷税者实行惩处。

总之，后金汗努尔哈赤从巩固其统治和征战需要出发，重视建州社会经济的发展，也关注商品交换经济的发展。努尔哈赤同其他各部女真首领相比较，确实对建州社会经济的发展和女真人民生活的提高，更多地做了一些有益的事情。他因而赢得女真人的拥戴，击败角逐争雄的对手，取得统一女真各部战争的胜利，也夺取对明战争一次又一次的胜利。女真的各部统一，对明的战争胜利，不仅促进其经济的发展，而且推动其经济的改革。所以，在建州社会经济发展过程中，其社会内部的经济结构，有许多严重课题摆在努尔哈赤面前，亟须加以解决。

迁都沈阳

努尔哈赤在天命六年（1612）三月攻下辽沈以后，八旗军驻扎在辽沈地区，这时努尔哈赤面临一个新的选择性问题。

是固守建州女真落后习俗，留恋祖居故地，不进而退，像两三年前打下抚顺、清河、开原、铁岭之后，那样，大肆抢掠人畜财帛，运回老家，放弃辽沈，回归故土，继续在女真地区称王称霸，局限于偏僻山区，几十年后锐气一失，重新被天朝大明朝或蒙古大汗征服，沦为其君之臣仆？或是既不退，也不进，虽不撤兵，留驻辽东，但停滞不前，不求改革，硬要将女真旧制强加于以汉人为主的辽东军民，闹得天怒人怨，全民抗金，坐不安稳，终于得而复失，被逐回老家？还是力图进取，根据新形势，锐意改革，顶着困难，继续前进，不仅要站稳脚跟，守住辽东，将来还要更上一层楼，打进关去？

这是摆在后金国汗、贝勒、大臣面前三条不同的道路，也将由此出现不同的结局，如何抉择，这可是关系到后金国兴衰存亡的大问题。在此紧急关头，努尔哈赤作出果断的也是正确的决策，选择了走后一条勇于进取不断改革的光明大道，首先是决定迁都辽阳。

努尔哈赤于明万历十五年（1587）于呼兰哈达筑费阿拉城，启建楼台，定国政，在此居住了十六年。到万历三十一年（1603），迁至五里之外的赫图阿拉，筑城，兴建衙署，成为清朝在关外兴建的第一个都城，后来尊称为兴京。为了便于对明作战，天命三年（明万历四十六年，1618年）九月初四日，努尔哈赤召集诸贝勒大臣商议于界藩筑城之事。他说："今与明为难，我仍居国内之地，西向行师，则迤东军士道远，马力困乏。须牧马于沿边之地，近明界，筑城界藩居之。"众人赞同，遂于此营基址，运木石，不久天寒停工，第二年四月初三日，努尔哈赤又谕告诸贝勒大臣："战马羸弱，当趁春草喂养，吾欲据界藩筑城，屯兵防卫，令农夫得耕于境内。"他亲往卜基筑城，"据险筑城五所，数旬而毕，各屯兵

沈阳故宫全景图

马，且耕且守"。到了六月，"帝行宫及王臣军士房屋皆成"。

天命五年（1620）九月二十六日，努尔哈赤又从界藩移居于萨尔浒，"筑军民庐舍，至十一月乃成"。此城实际上是从三月兴建，第二年（天命六年）闰二月"筑撒儿浒城毕"。努尔哈赤将界藩和萨尔浒城作为"居住之所"，或"帝行宫"。

天命六年（1621）三月二十一日打下辽阳，努尔哈赤进驻经略衙门。当日，努尔哈赤即召集诸贝勒大臣商议去留之事。他说："辽阳乃天赐我者，可迁居于此耶，抑仍还本国耶？"此话表明努尔哈赤虽在征求诸贝勒大臣意见，是去是留，让众人各抒己见。但已有倾向，所谓"辽阳乃天赐我者"，意味着他倾向于留此不归，不然，为何要抬出"天赐我者"来表述，既为"天赐"，当然应该遵奉天意，安居于此，岂能逆天之命，弃而返回故土。

因为辽阳之下，可以有多种表述方式，可以说是将士奋勇克城，也可以炫耀军威，说成是轻取辽阳，还可以据为己功，讲成为本汗之英明指挥。这些方式皆不用，独独抬出"天赐"，言下之意，自是不言而喻了。以往汗之种种暗示，诸贝勒大臣早已心领神会，一般是按汗之意旨，表示赞同和服从，可是这次却不一样了，众人皆故意不理会汗之倾向性的表述，"诸王大臣俱以还国对"。

"诸王大臣俱以还国对"，虽只区区九个字，含义可够多的了。首先，它表明了"诸王大臣"留恋故土保持旧俗的心态根深蒂固。这时的"诸王大臣"，应该是主要包括四大贝勒、和硕贝勒、非旗主的贝勒和"五大臣"及八固山额真，其中，有勇有谋文武双全者，不乏其人，如像四贝勒皇太极、岳托贝勒、阿巴泰贝勒、费英东、额亦都、何和礼、扬古利等等，都是聪睿过人，无所畏惧，敢冲敢拼，以少胜多，勇于进取，为什么他们也力主"返国"？这必然与女真祖俗旧习有关。

不管是建州女真的枭酋董山、王杲，还是海西女真哈达万汗和叶赫

的"仰逞二奴"，他们势力强大之时，可以并吞其他女真部落，也可以进入明边，抢掠人畜财货，但没有一个"骁酋"占夺明朝城镇屯堡，久据不归。就连努尔哈赤下抚顺，克清河，大败明军于萨尔浒，夺开原，取铁岭，也是大抢一通后，返回老家。他们可以在女真地区，或者胆子更大一点儿，在一些弱小蒙古部落地区，称王称霸，却不敢并吞明朝领地。正是由于祖俗旧习在人们脑中根深蒂固，所以连后来一心想打入关内占领明朝土地的皇太极贝勒，此时也站在"诸王大臣俱以还国对"的行列中。

其次，"俱以还国对"，给倾向于留驻辽阳的英明汗以强大压力。坚持留驻，违反众人心愿，如果贝勒、大臣都想回家，其他将领士卒更会心向故乡，这样一来，即使以汗之威严，强迫他们留下，也必然影响斗志士气，怎能动用他们的力量来安定辽东。

尽管面临强大的反对留驻的浪潮，努尔哈赤毕竟不愧为"英明汗"，他顶着压力，列举理由，巧言劝解，坚持留驻。他谕告诸贝勒、大臣道：

若我兵一还，则辽阳必复固守，凡城堡之民必逃散于山谷，不为我用矣。弃所得之疆土而还国，后必复烦征讨。且此处乃明朝、朝鲜、蒙古三国接壤之地，天既与我，即宜居之。

诸贝勒见汗意已决，且理由充分，遂表示此言诚然，拥护汗的决定，并遣人回建州，迎诸福晋及诸子来辽阳居住。她们一行于四月初五日来到辽阳。关系到后金盛衰的迁都辽阳大问题，就这样因努尔哈赤的果断决策而做出了决定。

但是，有些大臣仍然留恋故土，担心不能站住脚跟，长据辽阳，因此将儿子遗骸送回萨尔浒安葬。四月十一日，努尔哈赤以扬古利额驸欲将其子归葬萨尔浒，于衙门召集诸贝勒，再次详述迁都辽阳的必要。他说：

何必归葬于萨尔浒，彼处之尸骨亦将移葬于此矣。天既眷我哉，尔等诸贝勒大臣却不欲居此辽东城，劝尔等毋存疑虑。昔日吾国阿哈之遁逃，皆以无盐之故也！今且有之。自辽河至此，各路皆降，何故舍此而还耶？昔日，我处境困窘，犹如出水之鱼，呼气艰难，困于沙石之上，苟延残喘，遂蒙天佑，授以大业。昔金国阿骨打汗兴兵征宋及蒙古，未尽征服，后为其弟乌齐迈汗将其国尽征服之。蒙古成吉思汗征而未服之余部，亦由其于鄂格德依汗悉行征服之。为父我为诸子创业而兴兵，尔等诸子岂有不能之理。

在努尔哈赤这样苦口婆心地劝说下，在汗父的坚持下，诸贝勒当然只能遵从汗父的意旨，乃定居辽东城。

迁都辽阳之后不久，努尔哈赤又提出于辽阳城东兴建东京的意见。天命七年（1622）三月，努尔哈赤召集诸贝勒、大臣商议筑城之事。他说：

辽阳城大，且多年倾圮，东南有朝鲜，西北有蒙古，二国俱未服。若舍此而征明朝，难免内顾之忧，必另筑城郭，派兵坚守，庶能坦然前驱，而无后虑矣。

诸贝勒、大臣以劳民力而谏阻说：

若舍已得之城郭弃所居之房屋，而更为建立，毋乃劳民乎？

努尔哈赤不听谏言，坚持修建新城说：

既征明朝，岂容中止，汝等惜一时之劳，我惟远大是图，若以一时之劳为劳，前途大事何由而成！可令降民筑城。至于房屋，各自建之可也。

诸贝勒大臣只好服从汗谕，"遂于城东五里太子河边筑城，迁居之，名其城曰东京"。努尔哈赤此举甚为不妥，在评述筑城之是非以前，先讲讲筑城的时间及宫殿。

《高皇帝实录》卷八的记述，与《满洲实录》大同小异，只是把时间记于三月初三日。康熙、雍正、乾隆《盛京通志》和康熙《辽阳州志》等书，则均载天命六年筑建东京城，同时建宫殿。

以上说法，都不太确切。东京既不始建于天命七年（1622）三月，也不是建成于天命六年（1621），而是于六年中开始，到天命七年三四月筑成。《满文老档》太祖朝卷二十三载，天命六年六月十五日，"汗（从原岗）回城。修筑辽东城内汗居住之小城，已于十三日施工"。同书卷二十五载，"（八月）二十八日，汗率众福晋、请贝勒、众汉宫及其妻室诣筑新城之地。八旗宰八牛，各设筵十席，大宴之。又每旗各以牛十头赏筑城之汉人。八旗八游击之妻，各赏金簪一枝"。

虽然《老档》说六月十三日开始施工的小城，系"筑辽东城内汗居住之小城"，似乎不是在辽阳城外五里（或八里）的东京城，但是，至今为止，并未在辽阳城内发现有"汗居住之小城"，很可能这是老档编写者的笔误，把城外误写为城内。联系第二条材料所记八月

清早期莲花铜熏炉

沈阳故宫雕刻物

二十八日汗率众福晋、贝勒、众汉宫前往"筑新城之地",写的是"新城",而非小城,可以说明,这个新城就是从六月十三日开始施工的小城,是在城外筑建的东京城。

最能说明问题的是《满文老档》太祖朝卷二十六的一段记载。它在叙述天命六年(1621)八月十四日致爱塔副将的汗谕和十五日致新城游击书的中间,(意味此记载是十四日)记述了汗、贝勒大臣关于筑东京城的对话以及汗的决定和施工。这段记载是这样的:

汗曰:该辽东城年代久远,业已老朽,且城垣广大,我若出征,必致守城之人陷于危难矣。东有朝鲜,北有蒙古,此二国皆与我陌生,若舍此西征大明,则必有后顾之忧。需更筑坚城,酌留守兵,以解后患,即可安心南征。

诸贝勒大臣谏曰:若弃所得城郭所居之室庐,于新地筑城建房,恐力所不能,劳苦国人也。

汗曰:我与大国搆兵,岂能即图安逸乎?尔惟虑一时之小劳苦,而我所图者大也,若惜一时之小劳,何能成将来之大业耶?可令汉人筑城,至于庐舍,可令各主营建,如此,其劳无几也!

自八月始,于太子河北岸山岗建城池。

这段记载,与前述《满洲实录》卷七所记天命七年(1622)三月汗、贝勒大臣议建东京之事基本一样，唯一不同的是，老档在记完汗决定建东京之后，又明确写道，"自八月始，于太子河北岸山岗建城池"。可见"东京城"的确是在天命六年八月开始兴建的，（也许六月是准备施工），《满洲实录》卷七的记述，是把时间写错了。

《满文老档》太祖朝卷三十八载："（天命七年三月）初四日，汗与众福晋率蒙古来归之贝勒、福晋，前往新移之地宴劳之。汗命将为诸贝勒修房舍、喂养官牛之人放还耕田，当差人留之。"可见此时东京城已经修建完毕，才能将为贝勒修房之人"放还耕田"，而不是如《满洲实录》等《太祖实录》所记此时方才议修新城。同书卷四十又载，四月初四日，"汗于筑新城之地，召集察哈尔、喀尔喀前来之诸贝勒，及广宁之官员等，大宴之，赐蒙古为首之九贝勒各伞一柄、旗四面。汗于筑城之前，由辽阳城迁来"。这更说明在此之前东京城已修建完毕了。

东京城在太子河东，离辽阳城八里。"城周围六里零十步，高三丈五尺，东西广二百八十丈，南北袤二百六十二丈五尺"。有八个城门，东、南、西、北各两个城门，东门叫抚近门、内治门，西门是怀远门、外攘门，南门为德胜门、天阣门，北门系福胜门、地载门。

东京城内有汗宫及贝勒、大臣府第。汗的宫和殿分设两处。汗的殿堂，即办事的"大衙门"，为八角形，俗称"八角金殿"域"八角殿"，内外有排柱十六根，殿顶系用黄琉璃瓦镶绿釉瓦边的黄绿两色琉璃瓦铺成，殿内和丹墀铺满六角形绿釉砖。

汗宫在距八角殿西一百余米处的全城制高点上，它建立在人工修建的高约七米、面积约二百五十六平方米的土台之上。据海城县黄瓦窑世袭盛京工部五品官的掌窑主的《侯氏宗谱》记载，其曾祖侯振举曾"随任关东，以辅大清高皇帝兴师丰伐以得辽阳，即建都东京。于天命七年修造八角金殿，需用琉璃龙砖彩瓦，即命余曾祖振举公董督其事，特受夫千总之职"。龙砖彩瓦由于出自黄瓦窑的琉璃厂，才使东京城的宫殿辉煌壮观。

努尔哈赤传

　　天命十年（1625）三月初一日，努尔哈赤宣布迁都沈阳，初三日，"辰时，出东京，谒父、祖之墓，祭扫清明"。祭扫完毕，前往沈阳，宿于虎皮驿堡。初四日未时（中午1—3点），进入沈阳城。

　　五年之内，三易其地，一由赫图阿拉迁都辽阳城，再由辽阳旧城迁住东京城，又由东京移都沈阳。迁移虽三，原因和意义却有所不同。第一次迁都辽阳，充分体现了努尔哈赤胸怀大志，要长期驻镇辽东，且要继续前进，占据明朝更多领地。第二次迁居东京，则主要着眼于守住辽东，没有进取关内的想法。这次要迁都沈阳，则和第一次迁都辽阳有相同之处，这就是六十七岁的努尔哈赤宝刀不老，壮志凌云，想要尽据全辽，并要打进关内，他很可能是想仿效老祖先金国太宗皇帝完颜晟，赶走明朝天启皇帝，定都燕京，君临北部中国，这从他十个月以后大举进攻宁远上可以看得出来。

　　因此，他力排众议，很可能是板起面孔，带怒宣布"吾筹虑已定，故欲迁都，汝等何故不从"，显然是对贝勒大臣加以斥责了。并且，不等沈阳宫殿是否修建及完工，便于第三天，三月初三日即率领福晋、贝勒、大臣军民人等出发，初四日进入沈阳，仅仅三天的时间，就从商议到移居，完成了迁都的工作，可见其决心之大，办事之果断。这样勇于进取的精神，远远超过了当时的诸贝勒大臣。努尔哈赤此举是十分正确的，对金国的发展起了重大作用。

　　努尔哈赤迁都沈阳后，住居的汗宫在沈阳城北的镇边门里，并非盛京皇宫大内的清宁宫。汗宫是一座长方形两进院落组成的建筑，南向，正南为山门，入门为第一进院落，东西无对称建筑。第二进院落的建筑是筑在高台之上，正面是一座三间的正殿，殿顶由黄、绿两色琉璃瓦铺成。正殿东西两侧各有面阔为三间的配殿一座。汗的办公殿堂是大政殿与十王亭。与此同时，四大贝勒、和硕贝勒、贝勒等也都在沈阳城修建了府第。

反抗旧制

努尔哈赤迁都辽阳以后，就有一大难题摆在他的面前，如何治理和管辖辽东军民？如果想治理好辽东地区，就要先了解辽东的实际情况。

辽东地区，久已开发。商、周时肃慎人在此居住，战国归燕管辖，秦设辽东、辽西两郡，汉初沿袭。魏置辽东五郡，隶平州。唐置盖州、辽州及九都督府，统于安东都护，后为渤海国。辽、金为东京。元改为辽阳路，设辽阳行中书省。明置辽东都指挥使司，设定辽等二十五卫及安乐州、自在州。按每卫编制五千六百兵士计算，有十四万名，连带随营的余丁家属，约有数十万。明又令军卒屯垦，大体上是三分之二守城、三分之一屯田。洪武、永乐年间，辽东军屯多达二百五十余万亩，每年征收屯粮七十一万余石。

清早期 仕女画

辽东资源丰富，手工业也很发达。各卫皆有盐场、铁场，辖领盐军、"炒铁军"数千名，年征额盐三百七十七万余斤，岁收额铁三十九万余斤。还有大批兵民私自开办的民营矿场。明辽东经略熊廷弼上奏抗金计策时，力主招募矿徒，"将一呼而应，一二万兵可立致也"。一下子就能从矿徒中招兵一二万，可见矿徒之多和民营矿业的发达。

《辽东志》总述明初到明中叶辽东社会生产发展情形说"辽物产之丰，由来尚矣。国初疮痍新愈，民习勤苦。百余年来，兵戢不试，事简俗质，是故田人富谷，泽人富鲜，山人富材，海人富货，其得易，其值廉，民便利之"，"故往时人给家足，都鄙廪庚皆满，货贿羡斥，每岁终，辇致京师，物价为之减半"。

商业也兴旺起来，城市经济相当繁荣。以中小城市抚顺来说，它专与建州女真贸易，商贾较多。努尔哈赤打下抚顺后，以"七大恨"书付给在抚顺的"山东、山西、涿州、杭州、易州、河东、河西等处商贾"，叫他们带回明朝，可见抚顺商业的发达。

比抚顺更富的城市，还有很多，像金州、复州、盖州、海州，素为"膏腴之地"，开原，"城大而民众，物力颇饶"。沈阳、辽阳两大重镇，兵民百万，商贾云集，十分繁华。明经略熊廷弼说"如努尔哈赤全有辽镇，所获金钱财货，何止数千万"。明守前道王化贞说"金兵攻下辽阳，大杀兵民，辽之商贾，死者四五万人"。礼科给事中周士朴亦上奏说"奴杀西兵二万，复杀商贾四五万人"。财富之多，商贾之多，充分表明了辽东诸城的富庶和农业、工业、商业的发达。

辽东居民，以汉人居多，也有一些女真和朝鲜族人。明嘉靖十六年重修的《辽东志》，论述辽东人丁情形说明朝代替元朝以后，"始以四方之民，来实兹土"，汉人"十七"，朝鲜族及女真"十三"。这时，辽东都司的二十五个卫和安乐州、自在州，"户口共二十七万五千一百五十五"，"寄籍民七千一百九名"，"马步额军、招集军、屯田军、煎盐军、炒铁军共十二万四千七百二十九名"。这还只是官府州籍所载用于征赋的数字，实际的人口数量比这个大得多。到天启元年（1621年，即后金军进入辽沈时），全辽居民至少有数百万。

辽东地区，久已实行封建制。屯军领种官地，交纳屯粮，充当夫役，遭受封建国家和军官的封建剥削。地主阶级猛烈兼并土地，田连阡陌，役使佃农耕种。民人或系佃农，承种官将豪绅田土，交纳私租，或系自耕农、半自耕农，上交国赋，从事力役，皆摆不脱繁重的封建租赋摇役的剥削。

赋重差繁，官将贪酷，豪强欺凌，实难容忍，辽东民军奋起反抗，发生了多次大规模地反对封建剥削压迫的"兵变"。万历中期，更爆发了反对矿税太监高淮的多次大规模的"民变"。万历三十六年（1608）五月，大学士朱赓叙述此情说"夫激变之事，不数月间，一见于前屯，再见于松山，三见于广宁，四见于山海关，愈猖愈近"。前屯卫"各营男妇数千人"，愤怒打死高淮党羽汪政，"歃血摆塘，誓杀高淮而后已"。山海关内外军民"聚众数千攻围，高难窘急"，狼狈逃入关内，滚出了辽东。

综上所述，明代辽东农、工、商业进展较快，封建经济相当发达，地主阶级广占田地，役使佃农耕种，进行封建剥削，辽东军民坚决反抗明王朝的残酷压榨，反对封建制度的沉重剥削。这就是明末辽东地区的基本情况，也就是天命六年（1621年）三月以后，满汉人民激烈反对奴隶制、农奴制剥削，反抗后金国统治的强大斗争的历史背景。

天命六年三月后金军进驻辽东以后，掠民为奴，扩大奴隶制剥削范围，加深了辽民的苦难，辽东士农工商挺身而起，英勇反抗。

辽东军民反对后金国统治的斗争，显示了两大特点：一是全民反抗。参加反金斗争的，不仅有农民、手工业者和兵立，还有大量生员参加，原任明朝中军、都司、守备等将官，也有不少投入反金行列，这在天命六年七月的"镇江起义"显示得十分清楚。

明辽东巡抚王化贞遣都司毛文龙率兵二百二十余人，由海上进袭镇江，船到朝昨弥串岛，侦知后金游击传真真将所辖士兵派往"抄杀"黄嘴、商山等处，"城中空虚"。这时，右卫生员王一宁往朝鲜借兵，未成，返回三时，与毛文龙相遇，遂决定袭取镇江。先遣千总陈忠乘夜渡江，潜镇江中军陈良策商议，陈良策等人愿为内应。陈良策与居民潜通于明将毛文龙，"令别堡之民"数百人在镇江城外呐喊，"诈称兵至"，"大呼噪"，陈良策等在城内响应，"大呼明大兵至"，"城中惊挠"，陈良策等"乘乱"，率众擒获守城游击修养真及其子传丰年等减党六十人，送往毛文龙。毛文龙在镇江"收兵万人"，"南卫震动"。汤站、险山二堡民亦执守堡官陈九阶、李世科"叛投文龙"。氏甸守堡自愿往投（文龙）"。

此次起义，王一宁为军师，镇江中军陈良策组织和指挥，堡民踊跃参加，长甸守堡自愿投顺毛文龙，可见是士农工商兵齐起反抗后金国。

清朝军队

二是斗争方式多种多样，但以起义逃亡为主。金国汗遣降将陈尧道为宽奠参将，同守备郭彦光、吕端招降四卫，行至镇江，古河屯民陈大等人，不受伪命，刺杀陈尧道三贼，聚集三千人，歃血共盟。

马虎山民任九，锡头山民金国用，马头山崔天、王恩绍、秦卓山等，及东山矿徒，不肯降奴，各聚众以待大兵（明兵）。盖州生员李遇春及其弟李光春等，聚矿徒二千余人以守，奴使六人降之，遇春杀五人，其一人逸。广宁附近山区居民三万余人坚守山寨，拒不降金。复州民集议反金，约请明兵来援。

各地武装斗争风起云涌，蓬勃开展。逃亡，是辽东军民采取的又一主要斗争方式。被掠为俘虏沦为阿哈的汉人，愤怒反抗野蛮的奴隶制剥削，为金国汗贝勒强制编户的汉民，痛恨金兵的屠杀掳掠，他们纷纷大批逃走。有的逃往朝鲜，待机返明。

天命六年（1621）五月，逃入朝鲜者，亦不下二万。七月，镇江兵民起义遭汗贝勒镇压下去后，三万余人渡江，逃入朝鲜。努尔哈赤为此致书威胁朝鲜国王道回辽民说"据闻我所获得之辽东之民，多有逃往尔国者，务须送还，否则将结下仇怨，对朝鲜不利"。逃往沿海岛屿及渡海进入山东的也很多。天命六年五月，仅山东登州、莱州，就接渡辽左金州、复州、海州、盖州四卫官民男妇三万四千余名。毛文龙据皮岛，辽民多逃岛中，众达十余万。其他长鹿岛、石门岛等岛，也有大量逃民。

逃入关内的兵民更多，到天命七年七月，已多达二百八十余万人。此后，逃者仍然络绎不绝，姑以天命八年（1623）为例，这一年，沙安峪等四村民众三千人，向明朝逃去，清河、岫岩和瑷河，都发生了大批逃亡的事件，复州城民一万八千余丁欲尽数逃入朝鲜。

辽东军民还采取了投放毒药等方式进行斗争。不少村民投毒于井水，以毒药饲养牲畜，放毒于食品之中，以图毒死汗、贝勒和八旗官兵。努尔哈赤不得不多次下达汗谕，告诫八旗官兵谨慎小心，明确指出，有人投毒

于水，在盐中放药，以药养猪出售，谕令官兵不要在买猪当日宰杀，必须过几天药毒散尽以后才能宰食。用水用盐，都要格外小心，仔细检视，对于买来的葱、瓜、茄子以及鸡、鸭、鹅等，也要谨慎查看，防止中毒。

他还下达严谕，命令店铺主人必须将店主姓名刻于石头或木板上，立在店前，违令不办者，治以重罪，又禁革沿街流动售卖的小商贩，因为这些人常用毒药谋害八旗官兵。堂堂一国之君，竟要下达这样的谕旨，历史上是极为罕有的，可见汉民以投毒来进行斗争的行为是十分频繁的，已经对汗、贝勒的统治造成相当严重的威胁。

辽东兵民还采用了其他方式，反抗后金斗争，有的私藏兵器，违令不交，为起义做准备；有的藐视汗谕，收留逃亡的包衣阿哈，清点时又隐瞒不报，对抗搜捕逃人的严令；有的打死为非作歹的八旗官将，惩治欺凌民众的暴徒；有的还张贴文书，斥责努尔哈赤是"说尧舜之话，而心是桀纣之心"。

《满文老档》载录了两条辽东民众反抗后金斗争的总结性材料。一条是着重讲逃亡问题。天命九年（1624）正月二十一日，努尔哈赤下达大杀"无谷之人"的汗谕，怒气冲冲地说："应以无谷之人为仇敌"，因为"盗牛马而杀者，火焚积谷及村中房宅者，皆系不耕田、无谷，不定居于家，欲由此地逃往彼处（明朝）之光棍也"。《满文老档》编写者解释说："得辽东后，汉人不定居，常逃走，从事奸细，而不勤力耕田，故发怒而言也。"

这是得辽东以后第四个年头时的局面，不管汗、贝勒如何巧言诱惑和严格控制残酷屠杀，包衣阿哈和一般汉民就是不定居，就是要逃走，逃，逃，逃，不断地逃，大批地逃，根本无法控制。

另一条总结性材料是讲武装反抗问题。天命十年（1625）十月初三日，努尔哈赤下达长谕，列举辽民武装斗争说：

我等得辽东之后，不杀尔等，不变动住宅耕田，不侵犯家中谷物而养之。如斯育养，不从。古河之人，杀我所遣之使而叛。马前塞之人，杀我所遣之使而叛。镇江之人，捕我任用之佟游击，送与明朝而叛。长山岛之人，捕我所遣之使，送往广宁。双山之人，约期带来彼方（指明朝）之兵，杀我之人。岫岩之人叛行，为魏秀才告发。复州之人叛，约期带来明朝之船。平顶山之人，杀我四十人而叛。

不念我养育之恩，仍向明朝，故杀有罪地方之人。若令无罪地方之人，仍居其地，恐乱将不绝，因而移之，带来于北方。带来之后，住宅田谷，悉皆给予而养之。虽如此育养，仍放入奸细，受其札付，叛逃而行者不绝。今年，川城之人，耀州之人以被令带其户来，遣人往明朝，约期率兵前来。彰义站之人，以明兵来时将棒打女真，而准备棍棒。又鞍山、海州、金州、首山，其周围各堡之人，皆放入奸细，约期引兵前来携之而去。

这道汗谕清楚地表明了辽东军民武装斗争的普遍性和连续性，从金军进驻辽东开始，斗争就风起云涌，连续不断，遍及后金整个辖区。

尽管斗争十分残酷，满汉人民付出了很大代价，成千上万的起义者、逃亡者，惨遭屠杀，妻儿为奴，家破人亡，流离失所。但是，鲜血没有白流，满汉人民长期坚持不懈地斗争产生了重大影响，形成了"叛逃甚多，乱"的局面，使得后金国中城乡不宁、境内混乱，严重地影响了财力、

青代官窑瓷瓶

物力和人力，威胁到统治者的根本利益。汗、贝勒必须认真对待这样严峻的形势，采取正确的措施。

天命六年（1621）三月，努尔哈赤率诸贝勒、大臣，统领精兵数万，大举攻明，十三日取沈阳，二十一日下辽阳，海州、盖州等七十余城堡相继归顺，并定议迁都辽阳，后金国的发展进入到一个新的阶段，出现了许多新的问题，面临着崭新的局面和严峻的形势，必须制定新的正确的基本方针以及采取相应的系列政策和措施。

在正式论述基本方针之前，先讲讲与此有关的国号问题。天命四年（1619）三月大败明军于萨尔浒后，在同月的致朝鲜国王书信中，努尔哈赤使用了"后金国汗"和"后金国王"的称呼，从此"后金国"的国号正式出现于对明朝、对朝鲜交往的书信中。过了两年，天命六年三月八旗军进驻辽沈以后，努尔哈赤在对内对外的"汗谕"，书信中以"金国"或"大金国"的国号，代替了"后金国"的国号。表明此事的史料根据主要有六件，其中三件是努尔哈赤的孙女婿李永芳于天命六年五月致朝鲜边将的书信：

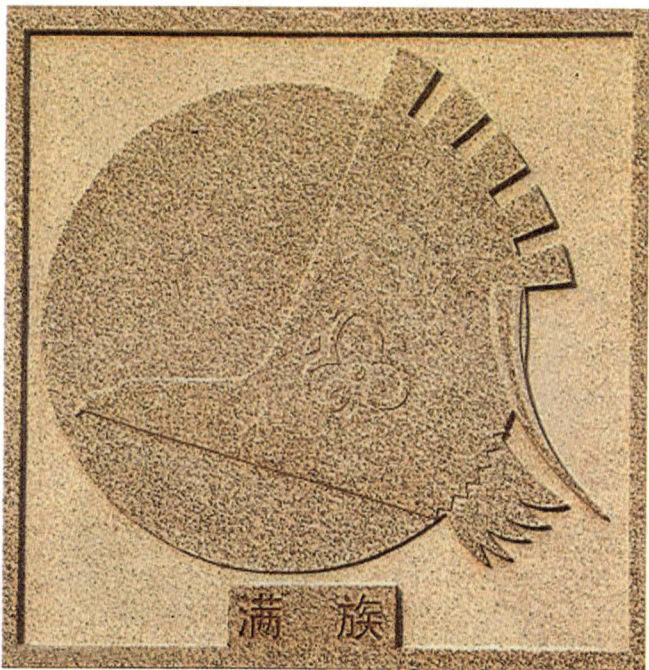

满族图腾

大金国驸马王李永芳谕朝鲜守边官将知道：我大金皇帝收取辽东……

大金（国）驸马王李，为招抚军民事，票仰义州节度使……大金国驸马王李，谕义州节度使知道……且辽东城堡，全归大金。镇江乃朝鲜要路，已属大金……或者你以我大金尚未一统，非可统取你国。

另外三件史料是文物：一为天命八年所铸云板铭文："大金天命癸亥年铸"；二是东京辽阳城德胜门石额书："大金天命壬戌年促夏立"，壬戌年是天命七年；三系东京辽阳城天佑门石额书"大金天命壬戌年仲夏立"。从"后金国"改称为"大金国"（或"大金"，或"金国"），一字之改，含义颇深。"后金国"之国号，固然可以表现出努尔哈赤摆脱了隶属于明朝为明帝臣仆之建州卫酋长之意思，要与明帝平起平坐，至少是互不隶属，但毕竟口气小了一点，态度软了一点，将本国写成是几百年前宋辽金时期的金国之后，一个已被元朝灭掉的金国之后，不值得炫耀，与赶走元帝、取而代之的大明天子来说，显然差了一大截。

现在，改称"金国""大金国"，既可以完完全全与明朝相提并论，都是大国之君，又意味着我大金国汗努尔哈赤，要进军入关，拿下燕京，把明帝驱逐到南方，形成金、明对峙的南北朝局面，首先是要全部占据辽东。这应该是努尔哈赤改国号为"金国""大金国"的意图吧。

这不仅是从国号一个字之改的推测，而且从半年以后攻取广宁和对待辽东地区的基本方针以及一些政策、措施，也可以看得十分清楚。

辽东地区，不管是河西地区还是河东地区，居民主要是汉人，生产关系、政治制度、文化传统、生活方式、风俗习惯、服装发式、语言文字乃至相貌性格爱好，皆与满族截然不同，怎样管辖，怎样才能让其为汗所用，为汗效劳，为汗耕田种地筑城纳粮？

辽东地区汉民以及先前在抚顺、开原等地被俘的包衣阿哈，猛烈反对野蛮的奴隶制和金国奴隶主贵族的统治，怎样才能镇压下去，才能减少反抗，稳定局面？

人丁大减，民不宁居，田地荒芜，各业萧条，社会混乱，怎样安定，怎样恢复？

明廷大调兵马，广修城堡，抢运粮草，赶制火器甲仗，极力挽救辽东危机，加强防卫，并屡派密使，潜入辽沈，联络反金人员，策划辽民武装反抗和大批外逃，以扰乱金国，牵制兵力，进而伺机出兵，收复失地，此情此策，如何对付？

满族人丁移居辽东以后，怎样安排？是固守旧俗，还是改行新制，或者另用其他方法？

这些问题，皆需当机立断，迅速解决。

情况虽然复杂纷繁，千头万绪，但是归根结底不过是两种制度之争和统治权的攫夺，即满族原有的奴隶制与辽河东西汉族封建制度的竞争，满族贵族代替明王朝汉族地主阶级，攫取对辽东人民压迫剥削的统治权。

奴隶制和封建制虽然都是剥削制度，而且在当时辽河东西地区来说，都不适应于现有生产力的水平，都是落后的制度，但两相比较，奴隶制更野蛮，更残酷，更落后，劳动人民受苦更深，日子更难过。制度既然两样，相遇必然相争，是奴隶制压下封建制，还是封建制取代奴隶制，二者之间，不能长期并行，必以一种制度衰落灭亡而结局。

社会制度既然不同，阶级关系必然相异。天命六年（1621）三月以后的金国，主要表现为统治权的问题。满族贵族要想夺取对全辽满汉人民的统治权，坐稳汗、贝勒的宝座，就必须将民众控制住，严格管辖，残酷镇压，以确保君权。由于奴隶制和封建制都是剥削制度，在压迫人民这一根本点上是相同的，只是具体的剥削方式有所差异，因此，统治阶级在特定条件下，可以放弃原有的剥削方式，改行新法，或两者兼用。即使是改行新法，往往也是被动的、勉强的，也要将旧的东西强加进去。从后金国、金国的这段历史看，以汗、贝勒为首的满族贵族就是这样做的。

努尔哈赤及其子侄诸贝勒和八旗各大臣，都是大奴隶主，有几十年压

清朝建筑

榨奴隶的经验，对奴隶制的剥削方式是行之有素，习以为常了。现在进驻辽东地区，从其奴隶主本性来说，自然要推行旧制，扩大旧制，将辽民变为阿哈，使奴隶制囊括金国整个辖区。

当时，八旗军屯驻要地，辽民是屠刀之下的降民，稍不顺眼，就鞭根相责，斩首抄家，可以任意摆布，正是扩大奴隶制剥削范围的好时机，汗、贝勒、大臣、八旗官将也的确在大肆掠民为奴，设置庄园。但是，满族贵族官将要想把全部辽民或大部分辽民变为阿哈，完全取消辽东地区原有的封建制，代以自己固有的奴隶制，却面临着无法逾越的鸿沟，这就是前面讲过的满汉人民坚决反对奴隶制剥削、反对奴隶主专政的后金国的强大斗争。

不能将所有汉民都变为包衣阿哈，汗、贝勒也不会轻易放弃祖传旧制，完全接受辽东封建制。也就是说，既不能完全汉化，完全封建化，又不能完全女真化，全部实行奴隶制，怎么办？金国汗努尔哈赤提出了自己的主张。年轻时候建州小部酋长之子努尔哈赤，多次进入抚顺马市与汉商

买卖货物，结交汉人、蒙古人，爱好学习，通晓满文、汉文、蒙文，熟谙中原历朝和金、蒙历史，"好看《三国》《水浒》二传"，这样的经历和知识，对他现在制定金国新形势下的基本方针起了很好的作用。

他很看重明朝制度规章。刚刚打下辽阳，他就于天命六年四月初三日对督堂阿敦、副将李永芳、马文明及汉人众游击降谕说：

舒尔哈齐

> 着将明朝所定诸规规章法令，俱缮书陈奏，去其不适，取其相宜上闻。不得以异国之人不知，而行谎报。另外，辽东之兵数几何，城堡若干，百姓若干，木匠、画匠等匠役数目，尽皆上书呈报。

努尔哈赤既叫书写明朝规章法令，而且令取其适者上闻，显然是要以明制中适合金国的规章法令做参考，以备采用。

正是在这样的情形下，金国英明汗努尔哈赤制定了新形势下的基本方针，即两种制度并行，既掳掠部分辽民，设置庄田，逼其充当包衣阿哈，延续和扩大奴隶制剥削方式的范围，又承认辽东地区封建制的继续存在，不将全体辽民变为阿哈，允许大部分辽民仍为民户，并根据这个方针，相应实行了一系列促进社会剧变的政策和措施。主要是"各守旧业""计丁授田"，按丁征赋金役以及禁杀包衣阿哈，等等。

续用明制

努尔哈赤实行"各守旧业"的制度，那么什么是"各守旧业"呢？它的好处又有那些呢？"各守旧业"指的就是各种行业，让它们以前怎样做，现在也怎样做。

努尔哈赤把"各守旧业"作为对辽东汉人实行的重要政策，多次对辽民宣布。最早的一次是天命六年（1621）四月初一日，即攻下辽阳后的第七天，在谕劝海州、复州、金州民归降时，正式提出来的。他下达汗谕说：

> 攻取辽东城时，吾之兵士，死者亦多。如斯死战获得辽东城之人，尚且不杀而养之，各守旧业……多肆杀戮，能得几何，瞬时亦尽矣。若养而不杀，尔等皆各出其力，经商行贾，美好水果，各种良物，随其所产，此乃长远之利矣。

过了一个多月，五月初五日，据报辽东地方民人，皆已剃发归顺，唯镇江之人拒不剃发，且杀我使臣，努尔哈赤遣乌尔古岱、李永芳两位副将。诗书劝谕其民归降说：不会因尔等杀我一人之故，而杀尔等众民、弃尔土地及口粮。前日炼银地方之人拒不剃发，闻听我兵前往，登山逃走，军士追至，杀其少数。为此，我亦因我属民减少而深以为憾，遂将其余众，悉加豢养，皆令剃发，各归其家，各操旧业。

天命八年（1623）六月十五日，努尔哈赤降书，重申"各守旧业"政策，谕告青苔峪、岫岩的汉人说：

其盖州、耀州、析木域、甜水站等地之人，因无叛逃之心，勤于耕作，庄稼茂盛矣。故无事之地，其人之田舍，皆不更动，使之安居乐业。各处之人，凡如此勤于耕作，不怀叛逃之心者，皆不动其田舍。

努尔哈赤还命督堂等官将"各守旧业"政策向汉人宣布讲述。天命七年（1622）二月二十八日，督堂致书爱塔副将，让其转谕一度从辽东逃走现又回来的汉人说："克辽东时，渡河而去之人一返还，即使尔所住之房、所耕之田、所食之粮，皆成俘获矣。若欲复得，为何不携财帛叩见督堂？"

天命八年（1623）四月十二日，李永芳驸马谕告汉人说："尔等南方之人为何叛逃……得辽东后，未动尔等所住之舍、所耕之田，各自相安而居。"

这些汗谕讲述了"各守旧业"政策的情形，表明了好些问题，需要仔细论述。

金国英明汗努尔哈赤的"各守旧业"汗谕以及督堂之书、李驸马之书，表明了五个问题：

其一，汉民政策的大改变。从女真旧俗到努尔哈赤兴起，都是抗拒者杀，掠为俘获者沦为阿哈，顺者编户。但是，当时主要是女真各部之间的征战掠夺，既然都是女真，降者自然可以编户。成为诸申，同是一族之人嘛，后来建立八旗制度时，这些人员都编入八旗。可是，对于汉人却不是这样对待的，每人都被逼充阿哈；个别的，特别为汗、贝勒必需之人，如"歪乃"，为汗掌文书，可以免去阿哈的身份，这是罕有的例外。

直到天命三年（1618）四月打下抚顺，招抚李永芳一行人员归顺时，才将降民编为一千户，其父母妻子亲族，不使离散，奴仆失散者，查归本主，又给予房田牛马衣食牲畜器皿，照明朝设大小官属，令李永芳统管。

这里提到的给予房田牛马等物，是因为降民被带回建州，其在明朝的房田不可能搬走。这样的安排，也就是后来的"各守旧业"。不将汉人掠为阿哈，而将其编户，算是后金国中的百姓或国人，但因其不是女真，故不能编入八旗。现在，进入辽沈地区了，汉民几十倍、上百倍于女真、满族，既允其归顺，就不能将其逼为阿哈，但他们又不是女真，不能入旗，只能成为汗之百姓。后金国新占领地区的归顺汉人，不像过去沦为阿哈，而是仍旧成为国家的百姓，还能"各守旧业"，这不能不说是后金对待汉民政策的重大改变。

其二，承认和延续辽东过去存在的封建所有制。"各守旧业"政策，让辽民各自保有自己之业，各自从事自己之业，不动个人之田、个人之房。以农业来说，既然不动其田其房，那么这些田地怎样经营，金国汗也就不干预了，让业主按其原来的方式继续经营。

辽东地区，很久以来就实行封建制，土地主要归地主所有，是封建立地所有制，他们大多是将自己拥有的几百亩、几千亩、几万亩地出租与人，招几家、几十家、几百家佃农承领耕种，按照佃约交纳租谷租钱，采用的是封建租佃制的剥削方式。也有一些地主既出租部分田地，收取租谷，又自己经营部分田地，雇佣长工、短工干活儿，发放工钱，收获粮谷，采用的是封建雇佣制的经营方式。这种情形金国汗贝勒也是知道的。

努尔哈赤在天命六年（1621）七月十四日下达的"计丁授田"

早期清军军营

汗谕中指出："昔日尔等明朝富人，占地甚为广大，其田雇人耕种，所获粮米，食之不尽，而粜之。贫民无田无粮，买粮而食，一旦财尽，沦为乞丐。"这段话准确地概括了辽东地区广阔田地主要由军官、豪强、缙绅等人员组成的地主阶级霸占的情形，绝大多数贫苦农民被剥夺了土地，被迫为人佣工，佃种庄田，交纳租谷，或者行乞度日。

辽东地区也有一定数量的自耕小农和半自耕农，向国家纳赋服役。按照"各守旧业"的政策，各自保有自己之业，从事各自之业，原来业主是地主的，对自己的业地有封建土地所有权，就可以照样将他出租与人，让佃农交租，照旧是封建租佃制的经营方式。这种封建土地所有制和封建租佃制在改朝换代之后，并没有被新君取消，而是得以继续延续，继续存在下去。

因此，从生产关系角度看，"名守旧业"政策，意味着辽东新君金国汗承认了过去各行各业的旧传统、旧产权形式和旧的经营方式，即承认和延续辽东过去存在的旧的剥削制度，而且还使一些旧制度暂时被冲垮、被打乱的地区恢复了原状。这就是说，奴隶主专政的后金国，进入长期封建化的辽沈地区以后，承认辽民的封建生产关系可以延续，并保障封建制，甚至还在一些地方恢复了封建制的剥削方式。

其三，维护了汗、贝勒的根本利益长远之利。实行"各守旧业"政策的目的，并不是汗为降民着想，怜悯降民，关爱降民，施以特大恩惠，既使他们摆脱沦为阿哈的灾难，又保护了他们的财产，让他们安居乐业，而是为了恢复统治秩序，稳定境内局面，安抚、控制辽东汉民，征租敛赋，金派役夫。

汗、贝勒拥有精兵十万，能对辽民大肆屠杀，可是，总不能全部杀光。虽能席卷辽民所有财产，掠得大量金银财帛田地房宅店铺，可是，以后怎么办？抢来之物，能用多久？"瞬时亦尽矣"。民皆杀戮，谁来种田？谁来建造房屋？谁去贩运货物经商行贾？谁来栽植果树种菜养花？谁来喂猪、放羊、牧马、赶牛？米谷从何而出？蔬菜由何而生？棉花从何而

产？肉禽蛋瓜从何而至？衣布又由何而成？就会如汗谕所说，将辽民的劳动果实口粮全部丢弃了，而各守旧业，让辽民继续耕田建房，贩运货物，却能获得"长远之利"，能够长期征收国赋私租，金民赴投，永取于民。

其四，维护归顺新汗的汉人地主、官绅和财东的利益。"各守旧业"政策，强调各自保有自己的祖业，如田地、房屋、店铺、船只、砖瓦窑、矿厂，过去这些田宅店铺等为谁所有，今日仍旧物归原主，不得变更，外人对此不得侵占抢夺。

辽东地区，贫富本来就很悬殊，广阔田地主要为地主霸占。正如努尔哈赤所说："昔日尔等明朝富人，多占田地，雇人耕种，食之不尽，将谷出卖。贫困之人，没有田谷，买而食之。"金军进驻辽东以后，没有逃走的汉人地主豪绅富商，既怕新君没收庄田店铺，霸占祖产，又怕百姓乘机反抗，夺取田地宅铺，抗租不纳，惶惶不可终日，坐卧不安。现在实行各守旧业政策，后金国不没收民田，个人保有原来的产业，他人不得侵占。这首先是禁止佃农、长工、劳苦农民侵占田宅。已经占取的，必须退还田主。尚未占夺的，不准再占。

当时兵荒马乱，贫苦农民是否乘机夺占地主田宅？虽然目前尚未发现农民占耕地主庄田被迫退还原主的直接材料，但是下述情形，对此很有参考价值：

当时，汉人地主、官绅和富商大贾，不少人死于战乱之中，许多人逃入关内，出现了大量"无主之田""无主之宅""无主之谷"和"无主牛马"。仅在辽阳地带以及辽南金州、复州、海州、盖州四卫，无主之田就多达一百八十万亩，与明朝嘉靖年间辽阳五卫、沈阳中卫和金复海盖四卫官府簿籍登载的屯田总额一百九十四万余亩相差无几。可见"无主之田"之多。兼之，此时金军新入，统治还不巩固，八旗官兵主要聚居大城要塞，边远州县尤其是乡村戍兵很少，甚至没有兵，很多屯堡村塞，后金国的势力还未达到，正是"叛逃甚多，乱"的形势，这为贫苦民众夺取田

地财谷提供了很好的机会。天命六年（1621）九月初八日，努尔哈赤谕令副将刘兴祚说："查明盖州、海州属下无主粮草，从速计量，给予我等兵士。"十六日又谕佟驸马（二等总兵官佟养性）说："佟驸马，尔告八游击、二都司，无主之谷草，从速调查处理，征取送来，给予未给饲料之马。此事若不从速料理，无主之阿哈将擅自卖尽矣。"又谕令新城游击说："边境各处无主之谷，与其弃之，不如令欲取之人拾取。"

这三次汗谕，说明了三点：

一是出现无主之粮草的地区相当广泛，不仅是海州、盖州和新城，而且是整个辽东地区。因为佟驸马是专管辽东汉民事务的总兵官佟养性，八游击、二都司是进驻辽东以后新任之官，专门具体负责辽民之事。这次汗命他们清查无主之谷，就是让他们在所有汉民地区进行这一行动，足见出现无主之谷的地区是何等广阔。

二是出现了相当多的"无主之阿哈"。这些阿哈，就是汉族地主官绅的家内奴仆、穷苦佃农和雇工，由于他们的主人或死或逃，许多佃农、雇工、奴仆摆脱了东家、业主、家主的控制。

三是这些"无主之阿哈"将主人的谷、草占为己有售卖与人的行为相当普遍，以致如不从速清查禁止，则将出卖罄尽，因此努尔哈赤在八天之内连下四次汗谕，责令八游击、二都司赶紧在辽东地区清查和处理。

乡村如此，城市也不例外。天命七年（1622）正月二十四日后金兵进入广宁，第三天，督堂就命令城内居民说："无主之财物、人畜以及店库所存的金、银、闪缎、蟒缎、帛、布、翠蓝布，各种物品，尔等所得其多矣！今令尔等拿出，尔等取一半，另一半给予我等之有劳兵士。"

贫苦农民既能夺取无主之谷，就更有可能占耕死于兵火及逃走在外的地主的庄田，何况这些田地本来就是他们佃种佣耕的，当然不会抛荒不耘，一定会照样耕地种田收割庄稼，只不过是没有主人鞭责催租罢了。

其五，汗、贝勒得利甚多。后金国汗、贝勒从推行"各守旧业"政策中，

得到了很大好处。

一是这项政策的实行，表明了从前屈居偏僻山区的小邦之汗努尔哈赤，已经一跃而为辽东的最高统治者，对各行各业都有最高支配权，有权调拨，可以让拥护新汗的汉人"各守旧业"，也可以将反金之人定成"奸细""歹民""逆贼"，将其祖业全部没收，一切皆由汗安排，辽民俱为汗之臣仆。后金辖区，尽系汗地，全为汗民。

二是金汗取代了明帝，拥有辽东全部土地的最高主权，霸占了所有无主田地。汗可以迁民分地，可以赏赐臣僚庄田，也能籍没罪人田户，当然更可以圈拨土地，设立汗、贝勒、大臣的拖克索。一切逃亡、死绝之人留下的"无主之田"，皆归汗有，新君可以让逃亡的业主回来以后，根据规定的条件，归顺金汗，手持银钱，向督堂叩首乞求，从而领回自己的府宅、庄田、粮谷，收复旧业。汗也可以命令无田之民分种无主田地，纳赋服役，听汗驱使。

三是争取汉族地主，建立以满族贵族为主的满汉统治阶级的专制政权。没有汉族地主的支持，区区几万男丁的"满洲"是不能在辽东站稳脚跟的，更不能长期统治下去，而要使汉族地主中相当一部分人能够归顺金国，只靠汗谕的劝降是不够的，还需要有更多的东西，特别是涉及汉族地主根本利益的田产、府宅、银钱等等，必须有一个明确的政策，必须保障他们的祖业、财产的所有权。

"各守旧业"政策，使未逃的业主，不反抗金国的地主，能够继续占有祖产，当然也就可以凭这些祖产招佃耕种收取租谷，还可收回已经丢失和被占的田宅财谷，这样一来，当然会减少他们对新君的敌意，促使他们承认和拥护（至少是不反对）金国汗的统治。一度逃往广宁之人，返回辽阳、沈阳以后，只要归顺新生，也可依凭"各守旧业"政策，遵照督堂的规定，交纳一些银钱以后，领回祖业。"各守旧业"政策第一次把满族贵族和汉族地主连接起来了，有了共同的阶级利益，为二者的联合奠定了一定的基础。

四是打击了反金的地主、士绅，扶持和加强了拥护金汗的士绅、业主势力。"各守旧业"政策保护了降金的官将豪绅和富商的"祖业"不被穷人侵占，且使他们得以收回失地，取回店铺财物，但对反抗金汗之人，则从重惩罚，没收其田宅财谷。这样一来，有可能促使观望犹豫之人投降新君，充当顺民，至少暂时不叛不逃，为金国汗增加了不少忠顺臣民，有利于巩固和加强金国的统治。

五是有利于鼓励业主认真经营自己的产业，役使佃农、雇工耕种已荒之田和未荒之地，修渠开沟，施肥整地，筑房造宅，开店设摊各自从事自己的行业，这对改变当时田园荒芜百业萧条的局面是有裨益的。总的来说，"各守旧业"助政策，为后金国汗所想收到的"长远之利"提供了良好条件。

应当说努尔哈赤实行的"各守旧业"政策是正确的，适应了辽东地区以汉民为主的封建制形势，对汉人的利益，对辽东社会的稳定和经济的恢复与发展，对满汉关系的协调及两个民族之间的互利共处，都是有益的，就此而言，努尔哈赤的确是一位高明的指挥者。可惜的是，这个政策没有很好地全面贯彻实行，而且几年以后就被努尔哈赤自己取消了。

"计丁授田"

天命六年（1621），面对攻占辽沈以后新的形势，旧有的农田理体制已不能适应新形势的发展，于是努尔哈赤于这年的七月实行"计丁授田"政策。

随着建州社会经济的发展和后金夺取辽沈的胜利，后金汗努尔哈赤颁布了"计丁授田"令。"计丁授田"令的颁布，有一个历史发展的过程。

建州铁制农具和耕牛的广泛使用，个产技术的显著改进，手工业和交换的相应发展，使女真社会中产力进一步提高。生产力的发展，导致生产力与生产关系、经济基础与上层建筑的矛盾日趋激烈。

这种矛盾必然表现为建州社会奴隶同奴隶主之间的阶级冲突。早在努尔哈赤起兵之前、女真奴隶因被掳使唤，不堪其苦，而纷纷起来反抗。如汉人孙良被掳，卖与豆尚介家为奴，"杀主之妻"逃亡。汉人汪仲武，被掳转卖李豆里家为奴，改名斜往；他"以斧并击杀"奴隶主李豆里及其子胡赤，夤夜逃奔。汉人罗伊巨被奴役在金波乙大家里十五年，"杀其妻子"逃亡。

逃亡是当时女真奴隶反抗奴隶主的主要斗争形式。据《李朝实录》的不完全记载计算：15世纪前半叶，每年逃往朝鲜的女真奴隶约有十五人；到15世纪中叶，逃亡奴隶增加五至七倍，而到16世纪中后期，逃亡奴隶约为15世纪前半叶的六十八倍，最高达到每年千人以上。奴隶的大量逃亡，沉重地打击了女真奴隶主阶级。奴隶们反对奴隶主的斗争，是奴隶占有制生产关系变革的基础。

女真奴隶反对奴隶主的斗争，是其奴隶占有制生产关系变革的内在根据，而汉族强大封建制生产关系的影响，又是其生产关系变革的外在条件。因此，女真族有远见卓识的政治家，在奴隶反抗斗争和汉族封建生产关系影响的双重推动下，不得不对女真社会进行改革。这个巨大社会责任，历史地落在努尔哈赤肩上。

努尔哈赤起兵之后不久，即着手对建州社会进行改革。这种改革，最早见于朝鲜南部主簿申忠一的记载。万历二十四年（1596），努尔哈赤在统一建州女真之后，推行屯田制。当时女真人中存在着"拖克索"。"拖克索"就是汉语的田庄，又称"农幕"。

申忠一从朝鲜到费阿拉，沿途所经八十余处居民点中，仅见六处"农幕"。这些"农幕"规模不大，受奴隶反抗斗争的打击，日趋衰落。如"大吉号里越边忍川童阿［下］农幕，而自上年永为荒弃云"。废弃"农幕"，推行屯田。如"奴酋于大吉号里越边朴达古介北边，自今年欲置屯田云"。

建州女真对屯田并不陌生。明朝在辽东地区，实行"分屯所领，卫兵所耕"的封建军事屯田制。"军屯则须之卫所，边地：三分守城，七分屯种"。屯田的办法是"人授田五十亩，给牛种，教树枝，复租赋"。

努尔哈赤的先世猛哥帖木儿在斡木河时即以"复业屯种"。后来据朝鲜史书记载，建州女真"各处部落，倒置屯田"。所以努尔哈赤以明朝的军屯和先世的传统为借鉴，开始推行屯田制。屯田的部民，"第一户，计其男丁之数，分番赴投，每名输十条"。在这里，地租与赋税是合并在一起的，主要是劳役地租。实行屯田，不是为了给农奴使用土地，而是为了使他们分摊劳役地租。

万历四十一年（1613），努尔哈赤在基本上统一扈伦四部和东海女真、设立四旗之后，在其辖区内实行牛录屯田，他规定：

每一牛录出男丁十名，牛四只，以充公差。令其于空旷的地方垦田耕种粮食，以增加收获，储于粮库。

万历四十三年（1615）建立八旗制度后，努尔哈赤又重申：

因向国人征粮作贡赋，国人必定困苦，乃令每牛录出男丁十人，牛四头，耕种荒地，多获谷物，充实仓库。任命十六名大臣，八名巴克什，掌管仓库粮谷的登记收支。

按照牛录屯田，实行编户齐民，使政治上的统治权与经济上的占有权相统一。牛录屯田的劳动者主要是诸申。每牛录三百男了中出十名男丁，四头牛，耕田植谷，粮交官仓。这是"三十税一"的封建领主劳役经济。努尔哈赤通过牛录屯田，使八旗的各级额真成为大小封建主；同时，使大部分诸申转化为农奴，并进行劳役剥削。因此，牛录屯田是把女真农奴当

作土地的附属物定牢在土地
上面的制度。

实行牛录屯田之后，诸
申要披甲执弓，从征厮杀；
种田植各，交纳贡赋；筑城
应差，负担摇役。

这就是说，凡是应征的
赋税、兵役和徭役，努尔哈
赤派给八固山额真，八固山
额真又派给所属牛录额真，
牛录额真再派给隶属的兵
丁。从而加强了对诸申的剥
削、控制和奴役。

万历四十四年（1616
年，天命元年）前后，努尔
哈赤在统一女真各部的过程

沈阳东陵狮雕

中，把许多处于原始社会状态，"不事耕稼，唯以捕猎为生"的"野人"
女真部民，或"收取藩胡，留屯作农"；或"编入户籍，迁之以归"；或
"选其壮丁，入旗披甲"——把他们就地屯田、纳为民户、编丁入旗，区
别不同情况，分别进行安置。这就使"野人"女真的路长和部民，转化为
后金的封建主和农奴；或则转化为奴隶制下的奴隶主和自由民。所以，努
尔哈赤伴随着统一战争而推行的社会改革，加速了"野人"女真部社会的
发展。

同时，努尔哈赤重视与牛录屯田、拖克索田庄相并行的个体经济的
发展。他特别"告谕"国人要养蚕、植棉。这同建州女真衣服奇缺有关，
"闻胡中衣服极贵，部落男女殆无以掩体。近日则连有抢掠，是以服着颇

第九章 社会改革

219

得鲜好云。战场僵尸，无不赤脱，其贵衣服可知"。

后金汗提倡要饲养家蚕，以缫丝织缎；种植棉花，以纺纱织布。从而促进了男耕女织的。一家一户的、农业与家庭手工业相结合的封建个体经济的发展。自给自足的自然经济，是封建制的基础。努尔哈赤的上述政策，对于巩固后金农奴主政权、加强封建生产关系和加速农业、手工业的发展，有着积极的作用。

万历四十五年（1617年，天命二年），后金汗颁布禁杀农奴的法令。它规定：无故杀害农奴者，贝子以上罚"诸申士户"，贝子以下"则戮其身"。这是一项很严酷脱法令。它旨在从法律上保护农奴的身份。

奴隶与农奴在其身份上有着本质的区别：奴隶被奴隶主完全占有，即被当作牲畜来买卖屠杀；农奴则被农奴主不完全占有，即虽然"可以买卖"，但"已不能屠杀"。因此，农奴与奴隶的主要区别在于是否可以屠杀。努尔哈赤这道禁止杀害农奴的"汗谕"，对于保护社会劳动力，改革旧的生产关系，有重要的意义。

万历四十六年（1618年，天命三年）四月，后金首破明辽东重城抚顺，得降民一千户。努尔哈赤对新降附的汉民，没有降作阿哈，而是依照明制，采取了封建的生产关系。《清太祖高皇帝实录》记载：

命安插抚顺所降民千户，父子、兄弟、夫妇毋令失所，其亲戚、奴仆自阵中失散者尽察给立。并全给以田庐、牛马、衣粮、畜产、器皿，仍依明制，设大小官属，令李永芳统辖。

朝鲜《燃藜室记述》也记载，努尔哈赤得辽之后，不杀一人，尽剃头发，如前农作。"不杀一人"显系美之词，不足征信。但是，仍依明制和如前农作均说明努尔哈赤不仅在后金原有辖区，而且在新占辽东地区，都实行封建制生产关系。

天启元年（1621年，天命六年）七月十四日，努尔哈赤进入辽沈地区之后，发布"计丁授田"令。他综合明辽东封建军事屯田制和后金八旗牛录屯田制，颁布"计丁授田"制度，是对女真生产关系的又一次重大变革。他命将收取海州地方田十万日，辽阳地方田二十万日，共计三十万日，给予在该处驻居的兵丁。如田不敷用，再将松山堡以东，包括铁岭、懿路、范河、沈阳、抚顺、东州、马根单、清河，直至孤山堡之田都要耕种。如仍不足，则可出境耕种。努尔哈赤下汗谕：

今年耕种的庄稼，各自收获。吾今计田，每一男丁，种粮田五日，种棉田一日，均平分给。你们不要隐匿男丁；如隐匿男丁，便得不到田。原来的乞丐，不得再讨饭。乞丐、和尚都分田。要勤劳耕种各自的田地。每三男丁种官田一日。每二十男丁中，征一丁当兵，以一丁应公差。

同年十月初一日，后金汗再令辽东五卫的人，交出无主田地二十方日，海州、盖州、复州、金州四卫的人，也交出无主田地十万日，共三十万日，实行"计丁授田"政策。

后金汗努尔哈赤，发布"计丁授田"谕令，将辽东地区"无主之田'，按丁授予满、汉人户。所谓计丁授田制度，就其土地所有制来说，后金国家是土地的最高所有者，把土地分为官田和份地，直接生产者除以无偿劳役耕种规定的官田外，便在所得份地上经营自己的经济，而并无真正的土地所有权。

就其直接生产者的地位来说，直接生产者虽不像奴隶那种人身隶属关系，但不许隐匿人丁，被钉附在土地上，成为八旗封建立的依附土地的农奴。就其分配形式来说，生产者耕种规定官田作为劳役地租，份地则为"一家衣食，凡百差徭，皆从此出"。

"计丁授田"制度表明，它的土地所有制、直接生产者地位和产品分

第九章　社会改革

配形式，都属于封建生产关系的范畴，而其基础则是满洲八旗封建土地所有制。因此，努尔哈赤继牛录屯田之后，又颁布"计丁授田"之令，进一步从法律上确立封建土地所有制在经济基础中的统治地位，标志着我国东北地区满洲社会，封建制取代了奴隶制。

努尔哈赤继把牛录屯田发展为"计丁授田"之后，又发布"按丁编庄"令，下令将奴隶制拖克索转变为封建制施克索。奴隶制拖克索即农幕的衰落。建州的拖克索有一个变化的历史过程。它先为奴隶制田庄，努尔哈赤起兵后不久，在奴隶反抗斗争冲击下，逐渐废弃。尔后，奴隶制田庄仍继续存在着。八旗军进入辽沈地区之后，将大量俘获的汉人降为奴隶，编入奴隶制田庄。但田庄的奴隶不能聊生，叛亡殆尽。努尔哈赤鉴于田庄奴隶的反抗，辽东封建经济的影响，奴隶田庄濒临瓦解的地步，便发布"按丁编庄"令，将奴隶制田庄过渡为封建制田庄。从此，拖克索发生了质的蜕变。

天启五年（1625年，天命十年）十月初三日，后金汗努尔哈赤发布"按丁编庄"谕：

男丁十三人，牛七头，编成一庄。将庄头的兄弟列科于十三丁之数。庄头自己到沈阳，住在牛录颜真家的邻近。使二庄头往在一处。如逢役使，该二庄头轮流前往督催。诸申不要参与。把庄头之名，庄中十二男丁之名，牛、驴之毛色，都写上交给村领催，由去的大臣书写带来。

若收养的人，置于公中，会被请申侵害，全部编入汗、诸贝勒田庄。一庄男丁十三人，牛七头，田百日。其中二十日纳官粮，八十日供自己食用。

每男丁十三人，牛七头，编为一庄，总兵官以下，各御以上，每备御给予一庄。

后金的"按丁编庄",每庄男丁十三人,牛七头,地百日,其中二十日交纳官粮,八十日供壮丁食用。这是大规模地用划一标准建立起来的田庄。

"按丁编庄"涉及的问题很多,但就其生产关系来说,田庄的土地,分为纳粮和自食两个部分:纳粮部分,壮丁用自己的劳动、耕牛和农具,耕种农奴主的土地,产品作为劳役地租,归农奴主占有;自食部分,对壮丁来说它提供生活资料,对农奴主来说它提供劳动力。

田庄的壮丁,有自己的经济,其身份已然不是隶属于主人的奴隶,而是附着在土地上,为封建主服徭役、纳租赋的农奴。这表明奴隶制田庄已转化为农奴制田庄,奴隶制拖克索转变为封建制拖克索。

田庄的数目,虽限定每备御给予一庄,但实际上远不是这样的。据《建州闻见录》所载后金的田庄,将胡则多至五十余所,田庄如云,遍布沃野。田庄中,奴婢耕作,以输其主。在按丁编庄之后,奴婢也就是农奴。

总之,后金汗努尔哈赤进入辽沈地区之后,控制了其辖区的全部土地。他通过后金政权,一方面使牛录屯田发展为"计丁授田",就是将其中一部分土地,授予后金诸申和汉族民户,从而使屯田转变为旗地;另一方面使奴隶制拖克索转化为封建制拖克索,就是将其中另一部分土地,分给大小军事封建主,"按丁编庄",从而使庄田转变为官田。

无论是"计丁授田"或是"按丁编庄",其共同特点是直接生产者作为农奴被束缚在土地上,而且必须为土地占有者交纳劳役地租。这正如列宁在《俄国资本主义的发展》一书中,论述封建徭役经济特点时所指出"在这种经济下直接生产者必须分有一般生产资料特别是土地,同时他必须束缚在土地上,否则就不能保证地主获得劳动力。因而。攫取剩余产品的方法在徭役经济下和在资本主义经济下是截然相反的:前者以生产者占有份地为基础。后者则以生产者从土地上解放出来为基础"。

第九章 社会改革

223

所以，努尔哈赤实行"计丁授田"和"按丁编庄"，都是封建主占有土地，农牧分得份地，依附于土地，为地主纳税、服徭役，并受其超经济的强制。这表明满洲社会以牛录屯田为标志，开始由奴隶制向封建制过渡；又以"计丁授田"和"按丁编庄"为标志，初步完成由奴隶制向封建制的转变。至于后来实行部分汉民"分别屯居"，这在生产关系上没有发生根本性的变化，只不过是为缓和满汉民族矛盾所采取的一种手段而已。当然，后金进入辽沈地区以后，仍有大量奴隶存在，如沈阳附近的开城就有买卖奴隶的市场。但总的来说，奴隶制已不再是后金社会的主要经济形态，仅仅是保留在封建制中严重的奴隶制残余。

后金汗努尔哈赤的"计丁授田"和"按丁编庄"，对于满洲社会完成由奴隶制向封建制的过渡，无疑是一个巨大的进步。但对于辽东地区相当发达的封建经济，又是一次历史的回旋。他在辽东地区的经济政策及其实施，主要引起三种人的不满：

一种是后金诸申的不满。如在计丁授田时，上等肥饶之地，或被本管官占种，或被豪家占据，余剩薄地，绳扯分田，名虽五日，实在不过二三日。他们除纳劳役地租外，还应公差，服兵役。连年战争，马不卸鞍，卖牛典衣，买械治装，丧身疆场，妻子无依，其生活苦不堪言。另一种是汉族地主的不满。征发"无主之田"和实行"按丁贡赋'的政策，直接损害辽东汉族地主的利益。因为"无主之田"原是有主的，其主人多为原辽东官僚地主、缙绅豪富，他们或死或逃，同后金贵族利益相矛盾。同时，"按丁贡赋"对辽东汉族地主也是一个打击。如努尔哈赤向辽东汉民下达文书言：

我来辽东之后，见各种贡赋都不以男丁计，而是按门户计。按门户计，有的门户有四、五十男丁，有的门户有一百男丁，有的门户只有一、二男丁。如按门户计，富人以财物免投，穷人没有财物，须经常应差。我

不执行你们的制度，用
我原来的制度。不准诸
贝勒大臣向低下的人索
取财物。贫富都公平地
以男丁计。

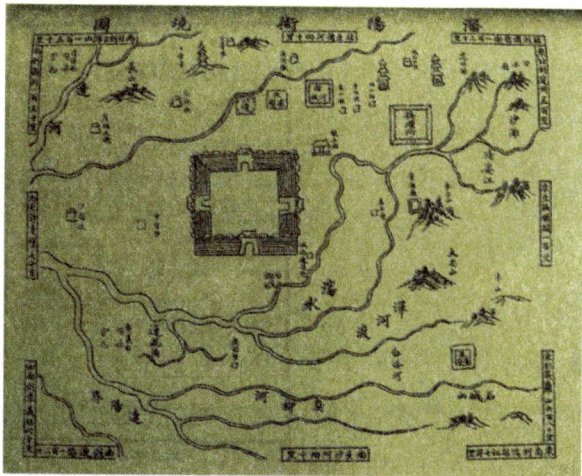

尽管这项政策不能
真正执行，但仍在不同
程度上打击了隐匿丁额
的辽东汉族地主。再一

沈阳卫境图

种是辽东汉民的不满。辽东汉民无论是"计丁授田"的民户，还是"按丁
编庄"的壮丁，其身份都被降作后金汗、贝勒、额真的农奴，所受人身奴
役更为严重。

后金统治者给辽东地区汉族人民，捆上阶级压迫和民族压迫的绳索，
激起辽东汉民的反抗。努尔哈赤在辽东汉人反抗和女真奴隶、农奴不满的
背景下，率军进攻宁远。他在宁远之役中，输给了明朝将领袁崇焕。

征收官赋

随着努尔哈赤攻占辽沈以后，面对新的形势需要在各方面进行改革。
面对众多的人口，怎样进行征赋，以用来维持后金政权的物质基础，又是
需要努尔哈赤进行改革的目标。

金国汗努尔哈赤很重视征赋佥役问题，多次下谕催收国赋。天命六年
（1621）三月二十一日八旗军打下辽阳，进驻辽东。五月初五日，努尔哈
赤下谕，劝诱镇江居民归顺时就说过，不会因为辽民反金而将全体汉民斩
尽杀绝，因为若将辽民杀光，就把此地"所产之口粮"尽皆丢弃了。

225

天命六年七月十四日的"计丁授田"谕规定"每三丁合耕官田一垧"，这个规定太古老了，没法实行。

天命六年（1621）八月十七日，汗谕："从速逼迫催征依照旧例征收官赋之谷草。"

天命六年九月十六日，汗谕："佟驸马，着尔传谕八游击、李都司……征官赋之谷时，著连草料一并征收。"

天命六年十二月初十日，努尔哈赤下谕，指责管辖盖州、复州、金州的副将刘光祚说："依照日例征收之谷、银、炭、铁、盐等官赋，何故不从速催征送来！"并指示："遣佟备御率兵一百，令其催征依照旧例征收之官赋。"

同月十四日，又下汗谕："汗所差遣督催依照旧例征收之官赋，勿得停止。"谕爱塔副将："命将盖州、复州所征官赋之草送来。如有不敷，则向该地方之人征以银两。"

同月十八日，汗又谕爱塔副将："汗沿旧制所征收的各项官赋，勿增勿减，照旧征收。""汉官等私下擅征之谷、草、麦、芝麻、线麻、蓝靛、笔、纸等物，俱皆革除。"

天命七年正月初七日，汗谕众汉人曰："凡酉年照例应征收官赋之各种物品，著从速尽行交纳。"

这些汗谕，是针对辽东全体编为民户的汉民而言，所有汉民都要遵守这些谕令，缴纳官赋。这些谕令，用词和语气都很厉害，要快征，要全征，要逼征，还要尽快送来。反复强调"从速督催送来"，"从速尽行交纳"，"从速逼迫催征"，真是急如星火，不许迟延，不准拖欠。

所有这些汗谕，集中反映了一个十分重要的问题，这就是与明朝对抗的、奴隶主专政的后金国，打败明军，进驻辽东后，竟基本上采用了明朝征收赋税的"旧制""旧例"，实行了明朝封建王朝征收赋税的封建赋税制度。

这些汗谕，都着重强调依照"旧制""旧例"征收各种官赋。这个

"旧制"域"旧例"，并不是建州故制，因为从女真国到后金国，进入辽沈以前，辖地不广，人口不多，且主要是称为"诸申""女真"的满族，汉民基本上沦为阿哈，除"抚顺额驸"李永芳一千余降民外，全体人员都编入八旗，征赋金役时，是按八旗制进行的，没有成套的、固定的、正规的赋役制度，也就是说没有"旧例"。

汗谕所说的"旧例"，不是其他国家的故俗，而是明朝政府在辽东征收国赋的赋役制度。此事可从三个例证得到说明。天命六年（1621）八月十七日的汗谕，命令"从速逼迫督催依照旧例征收官赋之谷草"。金军三月入沈，八月是其进驻以后第一次收获季节，也是第一次在新的辖区专门对汉民征收官赋，可见汗谕所说的"旧例"，应是明朝的征赋制度。

十二月初十的汗谕，讲到"依照旧例"征收的官赋项目有"谷、银、炭、铁、盐等官赋"，这和明朝政府在辽东征赋的项目基本相同。明嘉靖年间，辽东都司额田三万一千六百二十顷，额粮三十六亿四千九百万，额盐三十七万七千四百七十三斤，额铁三十九万五千零七十斤，额草五百九十四万六千三百束。这也表明，汗谕说的"旧例"，就是明朝征赋的办法。

十二月的十八日，努尔哈赤在谕令副将刘兴祚"依照旧例"征收官赋时，又着重指出，"汉官私下擅自征收之谷、草、小麦、芝麻、线麻、蓝靛、笔、纸等物，俱皆革除"。将此谕和五个月前的"计丁授田"谕相比较，该谕中努尔哈赤明确指出，要将过去明朝官将私征各物，尽行革除。他说："尔等明朝之参将、游击，一年所取者，豆、高粱及粟，合共五百石，还有麻、麦、蓝靛，每月食用之米、菜、木炭、纸，又取银十五两，我今将此苛政尽行革除。"两谕列举汉官过去私征之物，何其相似。

当然，金国与明朝很不相同，剥削方式与传统习惯与明也不一样，因此，在赋役制度上也有其特殊之处，主要是从天命七年（1622）起，在保留明朝征收封建赋税的主要项目和正额数量的条件下，渗进了入驻辽沈前

的传统做法，即实行以丁为主要计算单位的计丁征赋金役制，而不是像明朝着重在以田地为纳粮单位的计算办法。这从下述四例可以证明。

例证之一，努尔哈赤规定，八旗官将计功按职分为几等，各食若干丁的钱粮，以代替明朝按它给俸制度。汗曰：

额亦都巴图鲁，独取舒勒格布占，克巴尔达城，败萨克寨之来兵，奋战于尼玛兰城前，著为一等大臣，授总兵官之职，其本身及子孙三世，食百人之钱粮。

同乌拉大国之战中，身先士卒，下马步行，奋勇攻战，击败乌拉兵，灭大国，着赏阿达海一等备御之钱粮，十人。一员千总，四人；三员把总，各三人；三名守堡，各二人；驻都城之甲兵、哨兵、门卒、匠人，各二人；铁匠、瓦匠，各二人。

又如，汗曰：

赏贝和齐叔二等参将之钱粮，二十二人……（达柱虎）着为参将，赏一等游击之钱粮，十六人……赏代理副将哈喇三等游击之钱粮，十二人……赏（章噶尔吉）三等备御之钱粮，六人……赏硕色二等备御之钱粮，八人。

所谓食多少人的钱粮，就是说这些人每年应上缴国家的钱粮，不交国库了，作为俸银，由这些官将享用。看看后来皇太极执政时对这种制度的说明，就更加清楚地看出官赋是以丁交纳的。清天聪八年（1634）正月，众汉官要求减免自己占有的人丁之徭役时奏称"我等蒙圣恩，每备御帮丁八名，止免官粮"，其余杂差，"与堡民一例当差"，请求免去这八丁应该承担的徭役。这里所说的帮丁八名，即系上述《满文老档》记述努尔哈

赤规定的二等备御应食钱
粮的八丁。备御占有的八
丁，本应交纳官赋，因作
为俸银，不交了。这八丁
免去的官粮，不向国库交
纳，而由本主占有。可
见，赋税（官粮）是按丁
计算，按丁征收的。

之所以用丁作计算单
位，按丁征收，就是因为
实行了计丁授田制度，金
国辖区的大部分地方，实
行了按丁分授田地办法，
每丁皆有地六垧（后减为

努尔哈赤第十四子多尔衮像

五垧），其上缴的官粮，就是折算这些田地应交官赋的数量。这就是天命
七年起实行计丁征赋的规则。

例证之二，平虏堡民交给恩格德尔的赋谷赋银。上述各官分食若干丁
的钱粮，固然可以说明实行计丁授田地区，按丁领受田地的满汉官员是计
丁交纳官赋，但是没有实行计丁授田的地区，没有领田的民人，是否按丁
交赋？每丁又交多少？这两个问题仅从上述材料不能说明，还需看看平虏
堡的情形。

天命七年（1622）正月初八日，努尔哈赤下令："以平虏堡之
四百三十四丁，给予蒙古恩格德尔额驸……每年所征官赋，银一百两、谷
一百石，以我之手给予。"

平虏堡在辽阳西北边境，接近蒙古地区，没有实行计丁授田，这里的汉
民是一般的民户。努尔哈赤以平虏堡民赐予恩格德尔，一年四百三十四丁征

229

"官赋银一百两、谷一百石",平均每丁征银"六钱三分、谷二斗三升"。这批银谷本应上缴国库,因堡民赐予恩格德尔,故将此银谷交与恩格德尔。这里,根本末提本堡有多少田地,每亩应交赋谷赋银若干,而一概以丁计算。可见,在未接田与民的边区,对汉民的征赋,也是按丁计算。

例证之三,再赐恩格德尔丁赋。天命八年(1623)二月十二日,努尔哈赤以十分优厚的条件劝诱恩格德尔来归定居时说:"(过去)曾给汝之一千丁,一年所取之银六十六两、粮一百一十石,仍照旧给予。"这次,如来定居,"将赐尔等八千丁之赋谷赋银","一年取银五百二十两、谷八百八十石,供差役之人一百四十人,牛七十头,护身兵士一百四十人"。

在这里,明确地讲到赐八千丁的赋谷、赋银,却不讲赐多少土地的田赋,可见金国是实行计丁纳赋制。

例证之四,督堂上报丁银的材料。《满文老档》太祖朝卷四十五载述了督堂向汗呈报赋银的材料。天命八年二月初十日,"督堂汇奏曰:一年每男丁应纳之官赋:赋谷、赋银、饲军马之料,共银三两。按三两银计,淘金之六百丁,每年征金三百两。炼银之一万丁,征银三万两"。

清代翡翠狮

这段材料十分重要,很有说服力。这是金国具体处理日常政务的督堂向汗汇总报告的数字,是全面概括全国情形的总结性材料,不是讲个别地区、个别人的负担。每丁征收的项目,包括了赋谷、赋银,还包括了饲养军马的草料,即包括了主要的官赋项目,加起来折为白银,合共三两。

这里所说的丁,虽未明说是农,是工,还是商,但从其着重

举出的赋谷、赋银、马料来看，很显然是指农业的丁，是指有田地的丁。以农业上的了每年应交官赋的数量，推广到淘金的丁、炼银的丁，皆照此数，都是每年每丁征银三两。这就非常有力地说明了，这是通行全国辖区的征赋标准。以上一切材料，充分证明了全国的赋税征收是以丁为计算单位，按丁征取官赋。

金国汗努尔哈赤既规定官赋计丁征收，又规定差役亦以丁为单位佥派。役包括两个方面，一为出兵，一为出夫。天命六年（1621）七月十四日的"计丁授田"汗谕中，努尔哈赤规定："每二十丁，以一丁当兵，一丁服役。"这是关于领受田地的汉民而言。不久，计丁佥役的规定扩大到所有汉民。

天命六年十一月十九日，努尔哈赤"降书汉人"，宣布按丁佥役的政策说：

我自来辽东察得，凡派官差，皆不按男丁计数，而按门（户）计数。若以按门（户）计数，或一门有四五十男丁，或一门者百余男丁，或一门有一二男丁。如此按门（户）计数，富者行贿可以豁免，贫人无财而常充工。我不行尔等之制……我颁行之制，……无论贫富，皆以男丁计数，每二十男丁，出一丁为兵。遇有急事，十丁出一人服役。若系缓事，百人出一人服役。百以下，十以上，视事之缓急而摊派之。

这是关于役的基本规定。现在先看看兵役的情形。每二十丁出一丁当兵，这是很重的奴役。不仅每二十丁须出一丁当兵，还须置备衣服、兵器及马匹。天命七年正月初四日，努尔哈赤下谕："二十万，征一丁为兵。此当兵之人，乘价银十两之马，及携带之器械，令二十人合摊。"

同月初六日，努尔哈赤又下谕，详细规定按照汉官管辖辽民人丁的多少，各自准备一定数量的大炮长铳。管四千人的汉官，以二百人充兵，

其中一百名兵士，"配以大炮十门、长铳八十只"。管三千人的汉官，以一百五十丁当兵，"配以大炮八门、长铳五十四只"。管二千丁的汉官，以一百人当兵，"配以大炮五门、长铳四十只"。

每两百丁需出十名兵士和十匹马，每匹马价银十两，十匹马就是二百两。兵士的军服，兵器（刀、枪、弓、箭）、鞍辔，以及大炮半门、长铳四支，需要很多银两，是很沉重的负担。

汗、贝勒对这些汉兵并不相信，戒心很大，施以严格管理。努尔哈赤在天命七年正月初四日谕令"每二十男丁，抽一丁当兵"时，又规定"当兵之人的家口，令速来京城居住"。把兵士的家属作为人质。

第二年四月，又做了修改，规定一半汉兵及其父母妻子居住在东京城。四月十三日，"督堂之书下：于一备御之五百汉人，出一千总、二十五兵，将千总自身及父母妻子、十二兵自身及父母妻子，令住于东京城，其家人仍居原处耕田……兵士所持之炮、弓、撒袋、腰刀、枪，皆收之，存藏于备该管官员家中"。

兵士的马，如果瘦削，则鞭打该兵，马死，责令兵士赔偿。

至于汉民出役夫的人数，比例也很大，基本上是十丁出一夫，有时五丁出一夫。当时，征战频繁，大兴城工，既筑新都东京城，又移都沈阳，还大修各地重要城池，拉石运木，载土装沙，砌墙拌灰，金派了大量民夫和牲畜。比如，天命七年正月初四日，努尔哈赤下谕：

着查点国中男丁，每百丁设百长一名。修筑汗城，每十丁抽一丁服役。每百长派男丁十人，牛车三辆，每二名百长，出一百长，带领率来，另一百长留下统管之。海州所属之八，限于本月初十日抵辽东（辽阳）；盖州所属之人，于十日抵达；复州所属之八，于十八日抵达，金州所属之这边人，于二十二日抵达，那边之人，于二十五日抵达，凡汗所征之兵及所点派之役夫，倘缺一人，或逾一日不达，则以尔等地方长官、守堡及百长从重治罪。

除城工之外，辽民还要运送军粮，输送军械器具等，差重役繁，疲于奔命。

改革奴隶制度

奴隶制度在女真社会已经存在多年，在女真中奴隶被称为阿哈，努尔哈赤时期，因战争的关系，阿哈和以前相比也更加的多了起来。他们在汗、贝勒八旗各给额真的田中耕地，进行各种各样的劳动。阿哈是后金政权的农业生产中的主要劳动力。

天命六年（1621）三月二十一日打下辽阳，后金军进驻辽沈以后，阿哈的人数又增加了很多，主要是战争中掠夺人丁被逼为奴。努尔哈赤一向实行"逆者以兵临"，"俘者为奴"的方针，在攻取沈阳、辽阳时，掠夺了大量汉民，后来又多次派兵镇压各地反金人员，掠夺了大批俘虏，逼令充当阿哈。

天命六年五月，以镇江汉民拒降，杀抗拒者，俘其妻孥千人，分与将官士卒。七月镇江汉民起义，镇压后，携一万二千俘虏归，八年四月，复州城民欲逃，杀其民一万七千余丁，掠其子女为俘获。此外，查寻逃人时，将逃人（阿哈及辽民）及收留者设为阿哈。这样一来，阿哈数量急剧增加，超过了进入辽沈以前，汗、贝勒、大臣和八旗官将也就因阿哈的增加而大量设置拖克索，遍布全国各地。

姑举三例为证：

天命六年十二月十一日，努尔哈赤降谕："召八贝勒家之人谕曰：将原先给予各拖克索之所有汉人，皆送于稽丁处，再按应得之数分取之。"这里明确讲到过去将汉人分给各贝勒的拖克索，这些汉人就是被掠为俘获

的包衣阿哈，因为编为民户的汉人，是分隶八旗官将管辖，不会给予八贝勒拖克索的。

又如，七年正月初五日，即距上谕不到一个月的时间，努尔哈赤又下谕说："着将于抚顺所获之汉人，给予我等之各贝勒，其领催管辖之人，由各该主子察看任置。"可见攻取抚顺时掠取的汉民，相当多的是由汗给予各贝勒了，安排在他们的拖克索内，耕田种地。

再如，二月二十五日，努尔哈赤致谕留守辽阳的诸贝勒说："将尔等得获之二百匹马、四百头牛，给予自兀鲁特来之（蒙古）诸贝勒，所得汉人亦给予自兀鲁特来之诸贝勒，为种圃置拖克索之人。"

阿哈除了在拖克索里耕田种地外，还要承担其他苦役，如在汗宫、贝勒府宅和额真大院里当牛作马，侍奉家主，伐木砍柴，深井汲水，淘米煮饭，牧马放羊，养猪饲牛，采参摘松，猎虎捕豹，随主从征，这些苦活儿、累活儿、脏活儿、危险活儿，无不承担，还经常遭到家主的斥骂鞭打。

阿哈的人身严格隶属于家主。金国汗努尔哈赤于天命八年正月二十七日下达的汗谕，对阿哈的地位、义务作了根本性的规定。他说：

主之子阿哈，阿哈以主为父，若敬思弗忘，不萌贼盗奸诈凶暴之念，小心翼翼，而尽力于阿哈之事，则刑罚从何而至……阿哈若不小心翼翼，尽力从事主子所委托之事，违之，而为盗贼奸诈凶暴之行，则将为主所责，受刑罚矣……若不尽力，违背怠慢，则主将发怒，而打伤矣。

这段汗谕规定了阿哈是家主之子，这个子，不是讲亲属关系，而是说阿哈是家主的下人。阿哈对家主必须"敬思弗忘"，小心翼翼地"尽力于阿哈之事"，"尽力从事主所委托之事"，不准产生"贼盗奸诈凶暴之念"，不准违抗主子之命，否则将为主子打伤，将"受刑罚"。

尽管阿哈仍然遭受汗、贝勒、八旗官将等家主的野蛮压迫，但是由于阿哈的长期斗争和满汉人民的坚决反抗，进入长期封建化的辽沈地区以后，情形有了相当大的变化，家主已经不能完全沿袭古老的方式奴役阿哈了，这在下述四个方面显示得十分清楚。

其一，家主不能任意处死阿哈。过去阿哈是奴隶的时期，家主可以任意杀死阿哈，可以用"打杀"来威胁阿哈。明代前期，建州卫女真都督李古纳哈"饮酒发狂，不分金刃，打杀西亏柳（西亏柳系李古纳哈的汉奴）"。汉人金宝轨被建州女真兀给乃抢去，"做奴听使"，金难忍其虐，逃出，被兀纥乃之子遏儿哥抓回。遏儿哥大骂金宝轨说，等父打围回家后，"便打杀你了"。

努尔哈赤的三伯祖索长阿，为了领取赏金，告诉栋鄂部长克彻，伪称自己的两个阿哈是谋害克彻之子的凶手，愿将他俩杀死以领赏银。现在，努尔哈赤在汗谕中，只强调家主可以斥责阿哈，可以施用刑罚，可以打伤阿哈，却只字不提可以杀死阿哈，这表明此时家主已经不能任意杀死阿哈，故汗谕才不提家主有权杀害包衣。

其二，天命八年（1623）二月二十七日，牛录章京郎善控告色勒备御横行不法，打瞎自己妻子的双眼，并借口有狐魅，打死家中一名女阿哈，又打死其牛录下一名妇女。法司审理属实。尽管色勒是努尔哈赤的堂侄，色勒的祖父礼敦在景祖觉昌安创业的过程中立了大功，

清朝国内与国外的贸易

甚受努尔哈赤尊重，但亦将色勒判罪，革其备御之职，打死二妇，取二人以偿，罚银十五两。可见，此时家主打死阿哈是不合法的，贵为汗之堂侄色勒也不能随意杀害阿哈，违者要遭惩罚。

其三，家主不能太野蛮地虐待阿哈。虽然汗谕规定，家主可以斥责、"打伤"阿哈，可以施用刑罚，但是也有一个限度，太过分了，也是不行的，也要受到法司制裁。阿纳的一名女阿哈逃走，抓回以后，阿纳之妻对女阿哈残酷迫害，竟用烧红的铁器烙女阿哈的阴门。天命七年六月十九日，审案大臣认为，阿纳之妻的这种行为，曾拟以死罪，后免死，改为刺耳鼻。对逃走的阿哈，也定罪，削其耳鼻。审案大臣认为，阿纳之妻的这一暴行违犯了国法，无视法例，须加以惩治。

其四，阿哈可以首告家主。天命八年（1623）六月，二十七日，叶赫备御五宁的包衣阿哈告发其主在南方戍守时杀死逃走的汉民，私自隐藏此人的衣服，法司审实，革石宁的备御官职，"令告发之阿哈离主而去"。

沙津参将被其家的包农妇女告发说，主子勒索汉民四十头猪和一百只鸡。法司审实后，于天命八年二月三十日裁定，罚沙津银二十五两，并命其"偿四十口猪银四十两、一百只鸡银十两"。以库里、扎克旦、宁古沁三员干总捆拿首告的包衣妇女，擅自用刑，各罚银十两。

以上所述家主不能任意杀害阿哈，主子对阿哈的虐待有一定的限度，不能无视法例，阿哈可以首告有罪的家主，审实后，与主分离，这些情况集中说明了一个问题，这就是家主已不能像过去对待奴隶那样，完全占有阿哈人身了。联系到产品分配形式也已有了改变，阿哈领种拖克索田地，向家主交纳租谷，可见此时的阿哈已从进入辽沈前衣食于主的奴隶，正在迅速地向家主不能完全占有人身的封建农奴过渡，原有的奴隶制拖克索急剧向封建农奴制庄园转化。

这是生产关系的一大变化，是满族社会发展的一个重要标志。

第十章　权力之争

扈尔汗革职

在后金政权建立以后，对外可以说是连年用兵不息，而其内部的权力斗争也随着形势的发展激烈起来。"虾阿哥"被革职可以算上是进驻辽东地区以后因权利斗争而发生的第一大案。

"虾阿哥"，是大臣八旗贝勒、对扈尔汉的尊称。扈尔汉是努尔哈赤的养子，赐号"达尔汉虾"，故被简化和尊称为"虾阿哥"。

"虾"，"辖"，乃满文的音译，后来意译为侍卫。但努尔哈赤时期的虾或辖，其地位之高和权力之大，却远非入关以后的侍卫所能比拟，当时被努尔哈赤赐号称为虾的，只有极少的几个人，是汗之亲信大臣，而扈尔汉更是汗视如亲子和四大贝勒平起平坐的"虾阿哥"。

明万历十六年（1588），随父亲雅尔古部长扈拉瑚率领所属诸申来投

叶赫古城旧址

第十章　权力之争

努尔哈赤，同时来归者，还有苏完部长索尔罕及其子费英东，率五百户来归，栋鄂部长何和礼率所属人员来归。

三位部长率领部众来投，使当时只有几百人的小小部落努尔哈赤的兵力一下就增加了好几倍，军威大震。《武皇帝实录》卷一记述了三部长来投后，接着就写道："太祖遂招徕各部，环满洲而居者，皆为削平，国势日盛。"这显然意味着与三部长的来归，非常密切关系，他们为努尔哈赤的创业兴邦，立下了一件大功。

因此，努尔哈赤对三位部长率部来投特别优待，以长女嫁与何和礼为妻，以孙女嫁与索尔果之子费英东，收扈拉瑚之子为养子，授三人为大臣。此时扈尔汉年仅十四岁，就立了大功，当上大臣，为汗之子，真是少年得志了。

扈尔汉勇猛刚强，自幼就披甲上阵，奋勇冲杀，屡建奇勋。明万历三十五年（1607）三月，扈尔汉随舒尔哈齐、褚英、代善，率兵三千，往迎瓦尔哈来归的五百户女真。扈尔汉领兵五百名护送来归人户先行，乌拉国主布占泰领兵一万，突然冲出，拦路劫杀。在敌众我寡猝不及防的形势下，扈尔汉毫不畏惧，当机立断，"结寨山岭"，分百名兵士守卫降户，遣卒飞报后军，亲领两百名开始与士乌拉对抗，与敌兵相持经一夜。次日，乌拉悉众来战，扈尔汉与扬古利击却之，这就为后续军队的来援争取了时间，创造了有利条件。当天下午，舒尔哈齐等领军赶来，会合扈尔汉部，猛攻敌军，结果大败乌拉兵。

在这年的五月，扈尔汉偕卓里克图贝勒与额亦都，率兵一千，前去攻击东海渥集部所属瑚叶路，大获全胜其部众全部被俘，取赫席赫、鄂漠和苏鲁及佛纳赫拖克索，获人畜二千而回。努尔哈赤嘉其再立军功，"赏甲胄驷马"，赐号"达尔汉虾"。

过了四年，扈尔汉与何和礼、额亦都领兵二千，征渥集部所属虎尔哈路，围扎库塔城三日，猛攻，克城，获俘一千。

天命元年（1616），扈尔汉偕安费扬古，率兵二千，往征东海萨哈连部，来去四月，行军路程达上千里，水陆并进，收乌拉河南北三十六寨及黑龙江北十一寨，又招降使犬部、诺洛部、实喇忻部。

在天命四年三月的萨尔浒大战，扈尔汉在这场大战中起了突出的作用。他先是带本旗兵士，在努尔哈赤、代善的指挥下，猛烈进攻明军主力西路杜松部，接着又进攻北路马林部，大败明兵，奠定了此战的基础。此战以后，扈尔汗马不停蹄，奉汗父之命，率兵一千，往敌明东路军勇将刘綎，伏兵于山谷隘处，"以扼其冲"。代善领军赶来，前后夹击，斩刘綎，尽歼其兵。扈尔汉又与阿敏领兵攻破明游击乔一琦营，乔奔往孤拉库崖朝鲜兵营自缢而死。

天命六年（1621）三月辽阳、沈阳战役中，扈尔汉带领本旗兵士，力战克敌，再建功勋。

扈尔汉从十四岁来归，南北转战三十年，功勋卓著，史称其"感上抚育思，誓以戎行效死，每出战，辄为前锋"，为女真国、后金国、金国的建立和扩展，立下了重大功勋，成为清朝开国元勋之一员。

正因为扈尔汉早年来归，征战四方，军功累累，历任要职，又系汗父之亲爱养子，因而地位崇高，权势很大，特别是在天命四年、五年和六年的上半年，扈尔汉成为具体处理军政要务的最高官将，其势之盛，达到令人难以想象的地步。这从下述二例，可以看得很清楚。

朝鲜国从事李民宴于天命四年（1619）三月的萨尔浒战役中被俘，在建州住了一年多，探听到不少消息。他探听到达尔汉虾是"胡将中最用事者也"。可见扈尔汉地位之高，权势之大。更令人吃惊的是，扈尔汉居然成为与大贝勒代善、二贝勒阿敏、三贝勒莽古尔泰、四贝勒皇太极，四位大贝勒并驾齐驱的后金国中的五大贵族之一。

天命五年（1620）九月，努尔哈赤斥责时为太子、主持后金国中具体军政事务的代善听信继妻谗言，虐待其次子硕托时，对诸贝勒、大臣说：

努尔哈赤传

吾和莽古尔泰父子二人，发觉大阿哥听妻（谗言而犯过错时），尔等诸贝勒、大臣窥伺大阿哥之脸色，竟一言不发。尔等扪心自问，如若以我言舛谬，则尔等皇太极、阿敏台吉、达尔汉虾须立誓。设若尔等立誓，则我等二位自会认错。但尔等若不发誓，为何仍坐在阿哥那边，徒事敷衍，快离开彼处吧……言后，皇太极、阿敏台吉、达尔汉虾等三位起立，移到汗这边来。

努尔哈赤的讲话及扈尔汉的态度，清楚地表明了扈尔汉与四位大贝勒是处于同等地位的。其一，在后金国汗训谕之时，扈尔汉与二贝勒阿敏、四贝勒皇太极并肩而坐，安静倾听，并未站立一旁，或跪聆汗谕，可见其地位之特殊，其他大臣就没有这种资格。其二，努尔哈赤要处治代善时，认为仅他与莽古尔泰二人，仍嫌分量不够，还需要把阿敏、皇太极、达尔汉虾争取过来，才能最后孤立代善。扈尔汉能与皇太极、阿敏这两位大贝勒联在一起，成为举足轻重的因素，势力够大的了。

不仅扈尔汉与代善、阿敏、皇太极同坐一条板凳，被汗父看成是和大贝勒、二贝勒、三贝勒、四贝勒同等地位的爱子，就是代善也是这样看的。当代善杀了进谗言的继妻，向汗父请求宽恕时，他发誓说："吾因不恪守汗父之教诲，不听信三位弟弟一位虾阿哥之忠言，误听妻之谗言，致丧失汗父委托于吾之大权。"在这里，代善也是把扈尔汉与二贝勒、三贝勒、四贝勒相提并论的，并且还尊称其为"虾阿哥"。

代善是大贝勒，此时还是太子，又是正红旗、镶红旗二旗的旗主，阿敏、莽古尔泰和皇太极分别是二大贝勒、三大贝勒、四大贝勒，又皆是一旗之主。四位大贝勒在汗父的领导下，主持军国事务，其他小贝勒，如杜度、岳托、硕托、济尔哈朗、斋桑古、阿巴泰贝勒等，皆须服从本旗旗主贝勒的管辖，扈尔汉能与这四位大贝勒并驾齐驱，又长期受汗父宠信，被汗父委以具体处理事务的权力，可见地位高，势力大。不仅其他官将对他是十分畏惧，就是四位大贝勒也得让他三分，像济尔哈朗等贝勒，竟还要向他馈送财物，阿谀奉承，这样特殊的地位，这样突出的事例，在金国历史上，还是罕见的。

然而，好景不长，乐极生悲，这位曾经叱咤风云，威震辽东，权倾朝野的开国元勋，不久便被问罪降职，赶出庙堂，年方四十八岁，就闲居林下，抑郁而死了。

扈尔汉的贬斥，经过了几个阶段，先是挨训罚银，后才降职闲废。

天命六年（1621）闰二月初五日，重审去年八月沈阳城外追击战的过失。当时，刚刚夺取了蒲河，沈阳明兵前来，努尔哈赤下令，击杀来兵，乘其退入沈阳城门拥挤时刻，挥军猛攻。但是，右翼大贝勒、达尔汉虾遣布尔济命令军队停止前进，回师以后，据此定罪。巴拜、伟齐等将说谎，翻了旧案，重新审理时，诸贝勒、大臣皆信此谎言，上奏于汗。努尔哈赤谴责断事官"以非为是"，各定罚银之罪。达尔汉虾认为汗的处置是不对的，十分气愤，脸色都变红了，气冲冲地对汗说，是汗派人去命令停止不前的。努尔哈赤斥责扈尔汉言过是非，以伪作真，而

| 正黄旗 | 正白旗 | 正蓝旗 | 正红旗 |

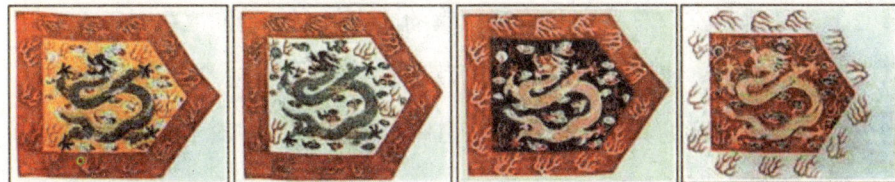

| 镶黄旗 | 镶白旗 | 镶蓝旗 | 镶红旗 |

清八旗

且红脸抗拒，在判罪的衙门里，切地为牢，将达尔汉虾监禁二日。这是扈尔汉第一次遭受的处罚。

不到半月，扈尔汉又犯了错误，被汗父严厉斥责。天命六年（1621）闰二月，因有边警，努尔哈赤询问八旗大臣，瓦尔喀路是否被明军断绝。扈尔汉回答说：已断绝了，因一牛录的女人患病，未能带来，其家人又返回原处了。努尔哈赤说：如果是这样，则路并未断，我们有不少的老人、病人、盲人和癞子，明兵来后，将要抓住他们，命沙津参将去查看。沙津去后，带回一百四十人和马牛八十六头。因未执行汗的命令，没有尽收瓦尔喀路的人口，努尔哈赤十分生气，狠狠地训斥了扈尔汉，责备他不报答父汗的殊宠特恩，敷衍塞责，不勤勉管辖国人，"因此恼怒"，命令扈尔汉在十天之内，不准谒见。

虽然接连挨训，但此时扈尔汉仍然担任军政要职，领兵进取沈阳、辽阳，镇压各地反金武装。天命六年七月，镇江军民起义，擒获守城游击佟养正，辽南四卫汉民群情振奋，金国在这几个州县的统治出现了严重危机，如不及时采取措施，反金波涛就会很快扩大到其他州县。

努尔哈赤立即派二贝勒阿敏、四贝勒皇太极、达尔汉虾和栋鄂额驸何和礼，领兵星夜前往，镇压了这次起义，俘获人畜一万二千，努尔哈赤取牛两千头，赐予有官职之人，给达尔汉虾牛十五头，给阿敦阿哥、阿巴泰阿哥牛五头，赐总兵官牛四头，副将各三头，给一等参将各二头，二等、三等参将每二人各三头，三等游击牛一头。又踢达尔汉虾之旗牛一百三十头，给阿巴泰阿哥之旗一百二十头，给何和礼之旗八十头。阿巴泰是汗之第七子，又任督堂、总兵官和管辖一旗的固山额真，受赐之牛是五头，比扈尔汉少了两倍。扈尔汉获赐之牛比总兵官多了三倍多，四倍于副将，五倍于一等参将，可见其地位远远高于其他八旗官将，是除了汗与四大贝勒之外的金国最为尊贵之人。

尽管扈尔汉此时仍然担任督堂、总兵官、固山额真等军政要职，声势

赫赫，不可一世，但是不幸的事却接踵而来，他很快就倒霉了。天命六年（1621）九月初一日，扈尔汉为亡妻上坟，向莽古尔泰贝勒讲，要将领兵戍守外地的弟弟章嘉带回，三贝勒同意，章嘉回来了。法司对此判决说："章嘉不该离开戍地，丢下所领之兵，革其副将之职，藉没家中各物，夫妇二人空身出门。"以莽古尔泰贝勒本拒绝扈尔汉的请求，未将章嘉留下，"因此，治其罪，没其女真五十丁"。因何和礼、阿敦未加劝阻，未能留下章嘉，让其兄带走，"各定罚银二十两之罪"。对扈尔汉，则削其"敕书之百两之功"（定罚银百两之罪）。

努尔哈赤对扈尔汉这次"过误"的处理，显然是小题大做，很不公允。妻死之后，夫念旧日恩爱深情，上坟祭吊有何不可。长兄当父，长嫂为母，弟弟回家，凭吊亡嫂，感谢其往日抚养之恩，既系人之常情，理所当然，又不触犯国法，何罪之有。法司声称，章嘉领兵在外戍守，不该为私废公，弃军不管，乍一听来似乎此说颇有道理，但是，稍加推敲却未必尽然。

须知，扈尔汉并未先斩后奏或斩后不奏，他是亲自向莽古尔泰请求，得到同意后，才去办的。莽古尔泰并非小官微员或白身闲官，他是三大贝勒，是主管全国军政要务的四大贝勒之一，而且很可能是扈尔汉为亡妻上坟这个月的值班贝勒。

天命六年二月，努尔哈赤规定："四大贝勒，按月分直，国中一切机务，俱由直月贝勒掌理。"莽古尔泰是正蓝旗旗主，扈尔汉在正白旗，如果这一月不是莽古尔泰"直月"，扈尔汉就不必找他。既然是"直月贝勒"批准了，就是合法的，就没有不妥之处，也就不存在私自弃军回家之过。可见这次给扈尔汉弟兄定上的所谓"过失"并非真错，而是没有根据的"妄断"，是欲加之罪何患无辞。努尔哈赤对此事的如此处理，显然包含了两个目的：一是借此压抑一下扈尔汉，发泄其年初因扈尔汉的顶撞而产生的气愤；二是透露一点儿消息，即扈尔汉已开始失宠了，汗父对他不仅不像以往如同四子一样的疼爱，而且有些厌恶他了。这一着十分厉害，

扈尔汉马上就要遭殃了。

不到一个半月，扈尔汉就被降职。《满文老档》太祖朝卷二十八，对此事作了如下的记载：

（天命六年）十一月初一日，督堂达尔汉虾在辽东向诸贝勒索取财物，又盗取缎匹财帛，为其弟达尔泰首告后，遂将其自沈阳以来按职赏赐之所有物品和盗取之财帛，尽皆没收，一份给予首告者，其二份常给督堂、总兵官以下，副将、参将、游击以上各官。革其（达尔汉虾）督堂之职，降为三等总兵官，永禁其言。对曾给予财物之济尔哈朗阿哥、斋桑古阿哥、岳托阿哥、硕托阿哥等四贝勒曰：尔等给予财物，或欲塞上面请嫂（原档残缺）之口，或图勿使上面诸叔父兄长为汗，而自谋汗位而已。否则，尔等乃存妇人之心矣。遂治其罪，令拔妇人之短袍，系女人之裙，划地为牢，监察三日三夜。汗亲往监禁三位贝勒之处，痛斥诸子，唾其脸后，乃遣回家。

《满文老档》的以上叙述，有原告，有罪状，有"赃物"，有索财之人和送物之人，据此做出的结论，似乎是铁证如山，无懈可击了。但是，略加分析，便使人们不禁产生了几个疑问，并且得出了几点与审案者的结论很不相同的意见。

第一，此事的告发，很有文章。扈尔汉虽然在不久前刚被定了"削敕书百两之功"的罪，但仅就此事而论，毕竟是轻罚，他仍系督堂和"虾阿哥"，与金国汗有父子之名分和养子之情，他长期征战，功勋卓著，位列四大贝勒之右。这样一位有权有势的大贵族，能告倒吗？告不倒，今后首告人可就要招来大祸了。这真是虎嘴拔牙，太岁头上动土，太危险了。并且，为什么别人不告，而是其弟上控？达尔泰又是为了什么原因，要抛弃骨肉同胞之情，控告其兄，谋害其兄？是报复私仇，还是存有个人私欲，

244

或是受人操纵？这都是令人难解之谜。

第二，此案的定性，颇为奇怪。扈尔汉是努尔哈赤的养子，与汗父爱如心肝之四子一样，连大贝勒代善都要叫他"虾阿哥"。他与济尔哈朗贝勒、斋桑古贝勒是弟兄关系，与岳托、硕托贝勒是叔侄关系。既是弟兄叔侄，平时必有往来，逢年过节，娶妻纳妾，嫁女娶媳，做寿庆生，彼此之间，免不了要互赠礼品，送点贺银，若有美好帛缎和珍奇古玩，也会分赠同胞，银钱的周转暂借，也可能在所难免，这能说是行贿纳贿勒索财物吗？如果把这种行为定成是贪婪之罪，那么，大贝勒代善、二贝勒阿敏、三贝勒莽古尔泰、四贝勒皇太极以及其他贝勒，没有一个能说成是与此无干的清官，因为他们也有这样的行为。

并且，这种事很难查清和定案，受者不说，送者不讲，经手人不交代不揭发就难以弄清事实真相，更难作出肯定的结论。仅凭达尔泰的首告，是不能作出扈尔汉犯下索财之过纳贿之罪的结论。

至于所谓扈尔汉的"盗取财帛"，也与上述索财之过相似。首告人没有讲明扈尔汉是盗取什么地方的财帛，是怎样盗取的，《满文老档》也未举出人证、物证、数量，怎么就能凭达尔泰一人之首告而定案呢？

可是，审案者偏偏违反常规，仅仅根据达尔泰的首告，就断定确有其事，就要给扈尔汉定上逼索贝勒财物和盗取财帛之罪。

并且，更为可笑、可恨、可耻的是，审案者竟将此罪的性质无限夸大，提高到扰乱国政谋取汗位的十恶不赦的最重之罪，硬说济尔哈朗等四位贝勒给达尔汉虾送财物，是企图使他们的叔父、兄长不能继位为君，而欲自谋为汗。这样定性，未免太轻率、太荒唐了，根据何在呢？

是济尔哈朗等四位贝勒的口供？不是，老档没有记载济尔哈朗等贝勒有此口供。是扈尔汉的口供？也没有。是济尔哈朗等贝勒请求扈尔汉这样做，谈判之时，有人听到和看到，此时出来做证，或者是有亲笔写的文字证据，也没有。那么，审案者凭什么要作出这样的定论？这是从定案所需

的人证、物证和口供而言，通通没有。

另一方面，从当时的政治形势及政界势力而言，要想谋取汗位或阻碍别人为汗，这样的人，必须有足够的势力，地位很高，才能有此野心，有此图谋，而审案者断定的济尔哈朗

青玉努尔哈赤谥宝

四位贝勒中，没有一个人具备这样的条件。

先从血统和亲疏关系看，济尔哈朗和斋桑古贝勒，是舒尔哈齐之子，是阿敏之弟，此时的金国开努尔哈赤是他俩的伯父。努尔哈赤自己有十六个儿子，其中先后是大福晋和元妃的四位妻子，生了褚英、代善、莽古尔泰、皇太极、德格类、阿济格、多尔衮、多铎等八位皇子，八位嫡子，还有侧福晋、庶妃生的阿巴泰等八位皇子，他哪能将汗位传给侄子，而不让自己亲生的儿子、嫡子继承父业，执掌国政！岳托、硕托是代善之子，是努尔哈赤的孙儿，汗祖父怎能迈过他俩的父亲和十四位叔父（褚英已死），而把汗位传给孙子一辈，这是万万不可能的。

再从势力看，代善、阿敏、莽古尔泰和皇太极都是一旗之主的旗主贝勒，并且还是四大贝勒，而济尔哈朗、斋桑古是隶于兄长阿敏旗下的小贝勒，只辖有区区几个牛录，不是一旗之主，岳托、硕托情形与此相同，这四位小贝勒都得听从兄长或父亲的约束，关系处得不好，还会被兄长或父亲奏请君汗将他们斩杀，他们哪有能力谋图汗位！因此，可以肯定地说，对扈尔汉之"过误"做出如此的结论是没有任何根据的，是十分荒唐的，

也是极其错误的。

其三，惩处太重。就四位小贝勒来说，由于互馈礼品物件，而被定为行贿，并被视为有图谋汗位之野心，这个结论本身就是对四位小贝勒政治生命的沉重打击，并且还要被罚令穿上女人之衣，系上女人之裙，画地为牢，监禁三日三夜，将堂堂男子汉大丈夫的显赫贝勒进行如此羞辱，施以这样不公正的欺侮羞辱，使得他们非常羞愧十分愤怒，真是生不如死，处罚之重，前所未有。

至于扈尔汉，情况更严重了。审案者裁定，将扈尔汉自沈阳以来按职赏赐之物及"盗取之物"全部没收追还。女真国、后金国、金国汗虽曾多次以战利品赐予八旗官将，但以前掠夺的人畜财帛不算很多，分赐之物相应来说，数量也不太多，自天命六年三月十三日打下沈阳以后，取辽阳，下广宁，战利品堆积如山，赐予的财物也就大大增加。仅三月二十一日下辽阳之后的第二天，英明汗就大赏群臣，"总兵官，各赏银二百两、布二百二十匹、缎三十匹"。副将等官俱领重赏。扈尔汉既系汗之爱子，又是总兵官、固山额真和督堂、所领赏赐常常二三倍于总兵官，领得的财帛相当多，并且，俘获多，私分和私留即"盗取"之物也必然很多，两项相加，数量很大，扈尔汉在经济上受到了很大损失。

更严重的损失是政治上的。审案者宣布，革除扈尔汉的督堂职务，降为三等总兵官，"永禁其言"。扈尔汉原来不仅是督堂，还是掌握实权名列第一的督堂，其他督堂如阿巴泰、汤古岱等督堂，皆在其后，唯其马首是瞻，现在，既罢官了，丢了督堂之职，又降了职，从一等总兵官降为三等总兵官，这就是说，扈尔汉从原来八旗官将中名列第一的首位高官，下降到二三十名的位置，连降几级，并且被"永禁其言"，永远赶出议政衙门，不能参与八旗贝勒、大臣议处军政要务的会议，与闲散官员相近不远了。

与此相连的是，扈尔汉的被定罪及革任降职和永禁其言，在政界透露出了一个明晰的信息，即表明了扈尔汉已经失宠于君，汗父不再信赖和爱

护他，对他已经厌恶了，这在政治上对扈尔汉是致命的打击。官场的变化异常明显，朝为席上贵宾、暮被摈弃门外是常有的事。为汗所宠，阿谀奉承之人成千上万，车水马龙，应接不暇；遭汗谴责，顿时来客稀少，门可罗雀，昔日的势倾朝野，气吞山河，已成泡影，说不定还有人落井下石，趁火打劫，陷害无辜。

扈尔汉就经历了这样巨大痛苦的变化。尽管天命六年十一月初的处罚，扈尔汉还只是革督堂，降为三等总兵官，还保持了固山额真的职务，此后的几个月里，还带兵出征，运送官粮，处理一些事务，按总兵官职领取赏品，甚至于在天命七年还被汗父委任为"审断国人各种罪行"的十六大臣之一，并且名列第一，排在督堂、总兵官巴笃礼、乌尔古岱、索海之前，但也是夕阳西下好景不长了。就在委此重任的第五天，便因原来处理总兵官布山之事不受而被牵连，降为副将。从此扈尔汉被彻底排斥出政界，成为一个闲散官员了。

为了挽回危局，摆脱被动处境，扈尔汉于天命八年三月十五日向汗上书，请求宽恕，希望再次起用。他说：

自从十四岁始受汗父恩养以来，未尝获罪。来辽东以后，于汗父及诸弟委付之事，不公正尽力。以我心变之故，吾所委之妻，所养之子，下之诸弟，皆已死矣。我自身亦得重病，殆将死矣，此亦世世代代之罪过而应遭报应矣。今决弃其前恶，敬慎从善，勤勉从事于汗父、诸弟委付之事。征战之时，若不勤力于用兵行围之事，已身不正直为生，若再被汗父与诸弟发现，可谴之而贬也。

扈尔汉的请求，是十分诚恳的，承认了以往的过误（实际上他没有什么大错），希望得到汗父宽恕，表示今后决心改过，认真从事汗、贝勒委托之事，并立下誓言，违则愿受重惩。读过此文，令人感动，身为汗父

的努尔哈赤，谅会动心了吧。不料，努尔哈赤并未被此感动，反而再遣其人，不信其誓言，没有起用他。

扈尔汉忧郁病重，不到一年，天命九年（1624）正月初十日便含恨去世，年仅四十八岁。在人死之后，努尔哈赤还耿耿于怀，拒绝了阿巴泰总兵官提出让扈尔汉之子袭承扈尔汉先前一等总兵官世职的要求，不许其子浑塔袭一等总兵官，改为降袭一等副将，并且还说"不能说虾阿哥有功，彼已毁弃自己之功"。

扈尔汉的如此下场是相当悲惨的，也是很不公正的，努尔哈赤是时过境迁，忘掉旧情了。从扈尔汉十四岁最早来归起，三十多年来，他为努尔哈赤家族的兴起，为使人丁仅有几十几百名的小小酋长努尔哈赤飞入云霄，成为威震明朝、朝鲜、蒙古、辖民百万的大金国天命汗，为金国的建立和扩展，尽心竭力，南北转战，出生入死，建树了丰功伟绩，可是，到头来，却是一场南柯梦，一再受责，革任降职，忧虑气愤而死，确实有些冤枉。

努尔哈赤对待扈尔汉态度的变化以及对其的贬责，原因固然很多，但主要原因可能是对其权势太大而很不满意。功高震主，势重危国，独断专行的英明汗绝不会允许属下人员窃取权柄，哪怕是亲子代善、养子虾阿哥，也不能冒犯汗父威严，不能顶撞汗父，不许侵犯汗父之权。

当然，扈尔汉也可能卷入了诸贝勒争夺嗣位的斗争，因此而受到牵连，成为八贝勒之争的牺牲品。但是，不管是什么原因，这样的处理，是不恰当的。努尔哈赤对扈尔汉的功勋忘记了，把自己的威严和权力看得太重了，他为此欠下了扈尔汉一家的人情债，犯了一个大错误。

阿敦被斩

阿敦此人是努尔哈赤的近支族弟，因本人骁勇善战，又多才智，为后金国立下了很多的功勋，所以在八旗贝勒，大臣、官将中威望很高，可以

说是努尔哈赤的重臣。

在举行改元天命、努尔哈赤荣成"英明开"的后金建国大典时，阿敦站在汗的右侧，额尔德尼立于左，形成一文一武，辅佐君汗。他俩又共同接上八旗贝勒、大臣尊努尔哈赤为"覆育列国英明汗"的文书，"捧至汗前，置于桌上"，可以说在大典中起了特殊的作用，居于突出地位。

天命三年（1618）四月十五日，努尔哈赤率军攻打抚顺的时候，阿敦已是统辖一旗将士挥军征战的固山额真，是他将抚顺游击李永芳带至汗前，并促使他降金的。

当天命六年（1621）三月二十一日八旗军攻下辽阳以后，阿敦又荣任具体处理辽东事务的"督堂"，为稳定辽东局面，管辖汉民，更改国制，防止明朝反击而日夜忙碌。在这年的四月初三日，努尔哈赤"下达给督堂阿敦、副将李永芳、屯右铭及尼堪众游击之文书"，要求他们"将尼堪行事之各种法例"，全都写好呈奏，"弃其不妥之处，报其妥当之处"，至于辽东的"兵员几何，城堡几何，百姓几何以及木匠、画匠匠役数目，亦皆具文奏报"。

这样，既可以了解辽东军政详情，以便做好安抚、管束辽东地区的工作，又可以参考明制，为实行新政策提供根据。这副重担主要落在阿敦肩上，由他领头主持，指挥降金汉官，一一办理。

四月十四日，阿敦又奉命带

清代丹陛石雕刻

领李永芳、阿布图巴图鲁，前往边境诸堡，"教导国人，设立墩台，安置哨探"。这是为了安抚汉民，加强边防，防止明军反抗，制止汉民逃亡。

七月二十六日，以镇江军民起义，擒捕守城游击佟养真，努尔哈赤命大贝勒代善、三贝勒莽古尔泰和阿敦，领兵两千，"察看金州及边远可虑之地"，以加强控制，防止金州等地汉民响应镇江起义。

阿敦地位之高，在分取镇江俘获时，就可以看出来。天命六年（1621）八月十二日，努尔哈赤从镇压镇江起义时掠取的俘获中，挑出牛两千头，赏给各官，赐达尔汉虾阿哥的牛最多，阿敦所受赐品之多，仅次于扈尔汉虾阿哥，与阿巴泰并列第二。阿巴泰是汗之第七子，也是督堂兼固山额真。阿敦名次能排在第二，位于汗之亲子阿巴泰贝勒之前，比其他总兵官高，可见其受汗之宠信和地位之显赫。

但是，政治风云历来就是变幻莫测的，在朝中居百官之首，位极人臣，威风凛凛，执掌生杀予夺大权，群臣望而生畏，肃然起敬，可是，转眼之间，一下便因触犯了龙颜，铁链系身，屈为阶下囚，甚至枭首法场，满门抄斩。阿敦的处境，就发生了与此类似的巨大变化。八月十二日，阿敦还蒙受汗恩领取厚赏，但时间仅仅过了一个月，他就被定上扰乱国政大罪，差一点被处以极刑，后虽免死，亦终身监禁。为什么会出现这样大的变化？阿敦究竟犯了什么罪？它说明了什么问题？先看看汗、贝勒对此案的审理。

还在阿敦被监禁之前，他就曾两次被惩。

天命六年九月初一日，阿敦因达扈汉虾阿哥带其弟章嘉回都城祭坟之事，没有劝阻，而被"定以罚银二十五两之罪"。

这还是小事，更麻烦的问题，更大的"过错"而在后边，那是四天以后的一件案子。初五日，诸贝勒、大臣断定，阿敦有三大过失。一为诬告巴笃礼总兵官有违法行为。阿敦说，汉民曾来告状，指控巴笃礼在戌地"将尼堪的女子带到蒙古包内。又杀尼堪之猪、鸭食用，迫令尼堪女子做

饭"。二为攻打辽阳时，蒙阿图牛录之人说谎，说阿敦之旗先登上城，巴笃礼以其说谎而鞭打。阿敦想堵住巴笃礼的嘴，向诸贝勒告发鞭打之事。三系阿敦控告，在尚间崖战争中，巴笃礼离开阿敦，"留下了"。诸贝勒、大臣断定，一、三罪状是诬告，蒙阿图牛录之人是说谎，遂以此定阿敦的罪，革其督堂职，没收两个女真牛录。

阿敦被定上的三个错误，如果严格地说，全是缺少理事实依据的。以第一件事来说，阿敦身为督堂、总兵官，当然有权也有责任受理汉民的上控，何况在此前后，金国汗曾多次下谕，禁止女真官将欺凌尼堪，允许和支持尼堪上告。当时，女真官将横行霸道，掠夺人畜钱财，侮辱尼堪妇女，鱼肉汉民，已是司空见惯之事，十分普遍，诸贝勒、大臣凭什么就断定巴笃礼是清白善良的圣人，断定阿敦是诬告？需知，阿敦有上控的汉民作根据，巴笃礼能拿出什么过硬的材料来反驳？此事的如此断决，说轻一点，是草率的，是主观的，是不妥当的，如若追其秘密，论其实质，倒很可能是故意的，是有意开脱巴笃礼，存心狠整阿敦。

第三件事，与此类似。阿敦作为指挥官兵作战的固山额真，对其属下官将的功过，应是最了解最有发言权了，他往上报告属将巴笃礼临阵怯战，留后不进，表现不好，这个评语，谁能推翻，难道说远在他处的别旗官将，能知道巴笃礼在尚间崖战争中的行为吗？能以外人的印象，否定指挥官对属下将士的评语吗？当然不能，这既关系到事实的真相，也涉及将帅的权力和职责。诸贝勒、大臣对此事作出的结论，显然也是有偏向的，也是站不住脚的。

第二件事，所谓孟阿图牛录之人谎称阿敦之旗先登上城，人们不禁要问，凭什么断定蒙阿图牛录之人是说谎？有什么证据证明不是阿敦之旗先上城？况且阿敦不是争论谁先上城，而是不满于巴笃礼依仗权势，欺压属人，指控其鞭打士兵，这有什么不对？

如果仔细分析巴笃礼的品质行为，更可以了解到阿敦"过失"的实情，以及此事的是非真伪。巴笃礼，素以"正直"认真自夸，也蒙骗了不少人。努尔哈赤曾召集八旗贝勒、大臣，训诫他们要公正善良，要求八旗贝勒，以及督堂、总兵官以下，游击以上，公举"好人"上报。诸贝勒、大臣会议后呈奏说：巴笃礼"言语公道"，认真负责，扬古利"征战英勇无过"，"众人皆曰此二人贤"。努尔哈赤同意此奏，"遂各赏赐貂皮袜子、貂裘、佳帽、靴、带"，以及伞、旗、轿、鼓乐。

就是这样一个八旗贝勒、大臣推举经汗钦准的"正直"贤人，却不说正直的话，硬以非为是，以是为非。天命七年（1622）六月十一日，诸贝勒重新审理布山在辽阳战争中的"罪行"。本来，布山在这次战争中表现得特别突出，在战事不利"我兵后退"之时，诸将"皆逃于房中隐蔽"，不敢出来禁约管辖，只有布山见难而上，"独出而管束指挥"，挽回危局，取得胜利。对于这样一位十分难得的大将勇将，总兵官巴笃礼等人却裁定布山是"怯战"，而革其总兵官，降为参将。

现在，真相大白，布山蒙汗嘉奖，重赏布山，赐其为一等总兵官，充任固山额真，子孙世代免死。以巴笃礼当时"不进谠言，以非为是"，"不说正直的话"，诸贝勒大臣裁定，没收其因正直而赏赐的各种物品，革其总兵官，降为参将，取一牛录的诸申。从巴笃礼的人品看，阿敦的告状，是有根据的，巴笃礼难逃其责。

尽管阿敦并无大的过失，可是却被定了罪，并且惩罚很重，革了督堂之职，没收了两个牛录，这就预示着更厉害的风暴即将到来，阿敦就要大祸临头了。

清代白玉浮雕山子

刚刚过了半个月，天命六年（1621）九月十八日，阿敦便被定上乱政大罪而下监狱。《满文老档》太祖朝卷二十七对此事作了如下记述：

逮捕阿敦阿哥。阿敦阿哥的罪状是：挑唆大贝勒、莽古尔泰贝勒与四贝勒不和，讲诋毁国政之话，并用谗挑唆其他小贝勒。为此，经诸贝勒商议，奏闻于汗。汗面讯验证其罪，令拟以罪。诸贝勒、众执法大臣拟将阿敦阿哥交八旗杖毙。汗曰：尔等所断，诚当也，吾非怜惜彼也。昔在萨尔浒时，曾有言：我等之手，勿杀犯罪之人，而囚之于高墙。今若背弃我等曾定不杀之议，将何以取信于国人耶！可令监禁留之。乃以铁链系之，囚禁于牢中。

这里只说了"监禁留之"，似乎是免了阿敦一死，但在一年零八个月以后的一次汗谕里，努尔哈赤又说道："扬古利有功，子孙世袭其一等总兵官世职，若犯下似噶盖、阿敦等败坏政道之罪，则杀其身，倘因过失犯罪，则犯死罪而不诛之，犯籍没财产之罪而不抄之。"从这段记载看，阿敦最后也是被斩首而死了。

尽管努尔哈赤、诸贝勒和众执法大臣给阿敦定了扰乱国政的大罪，但他有哪些具体罪行？他为什么要使大贝勒、三贝勒、四贝勒不和？又使用了哪些手段？仍是语焉不详，令人难以捉摸。幸好，阿敦不仅在后金国八旗官将中有很高的地位，并且声名远扬，明朝和朝鲜也知其人，有所评述，提供了一些珍贵材料。

早在明万历四十七年（1619）兵部奏准"刊印榜文，晓谕中外"的《擒奴赏格》中，就有阿敦之名，是列在努尔哈赤的子侄之后。《赏格》说"擒奴酋中军韦都、前锋阿堵、书记大汉、女婿火胡里"等人，"赏银七百两，升指挥佥事世袭"。阿堵，就是阿敦，明帝颁行的《赏格》，称其为前锋，名列韦都（额亦都）之后，火胡里（何和礼）之前，可见其地位之高，作战之勇，确系威震辽东，名传内地。

朝鲜对阿敦的情况更为熟悉。天命六年八月，朝鲜满浦金使郑忠信入使金国时，"深入虏穴，详探虏中事情"。郑忠信返回后向国王奏报阿敦之死的原因说，努尔哈赤曾向阿敦询问嗣子人选，阿敦回答说："智勇双全，人皆称道者可。"意指皇太极。代善知道后，甚为不满。后阿敦又密告代善说，皇太极与莽古尔泰欲图谋害代善，"事机在迫"。代善向汗父报告，努尔哈赤询问皇太极与莽古尔泰，二人皆辩称并无此事。努尔哈赤生气，以阿敦"交构两间"，遂将阿敦关于狱中，抄没其家。

根据《满文老档》和朝鲜的资料，我们对阿敦下狱一案比较清楚了。看来，从九月初五日阿敦与巴笃礼之争及其革督堂职被处罚以及这次的终身监禁或诛戮，都是出于同一原因，即阿敦参与了或卷入了大贝勒代善和四贝勒皇太极争夺汗位继承人的斗争，他偏向于皇太极，因而受到了制裁。

额尔德尼之死

额尔德尼在很早的时候就随努尔哈赤征战四方，立下很多的功劳。额尔德尼不但能征善战，文采也特别出重，其中创制满文可以说是额尔德尼最大的贡献之一。

满族是以女真为核心、为主体，吸收汉蒙等族人员而形成发展起来的。女真族在金代曾参照汉字，创造了女真文，但是，到了元朝末年，懂女真文的人已经很少了，至明英宗正统年间，绝大多数女真人已不识女真文为何物。正统九年（1444）二月甲午，女真玄城卫指挥撒升哈等酋长奏称："臣等四十卫，无识女直字者，乞自后敕文之奏，第用达达字。从之。"达达字，就是蒙古文字，可见，到了15世纪中叶，女真文已失传，必须借用蒙古文，女真各卫酋长与明朝政府的文檄往来，公文都用蒙古文

书写。这种情形一直延续下来，到努尔哈赤兴起以后，建州也是这样做的，所行公文和法令，都用蒙文。此即《满洲实录》卷三所载："时满洲未有文字，文移往来，必须习蒙古书，译蒙古语通之。"女真人说女真话，可是没有文字，不懂金代创制的女真文，而必须借用蒙古文，太不方便了。语言和文字的矛盾，已经成为阻碍满族形成和发展的严重障碍，与建州的快速前进极不适应。

具有雄才大略的聪睿汗努尔哈赤，富有远见，及时地看出了这一问题的重要性，决定立即创制本民族的文字，于万历二十七

清代观音尊

年（1599），即起兵以后的第十六年，命额尔德尼和噶盖，借用蒙古文，创制满文。额尔德尼与噶盖遵奉汗谕，共同研究和创制，不久，噶盖被诛。"额尔德尼遵上指授，独任拟制，奉上裁定颁行，国书传布自此始"。有的文献称赞，"（额尔德尼）创立满文，遍行国中，一切制诏章疏文檄等体，不复用蒙古字"。现存的《满文老档》，记事从万历三十五年开始（前面残缺），离其创制不到九年，可见其流行之快。

额尔德尼还是后金国早期法令的起草者和《满文老档》的重要撰写人。他的同事称赞说："额尔德尼巴克什记录恭敬聪睿汗之一切善政。额尔德尼巴克什之勤勉、谨慎、记性、聪明，为人所难得。在这本书上呕尽心血，最初记载这些事情，确非易事。"

额尔德尼积极宣传努尔哈赤承奉天命，应为国君，指责明帝昏庸谬误，必然失败。《满文老档》太祖朝卷六，记载了额尔德尼对击败明辽东总兵官张承荫的评论。其文如下：

编纂法典作书之大臣额尔德尼巴克什曰：因尼堪国万历帝之谬误甚多，天地皆以为非而责之。在三处设营挖壕层层排列枪炮之一万明军，战中并未取胜，皆被攻破杀死，女真国英明汗善行甚多，天地佑吾，尼堪一万兵发射之大炮有一百，小炮一千，我等仅有身份低微之当差之二甲被那千百枪炮打死，确系天佑。

天命四年（1619）三月八旗军于萨尔浒大破明军后，额尔德尼又作了长篇评论。《满文老档》太祖朝卷九载：

编纂法典作书之额尔德尼巴克什曰：尼堪万历帝，从戊午年二月起，征兵备战，己未年十二月，二十七万兵，号称四十七万，四路出师，欲图攻破女真国英明汗所居之城，欲灭我国。彼不顾天意，自恃国大兵多人众，违天之意而出兵，谋害公正，恃强无理，图杀善人，此乃违背天意也。若非尼堪万历帝恶贯满盈，怎能仅仅三天，就全歼其二十七万大军。此是天以为大恶，故有此下场。因女真国英明汗公正善良之处甚多，故领兵之诸贝勒、大臣无一死亡，此亦天助也。

额尔德尼的聪睿博学，甚为努尔哈赤赞赏，成为他的心腹大臣，经常被派去传达重要指示。天命三年四月十五日攻下抚顺后，辽东总兵官张承荫来援，努尔哈赤遣额尔德尼前往大贝勒代善、四贝勒皇太极军营，口传汗谕。天命六年（1621）七月，因镇江军民起义，大贝勒代善、三贝勒莽古尔泰和督堂阿敦，奉谕率兵赶往金州。不久，额尔德尼从京城辽阳派往

成地，传达汗旨。

额尔德尼是女真国、后金国、全国的文臣之魁，重大典礼，均由他操办，努尔哈赤就任英明汗的大礼，就是由他主持的。当时，汗端坐于上，额尔德尼站在左侧，阿敦在右，八旗大臣奉上尊号文书时，是额尔德尼宣读的。他还经常作为迎宾大臣，代表金国出席。天命六年九月二十四日，朝鲜国王遣满浦金使郑忠信入使金国，努尔哈赤派"汗之三位女婿"乌尔古岱额驸、抚顺额驸、西屋里额驸、已笃礼总兵官及额尔德尼往迎，在城外下马相见。

额尔德尼还参与重大案件的审理。天命五年（1620）三月，小福晋代音察控告大福晋富察氏送饭与大贝勒、四贝勒吃以及大福晋深夜出院等事，努尔哈赤派遣调查的四位大臣中，就有额尔德尼，而且名列第二，仅在达尔汉虾阿哥之后。

额尔德尼不仅是博学多识的文豪，还是驰骋疆场奋勇冲杀的战将。他在天命三年（1618）四月击败辽东总兵官张承荫的战斗中立了一功，后又在天命七年（1622）二月与达海一道，迫使明戚家堡投降，带回人四百名和牛马驴一百一十头。

正由于额尔德尼早年来归，尽心竭力，创制满文，"传宣诏令，招纳降附"，"著有劳绩"，因而为汗宠信，赐号"巴克什"，初授参将，后升副将，成为誉满金国的大巴克什。后来天聪七年（1633）天聪汗皇太极评论额尔德尼时，曾谕告文馆儒臣说："额尔德尼遵太祖指授，创造国书，乃一代杰出之人。"

天命六年（1621）三月，八旗军进驻辽沈，十月十九日，额尔德尼因功由参将升为副将。在这个国家扩展强盛和个人晋职双喜临门的形势下，额尔德尼的智慧、才干、学识和功勋，赢得了人们的信赖和尊敬，他万万也没有想到风云即将变化，灾祸就要临头。

天命七年（1622）正月十三日，额尔德尼被自己辖领的牛录之人塔布兴阿首告。额尔德尼遂告豪格父贝勒说：是雅逊、乌纳格挑唆塔布兴阿首告我的。不可不令雅逊与乌纳格离开汗。雅逊、乌纳格听到以后，向汗报告。

法司遂搜查额尔德尼家，"抄出汉官所馈之退毛整猪八头，以及鸡、雉、稻米、面等"，将汉人所送一切物品送到汗之衙门内后，又抄额尔德尼家，"尽没其绸缎、蟒缎、毛青布、翠蓝布、衣物和家产"。努尔哈赤一面说，"汗之近身之人，何可无此财物"，令将其财产尽行还与额尔德尼；同时又说，"汉官之馈，少受尚可，所受过多也"。将其治罪，革副将职，贬为闲人，"留下阿哈六对、马七匹、牛三头"，"其余人、马、牛皆没之，赏给阿巴泰阿哥"，其所管牛录，赐予蒙阿图。

这件案子的处理很不寻常。就事实而论，额尔德尼收受汉官的馈物，自然不对，但问题在于馈物的数量和送纳的情形。送来之物的数量和价值，是裁定此案性质的关键，送的东西很多，值价巨万，并且是受纳之人依仗权势，逼索财帛，自然是行贿纳贿的性质，可是，观看汉官所送之物，为首者是"退毛之整猪八头"。一头猪，值银几何，一二两银二三两银而已，八头猪不过值银一二十两，以下是鸡、雉、米、面，既未写明数量，且排在猪的后面，可见为

清代鱼篓尊

数不多，至少超不过猪的价值，如果是两百只鸡或几十石米、几千斤面，老档定会——列出，且排在猪的前面。并且，这些猪、鸡，还不是一个汉官送的，而是好些人。

额尔德尼是文官之魁，是汗的近身之人，众汉官当然愿意与他拉上关系，从而送点礼品，这又何足为怪，连努尔哈赤也说"汉官之馈，少受尚可"。可见，额尔德尼所受之物，是汉官的小小馈赠，不是行贿纳贿，不是逼索财帛，完全属于当时的人情通例。这种情形，法司只需说上几句，对额尔德尼有所斥责即可了结，根本不值得如此大惊小怪，立即将猪、鸡等物送到汗的衙门，并籍没额尔德尼之家。

法司的这种做法，就是存心要将此案小题大做，将交际说成是贪污，是纳贿，大造声势，定成贪婪之罪，促使汗承认他们造成的事实，将额尔德尼置于死地，其用心之险恶，手段之卑鄙，令人胆寒，使人气愤。果然，努尔哈赤中了圈套，以其收物"过多"，而定其罪，革除额尔德尼副将职，取回牛录，籍没多余的人畜。对于一个长期效劳功勋卓著的"汗之近身之人"，声名远扬的大巴克什，如此处理，如此羞辱，是太过分了，太不应该了。这是一件不大不小的冤案和错案。

这个原告雅逊，何许人也？查其经历，便可知晓，此人品质恶劣，名声不佳，既胆小怕死，临阵怯战，又惯于弄虚作假，捏造军功，讨官要职，而且还贪恋帛缎，违令私买。就在上述之事定案时，额尔德尼实在难以压下满腔的愤怒，冒险向汗控告雅逊偷买覆盖祭器的"蟒缎四匹、倭缎一匹"。努尔哈赤听后，十分生气，斥责雅逊说："原曾颁谕，督堂、总兵官以下，备御以上，各买一匹缎，汝若以钱随意购买绸缎、蟒缎，则他人焉能购买。"定为死罪，后念其"原本痴呆"，免死，革参将职，贬为闲人，留下人六对、马六匹、牛六头，"其余的人、马、牛，尽皆没收"。

额尔德尼被问罪革副将职以后，仍是巴克什，仍在汗身边，继续工作。天命七年（1622）正月十八日努尔哈赤统领大军亲征广宁时，额尔德尼随汗从征，并与达海一起，迫使戚家堡投降，又奉汗命，与阿巴泰返回辽阳，去迎接从蒙古古尔布什台吉处逃来的蒙古。

尽管额尔德尼继续勤勤恳恳地为汗效劳，但是仍然扭转不了厄运，一年半以后，便被冤枉杀害。《满文老档》太祖朝卷五十，载述此案经过如下：

天命八年五月初，额尔德尼的婢女告发主人收了朝鲜人送来的绢，把得获的东珠、珍珠与金子藏在井里，在辽东（辽阳）没收家产时，主人到其妻弟之家隐藏东珠、珍珠和金。努尔哈赤传问额尔德尼有无此事，并谕告说，如有隐藏，交出后可免罪，设若隐藏，定了罪，就不能帮助了。

额尔德尼巴克什对曰："我岂能以金、珠为宝，自身为贱乎。蒙汗眷顾，献出即可免罪。今献出所藏之东珠，此乃雅逊之妻所赠。昔日雅逊之妻曾将此类东珠二十余颗送与哈达格格，（哈达格格）未受。我妻往雅逊家，正逢其开箱，倾倒容器。因我子有牙病，故乞索之，以研敷患处。所给之东珠、珍珠，系购于汉人王国臣者。"经与王国臣核对，其珍珠多于王国臣所售之数。

因此，众督堂审问额尔德尼巴克什曰："若系雅逊夫妻所给之东珠，在辽东抄家时，雅逊家所有米、肉既已搜尽，如此之多之东珠为何未被抄出？汝当时为何不声明此系雅逊之妻所给之东珠？此类东珠雅逊家尚有二十余颗？汝藏匿东珠，为何卸罪于雅逊？为何在抄家时将东珠送藏他处？遂拟处额尔德尼巴克什夫妻死罪。又以为何窝藏额尔德尼巴克什送来之东珠、珍珠、金等物？婢女前来首告，尔额尔巴图、布尔哈图、布彦图等，为何与额尔德尼逐出包衣，闭门私议？当初已颁禁令，父有罪，子勿涉，兄有罪，弟勿涉，若涉之，则死罪同死，罚罪同罚。尔等何故涉

之。"遂告于汗。

汗怒，命杀额尔德尼夫妇，遂尽杀之。额尔科图鞭一百，刺耳鼻。布尔哈图、布彦图各鞭五十，刺其耳。

此案的审理和判决，完全错误，额尔德尼之死，纯属冤枉。按照《满文老档》的记载，众督堂断定，额尔德尼隐藏了东珠，拒不承认，进行诡辩，因此定为死罪，妻亦同斩，亲戚也要惩治，努尔哈赤依议而行。这个结论，太不公正，这个裁决，十分荒谬，它的根据，贫乏无力，漏洞百出。

其一，所谓隐藏之过，本身就不能成立。天命七年（1622）正月，法司借口额尔德尼收纳汉官馈物，而抄没其家，将绸缎、蟒缎、布衣等财产送请汗看阅时，努尔哈赤曾明确宣布："汗之近身之人，何可无此财物！"命令退给原主。这就是说督堂未经汗之允许，就擅自抄没额尔德尼之家，这籍没本身就是错误的，就不该抄家。那么，额尔德尼因畏惧法司而藏存东珠，就没有错，他没有犯下应该抄家之罪，他的财产应该归他所有，是合法的，并且应当受到国法的保护，旁人不得侵占偷盗，他愿意放置客厅当中，可以；他愿藏于井中，也可以；他把它丢掉或砸碎，也可以，他有权自由支配，这怎能说是触犯国法，犯了大罪？

其二，退一万步讲，就算是"隐藏"，努尔哈赤讲了，只要额尔德尼承认就不追究，就免其罪。额尔德尼害怕受罚，承认了是有东珠，但解释说这东珠不是虏获的，而是从雅逊之妻处要来的。常言君无戏言，额尔德尼既然承认了曾将东珠放于井中，就应该算是遵谕而行了，就应免罪了，为什么又要在东珠的来源上大做文章？督堂开始追问的是隐藏之过，并未问东珠的来源，讲了就行了，为什么还要揪住不放？

其三，就算是"隐藏"有过，应当惩治，也不算是大罪，不应该重惩。金国历史上，出现过不少官将私拿、私藏俘获的行为，都没有按大罪、死罪惩治。比如，天命四年（1619）六月，八旗军攻下开原，掠取了巨量人畜财帛，许多官将趁机潜匿私藏，努尔哈赤下令清查，查出族弟卦勒察贝勒、第四子汤古岱贝勒、一等大臣众额真费英东、固山额真博尔锦、梅勒额真什拉巴虾、五牛录额真图勒伸"隐藏暗地私取之金、银、缎、蟒缎、毛牛角、毛青布、翠蓝布、貂皮、毛皮"。

努尔哈赤虽然生气，狠狠地把他们训斥了一顿，但也未定罪，并未贬官革职，没有罚银监禁，更没有处以死刑，而仅仅是将"这些大臣盗取之财物"没收，分给那些"没有盗窃之公正之诸大臣"。"盗取"之罪，尚且只是没收其财，那么，援照此例，额尔德尼最多是罚以交出"隐藏"之物，既可了结了，为什么要定为大罪，为什么要斩首诛戮？岂不是小题大做，太过分了！

其四，额尔德尼解释东珠是从雅逊之妻处要来的，雅逊之妻曾将此二十余颗东珠送与哈达格格，格格未收。这一解释，得到了哈达格格的证明。当额尔德尼被冤枉斩杀后，哈达格格出来证明确有其事，并说曾告诉诸贝勒。四贝勒皇太极、德格类贝勒、济尔哈朗贝勒和岳托贝勒，都知道此事。

正因为额尔德尼未犯大过，此案纯属诬陷而成，额尔德尼死得太冤，兼之其在金国朝野之中声望很高，因而他无辜冤死之后，反响异常强烈，尽皆为其惨遭陷害而鸣不平。努尔哈赤知道以后，不仅没有冷静思考，检查此案的处理是否恰当，理由是否充足，根据可靠与否，反而下达长篇汗谕，强词夺理，巧言诡辩，恶语威胁，一意孤行，硬说额尔德尼犯了大罪，死有应得。天命八年（1623）五月初三日，努尔哈赤召集八旗贝勒、大臣，专门就额尔德尼案件大发议论，警告群臣。《满文老档》太祖朝卷五十一载：

初三日晨，汗召集诸贝勒、大臣曰：闻额木德尼曾言，以忠效死。倘哈达格格将雅逊之妻曾馈进东珠二十余颗之事如实告诉诸贝勒，尔等诸贝

勒亦确已闻知，则我是谬误也。获他国之人，亦当视为僚友而豢养之，则差遣如此众多之僚友，焉可轻易杀之。一枝箭，尚且惜之矣。额尔德尼岂能谓忠？昔大阿哥在时，额尔德尼、乌巴泰，尔等曾进谗言。攻克辽东城时，非尔一人之力，尔为何独取三十头猪之肉矣。我得一物，尚且平分共食矣。

哈达、叶赫之诸贝勒，皆不善养己之僚友，而诱其他贝勒之僚友，彼此授受财物，其政乱矣。有鉴于此，故当初训示曰：若贝勒有赏，则赏各该旗之人，诸申有求，则求各自之旗主贝勒，勿越旗赏赉，勿越旗索求，倘越旗赏赐、请求，则罪之。并由尔额尔德尼亲手书之。尔乃多铎阿哥所辖之人，为何越旗而索求于八旗诸贝勒耶？即使遇有请贝勒倾囊给赏之时，无论如何，亦难为尔所遇。贝勒等有赏，为何不赏他人，唯独赐尔一人耶？于辽东时，一寻额尔德尼，即已去四贝勒巡察之处。复寻之，仍又去四贝勒巡察之处。往而不问，归而不告其所往，如此之举，不为挑唆，岂有他哉！

雅逊之妻馈尔哈达格格二十余颗东珠，尔岂非似我之心肝之子耶，为何不告于我？若格格告于诸贝勒，尔等诸贝勒为何未曾告我？此即尔等所谓之公正耶？

乌拉之哈斯瑚贝勒，有用斛盛置之东珠，然其卖于我等者，仅一二颗。我等卖于汉人者，亦仅一二颗。如此二十余颗东珠，不知雅逊系从何处得之？莫非雅逊有用斛盛置之东珠冬乎，抑或有用斗盛置之东珠乎？

尔等承审此案之大臣，当持公正之心。上有天，下有地，我等唯有尽力秉公审理，即使无能为力，亦只有秉公审理而已。哈达、叶赫、乌拉、辉发等国之众大臣，不持忠心，好谗贪婪，故国亡而彼等自身亦亡。上天注定，国各有巨。天佑忠正，君王得福，则臣等亦将得福。天谴邪恶，君王无福，则尔等亦无福矣。哈达、乌拉、叶赫、辉发之国已亡，今其国之臣安在，皆已为圈中之人矣。君毁则臣亡，君福则臣亦贵。望尔等诸大臣，皆以忠心为之。

这次汗谕很不寻常，一系专为一人之事，汗召集诸贝勒、大臣训话；二是汗谕长达千字，又为《满文老档》全文载录，实为罕见；三是汗为己过辩解，力言此案定得正确，是额尔德尼之非，自己是对的，堂堂一国之汗，竟下降为此案之一方，与对方互相争辩，大损君威，这又是金国少见之事；四为诡辩不足，则加以恶言威胁，明明是一个臣仆之事，却大训群臣之不忠，以"君毁则臣亡，君福则臣亦贵"，来劝诱和胁迫八旗贝勒、大臣同意他对额尔德尼的斩杀籍没。这一切，正好表明了，努尔哈赤内心是不安的，明知有错，但又偏要文过饰非，一错到底，压服臣民。

不过，聪明反被聪明误，努尔哈赤万万没有想到，他的这次汗谕，不仅没有定死额尔德尼之过，说通和压服八旗贝勒、大臣、官将和兵士，反而事与愿违，提供了有利于额尔德尼、使自己过错暴露于天下的确凿可靠的根据。这次汗谕，让人们知道了，亲为皇女的格格，出面为额尔德尼做证，四大贝勒之一的皇太极以及岳托、济尔哈朗、德格类三位"议政贝勒"，也声明知道东珠之事，有力地证明了额尔德尼没有说谎，没有"隐藏"，他是无辜的。

并且这次汗谕还泄露了天机，使人们明白了斩杀额尔德尼的真正原因，那就是额尔德尼常去"四贝勒巡察之地"，使汗怀疑他们有私交，有密谋，卷入了诸贝勒争夺嗣位的斗争。因此，额尔德尼之死，并不是什么东珠之隐藏，而是最高统治集团权力之争的牺牲品。这在稍后所述《训斥爱子》中还可以进一步了解。

尽管金国汗努尔哈赤为错杀额尔德尼之事绞尽脑汁，极力辩解，严格控制，但它毕竟是一件错案，是个冤案，无论是谁，哪怕是威震天下的无敌君汗，也不能改变这一事实，不能长期掩盖此案的真相。

就在额尔德尼屈死之后的第十年，天聪汗皇太极便正式给他平了反，

第十章 权力之争

265

高度评价他创制满文的丰功伟绩，赞其为"一代杰出之人，今也则亡"。顺治十一年，又追谥额尔德尼为"文成"，其子萨哈连官至銮仪卫冠军使。一代文豪额尔德尼死后有知，也可聊以自慰了。

罢官额附

乌尔古岱是哈达国主蒙格布禄贝勒的儿子，娶努尔哈赤的女儿莽古济格为妻，后来升官至督堂，人们称为额附。

乌尔古岱为岳父竭力效劳，在战场上打拼多年，对金国的扩展可以说立下了很多功勋，天命六年（1621）三月二十一日打下辽阳后，鞍山、海州等七十余城"官民俱削发降"，但镇江民拒不剃头，不但如此还杀了前往劝降的官员。五月初五日，努尔哈赤遣"女婿乌尔古岱副将、抚顺李永芳副将"，领兵一千，前往查看，劝令归顺。乌尔古岱二人去后，杀拒降者，迫使镇江汉民剃发降顺，俘获拒降之人妻子，带回一千。汗命以尼堪三百赏给督堂、总兵官以下，至游击职官员，以六百俘获赐予出征兵士。

天命七年（1622）正月，乌尔古岱带儿子额色德里参加了进取广宁的战争，额色德里在杏山附近坠马而死。努尔哈赤听到外孙去世消息后悲哀痛哭，命费扬古贝勒和岳托贝勒带领数百旗兵，护送遗尸回辽阳。

乌尔古岱还肩负调查军情处理汉民事务的责任。天命六年（1621）九月初六日，汤站堡守堡向上报告"驻守军士扰害界内已降之国人，俘获万人，杀人之多，血染草地"。努尔哈赤"命督堂阿敦、副将乌尔古岱率五十人前往察视，若实为我界内之国人，悉令撤回"。

由于乌尔古岱是汗的大福晋富察氏所生莽古济格格之夫，尊称额驸，又曾经是海西女真哈达部之长，来归以后，为金国效劳立功，因此备受汗岳父的宠爱，很早就当上了副将，天命七年又升任督堂和总兵官。在七年六月初七日改革官制明确职责时，努尔哈赤下谕：

委任总兵官达尔汉虾、总兵官巴笃礼、督堂乌尔古岱额驸、总兵官索海、副将阿泰、游击雅护、参将叶古德、参将康喀赖、游击南济兰、游击武善、备御瑚里、备御托克推、备御博博图、备御星嘉、备御魏和得、备御郎格等十六人，审断国人各种罪行。

审断案子，一向是金国要事，努尔哈赤十分重视，亲自掌握。乌尔古岱能被授予审案之权，确系为汗重用。在这十六位审案人中，有四位总兵官、一位副将、三位游击、二位参将、六位备御。很显然，参将、游击和备御是作具体工作的，实权归四位总兵官掌握，乌尔古岱不仅名列第三，仅次于达尔汉虾和巴笃礼总兵官之后，这本身已足以表明其地位之高和权力之大。并且，达尔汉虾已开始失宠，天命六年十一月革了督堂职，从一等总兵官降为三等总兵官，还被禁止"参议政事"。七年（1622）六月十一日，就在此次委任审案以后的第五天，又因过再降为副将，巴笃礼也因同案降为参将，四个总兵官只剩下两位，乌尔古岱名列第一，他还是督堂，索海虽是总兵官，但既不是督堂，又系费英东之子，是乌尔古岱的晚辈，当然听乌尔古岱的话。可见，此时乌尔古岱已是具体掌握审案大权的最高官将。

乌尔古岱还当了一段时间的第一督堂。进入辽沈以后。努尔哈赤任用亲信官将为"督堂"，具体办理军政财经诸事。到天命七年（1622）六月，先后任督堂的有达尔汉虾、阿敦、阿巴泰、何和礼，汤古岱和乌尔古岱。最初是达尔汉虾名列第一，阿敦第二，天命六年（1621）九月阿敦被革职监禁，十一月达尔汉虾革去督堂。不久，乌尔古岱就代替达尔汉虾和阿敦，成为具体理国治政的首席督堂了。

天命八年（1623）二月初七日，努尔哈赤对官制又做了重要改革，八旗设督堂八人，称"八大臣"。《满文老档》太祖朝卷四十五载：

初七，任命八旗督堂八员，每旗审事官各二员，蒙古审事官人员，尼堪审事官八员，监视诸贝勒挂在脖子上之箴言者各四员。任命诸大臣之名字：督堂等级者是乌尔古岱、阿布泰舅、扬古利、多弼叔、卓里克图叔、叶赫之苏巴海、阿什达尔汉、贝托辉。

在这八位督堂中，乌尔古岱、扬古利、阿布泰舅是总兵官，卓里克图叔是副将，苏巴海。阿什达尔汉是参将，多弼叔、贝托辉是游击，显然，三位总兵官的督堂是主持大政的。乌尔古岱不仅是总兵官，又是汗之亲女的额驸，还是名列第一的督堂，可见其地位之高、权势之大。

然而，乐极生悲，盛极而衰，四个月以后，这位曾经使人望而生畏的第一督堂乌尔古岱额驸，竟险些被处死，差一点人头落地，权势顿失，成为入辽以后轰动全国的第四大案。

天命八年（1623）六月，两名汉官向大贝勒代善告发乌尔古岱收纳贿银。复州的王炳备御上告说：先前，曾交哈兴望赤马一匹、银五十两，"馈送王督堂"。去年十二月，为筹督堂年礼，交汉人罗山沙银一百两，令其购买蟒缎、珍珠。今年四月，又支银一百三两。十二月二十一日，交罗山沙纯金十两、上等妆缎一匹，由我亲率从人霍世勒送去。五月初三日，我王备御于我的上房北屋，交给罗山沙银三百五十两，并告诉罗说："沈阳、甜水站无官，尔以此银送王督堂，询之彼处可否赏给我？"吴善送佟额驸马一匹、蟒缎衣服

清代烧炭的铁熨斗

一件。赵山奎说佟镇国银八十两，送李代成金二两、银瓢一个、粗布二十匹、细布二匹、棉花二包、黄马一匹，送毕志赛金十两、银瓢一个，送佟都司骡一头，送朱永成花马一匹。

永宁监备御李殿魁向大贝勒代善上告说天命七年（1622）八月十九日，"督堂取我李殿魁之金二十两，王游击知之"。十月初九日，"督堂乌尔古岱以狐肫皮袄一件，给银十两，由王游击取去。十二日，塔尔虎取青马八匹、驴一头、白马一匹，送督堂。十二月十五日，王游击取狼皮肫子一件，送与督堂。王游击带去铁匠一人，名马二，皮匠二人，名张九、李配，留在督堂处"。

此案交众审事官及诸贝勒审理。乌尔古岱回答说："所谓黄金，前李殿魁曾拿黄金十两，言系爱塔送来。送来后，我想，爱塔与我有仇，恐乃欲加诬告而诱惑之，遂出金以示四贝勒。四贝勒曰：诚是爱塔所送，又有何益？不如暂留此金，以待事发。此事德格类阿哥、济尔哈朗阿哥、岳托阿哥皆知，原金仍在。至于其他十两之金，则不知也。"李殿魁说："一日之内，先送十两，后送十两，皆受。塔尔虎知之。"塔尔虎回答说：先送之十两，"叔父受之"，后送之十两，"叔父未曾受之"。乌尔古岱又说"我未曾受狐肫皮袄，此袄系由岳托阿哥给价取去"，"仅此而已，其他一概不知"。问塔尔虎，塔尔虎供称"马系给价受之。狼皮肫子确曾送来，然嗣后又令拿回"。李殿魁说："皮肫子即在尔家。"遂往观之，果有皮肫子。"经如此审讯，俱实"。

众审事官断决说：

当阿敦阿哥获罪之时，尔乌尔古岱故充忠良，跪于汗前，令众大臣皆跪于后。尔曰：不惩杀此奸逆，乌尔古岱今后何以治国？以示尔之忠心，然尔所报答汗者，实乃内藏祸心，外以巧言而取信也。尔乌尔古岱之罪，与额尔德尼巴克什之罪无异，以治彼之法治尔可也。

至于四贝勒、德格类阿哥、济尔哈朗阿哥、岳托阿哥，尔等皆知前额尔德尼东珠之事，其他贝勒为何不知？后来此金之事，又系尔四贝勒知之，其他贝勒不知。

故拟参劾诸贝勒之罪，请汗审断，并拟乌尔古岱死罪。告于汗。

汗曰：我曾令乌尔古岱招认之，为汉人财物之故，能将尔何如？虽经再三训诫，彼均未招认。今此案皆已属实无误。然为汉人财物之故，即应治乌尔古岱以死罪乎？著免此议，停审乌尔古岱，革其督堂之职，授予牛录备御之职……至于汉人所馈送之物，皆令其缴纳之。此案即如此了之。汉人馈送乌尔古岱之金银，皆由四贝勒偿还。

这个案件的出现及其审理和裁决，都不得不使人感到怀疑。首先，为什么复州复御王炳、永宁监备御李殿魁要告状？须知，乌尔古岱是英明汗爱如心肝之皇女的丈夫，尊称额驸，贵为第一督堂和总兵官，还曾是海西女真四部之一的哈达部国主，哈达部归并入女真国、后全国以后，许多原哈达部的人员当上了备御、游击、参将和副将，甚至还有任至总兵官者，对其故主不能说没有一点儿怀念和尊敬之情，对于这样后台粗、权势大的金国第一的高级将官，小小的汉人备御，怎能有此熊心豹胆，敢在太岁头上动土，对其控告？难道他俩不怕告不准，被对方打击报复？

并且，王炳、李殿魁的"告状"，实际也是告自己，告自己是如何想方设法孝敬督堂，献送贡物，博其欢心，以图升官晋职。他二人怎能不知道这样做的危险下场？金国汗多次训谕降金汉官，要他们尽革前明陋习，不要馈送上官礼物科索民财，违者将被严惩。这次王炳、李殿魁讲了行贿之事，王炳还交代了希望得到沈阳、甜水站的官职，这样做是违法的，是要被汗惩办的，他俩怎会明知有险，偏要告状，自找麻烦，自投罗网呢？这两个人如此行动，究竟是为了什么？有无"能人""贵人"在后主使驱策？

其次，此案的审理，也很奇怪。首告人王炳、李殿魁坚持是送了贿银贿物，被告乌尔古岱却一律否认，力言并无其事，且举出四位贝勒作为证人。可是，众审事官绝不相信乌尔古岱的辩解，竟硬性断定受贿是实。这个结论，根据不足，难以成立，但偏偏就成了定论。

再次，此案的结局也不平常。众审事官将这不可靠的结论，当作铁证如山的定论，并据此延伸，把收纳汉官银物数量不多的一般贪污，比拟为阿敦之败政乱国十恶不赦的大罪，要将乌尔古岱定成额尔德尼一样的"奸臣"，同样惩治，判处乌尔古岱死刑。努尔哈赤认为定的太重，不能因为乌尔古岱收受汉官财物而将其斩杀，改为免死，革督堂职，从总兵官降为备御。

可是，汉人送与乌尔古岱的金银，由四贝勒偿还。为什么众审事官要无限上纲，将乌尔古岱与额尔德尼相提并论，定为大奸，严酷斩杀？为什么努尔哈赤只讲乌尔古岱不应收纳汉人财物，只字不提审事官加在督堂身上的大罪而免死，从轻发落？看来，努尔哈赤很可能知道这是怪案，内中蹊跷耐人寻味，众审事官是醉翁之意不在酒，因此，努尔哈赤不重惩乌尔古岱，而严厉斥责四贝勒皇太极。

尽管乌尔古岱未被处死，但给他定上了贪财之罪，革了督堂，从总兵官降为备御，失去了权势、成为诸贝勒之间权力斗争的牺牲品。一个曾经为金国的建立、扩展奔走效劳的大额驸、大督堂、大总兵官，竟落得如此下场，确实令人寒心，使人伤感。满腔愤怒、忧虑不平的乌尔古岱，忧伤成疾，不久就离开了人间，其妻莽古济格格另嫁他人，曾为"东夷之长"的哈达名酋"万汗"，其子孙就这样没落下去了。

四贝勒受训

四贝勒就是努尔哈赤的第八个儿子皇太极，因为他的位置是四大贝勒中最后一位，所以人们称之为四贝勒。

皇太极在金国可以说是一位影响力很大的人物。他的母亲那拉氏也不是一位平凡的的女人。那拉氏是叶赫部长扬吉努的女儿。努尔哈赤起兵不久，有一次因事前往叶赫。当时叶赫势力很大，兵强马壮。扬吉努见努尔哈赤"相貌非常"，愿以小女那拉氏相许。

这时努尔哈赤势力很少人少兵寡，很愿攀上强部大酋，听到这句话急不可待，遂说："若缔姻，吾愿聘汝长女。"杨吉努说："我非惜长女不与，恐不可君意。小女容貌奇异，或者称佳偶耳。"努尔哈赤便聘其小女。扬古努去世后，其子纳林布禄贝勒于万历十六年（1588）九月，亲送十四岁的妹妹那拉氏来，与努尔哈赤成婚，四年后生下皇太极。此时努尔哈赤的大福晋是富察氏。那拉氏虽不是大福晋，但系强部叶赫部长的格格，又"庄敬聪慧"，故甚为夫君宠爱。皇太极之母既是汗之爱妻，本人又聪睿英勇，文武双全，因此深受汗父宠爱，初授贝勒，后列四大贝勒之位。

也许正因为皇太极有权有势，威望激增，这给他也带来了不少麻烦。自扈尔汗革职，中经阿敦督堂的监

明清时期红绿彩云方罐

禁、额尔德尼的冤死，直到乌尔古岱督堂罢官，每个案子都涉及四贝勒皇太极，并且前述四案，都使人感到迷惑不解，都是疑案、冤案和错案。究竟事实真相如何，有无内在联系，症结在何处，难以捉摸。看来还得先从前述案子中涉及四贝勒上着手。

在进入辽东以后第一个大案惩治虾阿哥的案子里，曾追述扈尔汉在天命五年（1620）九月议处大贝勒代善时的表现。努尔哈赤因扈尔汉等一言不发，十分生气地对诸贝勒大臣说"如若以我言舛谬，则尔等皇太极、阿敏台吉、达尔汉虾等须立誓"，"若不发誓，为何仍坐在（大）阿哥那边，徒事敷衍，快离开（彼处）吧"。"言后，皇太极、阿敏台吉、达尔汉虾彼等三位起立，移到汗这边来"。这时，努尔哈赤因为皇太极三人没有明确表态支持汗父，对他们有些不满了，幸好，这三位赶快离开代善，移到汗父这边，从而了结了汗父的疑虑和埋怨。这是涉及四贝勒的第一个案中有案。

在处理第二大案阿敦的监禁时，又把四贝勒拉扯了进来，阿敦暗示应立皇太极为嗣子，阿敦挑唆大贝勒、三贝勒、四贝勒之间不和。虽然此案以监禁阿敦而结案，但人们不禁要问阿敦为何要推举四贝勒？他是否受四贝勒支使？他为什么要挑唆诸贝勒不和？这与四贝勒有无关系？这又是案中有案，又没有查明审断。

第三案额尔德尼的隐藏东珠，不仅额尔德尼供称，东珠之事，四贝勒皇太极、德格类阿哥、济尔哈朗阿哥、岳托阿哥知道，而且努尔哈赤还引伸出对额尔德尼常去"四贝勒巡察之地"的斥责，并提高到不许越旗求索和赏赐的禁令，差一点就把四贝勒皇太极提出来当被告审了。这件案子之中的大案快要显现于水面。

第四个案子之中的大案就更明显了。本来是审讯乌尔古岱督堂有没有收受汉官的贿银，乌尔古岱辩称没有，举出四贝勒做证，那么审事官问问四贝勒是否知道此事就行了，为什么又要牵扯出更多的问题，并且还要给

四贝勒等人定罪？显然，四贝勒皇太极才是审事官们要清查和审理的主要对象，乌尔古岱不过是一个引子而已，他的案子之中藏着四贝勒是否犯罪的大案。

要想查明自巉尔汉，经阿敦，转额尔德尼，直到乌尔古岱这四个大案的真相以及这四个案子之间的关系和案中之案，本来是难以办到的，因为《武皇帝实录》等三种太祖实录，以及《国史列传》等文献，都未记述此事，都有意地隐瞒了。没有真实的资料，就无法进行科学分析，查明真相，得出正确的结论。幸好，《满文老档》对这些案子有些记述，其中还讲到四贝勒皇太极的一些事，尤其是在审理乌尔古岱时，审事官和金国汗都讲到皇太极，这些材料就为我们提供解开上述疑案的钥匙，并可借此弄清进入辽东以后这几年金国统治集团内部斗争的真实情形。这在稍后的训斥四贝勒，以及对其罚银夺丁的处治上，看得十分清楚。

天命八年（1623）六月初九日，奉命审理乌尔古岱额驸、督堂收贿案的众理事官，在断定额驸收贿是实，并指责其对汗不忠以后，又冲着四贝勒皇太极、德格类、济尔哈朗和岳托四位贝勒质问和裁断说：

四贝勒、德格类阿哥、济尔哈朗阿哥、岳托阿哥，先前额尔德尼东珠之事，惟尔等知也，其他贝勒何故不知？又，后来此金之事，亦同为尔等四位贝勒知之，其他贝勒不知。故拟参劾诸贝勒之罪，请汗审断。并拟乌尔古岱以死罪。告于汗。

努尔哈赤听后十分生气，对皇太极痛加训斥说：

尔若贤良，则凡事须秉公正从宽处之。于兄弟之间，皆须平等以待，相互敬爱。独以尔身为诚，凌越他人，置众兄于不顾，尔欲为汗乎？集会于衙门，分离之时，尔若送诸兄，则众见之子、弟必回报于尔，送尔至家，此方合乎礼仪耳。尔不送众见，而众兄之子、弟送尔，尔何故默然受之？此岂尔之贤明者乎。德格类、济尔哈朗、岳托，尔等何故置各自父兄不顾而僭越而行，尔等如斯僭越而行者，除进谗言致恶外，又有何益。四贝勒，吾以尔乃为父我之爱妻所生惟一后嗣而不胜眷爱矣，尔之贤明何在？何其愚也。

努尔哈赤说完后，"乃悲之"。为了结此案，他宣布："汉人馈送乌尔古岱之金银，皆由四贝勒偿还。罚取德格类一牛录之诸申，取济尔哈朗二牛录之诸申，取岳托一牛录之诸申，以抵罪。此案如此了结。言毕遣之。"

根据汗谕，法司取德格类阿哥的额克兴额牛录，赏与多铎阿哥。收济尔哈朗阿哥的胡什屯牛录，给予其弟费扬古，取其索索里牛录，给予其兄阿敏。取皇太极的栋鄂额驸之四个牛录，给予大贝勒代善，"以汗之旗之索海、伊苏之牛录，给予四贝勒"，"取四贝勒金十两、银三百两存库"。

早期清军

从努尔哈赤对皇太极的训诫以及对乌尔古岱案子的处理，我们发现了四个十分有趣但又相当奥妙令人费解的奇怪问题，解开

此中之谜，也许就找到了三年来政局变化的症结所在。

第一个问题是，皇太极为何如此骄傲？从汗父的训谕看，皇太极的傲气，已经达到无以复加的地步，既"不送诸兄"，又对诸兄之子，对下面的几个弟弟的"恭送"，"默然受之"，毫不谦让，似乎是理所当然，并且"独以己身为诚，凌越他人"，简直是到了天马行空，独往独来，蔑视一切人的程度。须知，诸兄、诸弟、诸侄并不是无名小卒等闲之辈。以"诸兄"来说，大贝勒代善位居四大贝勒之首，第一位中宫大福晋之子，正红、镶红二旗的旗主贝勒，还曾在相当长的时间里当过太子，虽因有过被革，但仍是大贝勒、旗主贝勒，军国大政，皆系由他领头，助汗父处理。

二贝勒阿敏，是镶蓝旗旗主，多次统军出征，军功累累，且禀性狂傲，气量狭小，他是容不得人的，更受不得委屈和羞辱。三贝勒莽古尔泰，主正蓝旗，粗野鲁莽，胆大敢说，天命五年（1620）九月，只有他一个人敢站出来附和汗父，指责太子的错误，这也是一个不好惹的人。至于诸弟，有三位弟弟也是高贵之人。十二弟阿济格、十四弟多尔衮、十五弟多铎，是现在汗的大福晋阿巴亥所生的汗之爱子，阿济格和多铎皆已是一旗之主，多尔衮也被汗父指定要掌管一旗之旗主，从旗主的资格看，这三位弟弟，至少是阿济格和多铎的身份，与皇太极完全相同

皇太极虽然也是旗主贝勒，辖治正白旗，又是四大贝勒之一，但是，他的母亲那拉氏只是汗之爱妃，是侧福晋，并非中宫大福晋，皇太极也就只能是汗之庶子，在这一点上，他既不能和代善、莽古尔泰、德格类这三位分别是过去的第一位大福晋佟佳氏、第二位大福晋富察氏所生的嫡子相比，也不能和阿济格三兄弟相提并论。嫡庶有别，皇太极比上述两位兄长四位弟弟差了一大截。那么，为什么皇太极不按祖制家法恭送兄长礼遇弟弟？是没有教养，没有礼貌，本性狂妄，还是其他什么原因？有才之人，往往也是自视甚高比较骄傲的人，皇太极聪睿机智，博览群书，才干出

众，武艺超群，军功累累，确实是一个文武双全的能人，在十六位皇子和几十位皇侄皇孙中，够得上是出类拔萃名列第一的贝勒，因而他也是相当高傲的。

但是，为什么他的"傲病"过去没有充分暴露，没有记入《满文老档》？为什么天命五年（1620）九月汗父训斥代善时他不敢出来说话，他也和阿敏一样观望形势，"畏惧兄嫂"，不敢公开反对代善得罪兄长？既然"畏惧"代善，自然要对其恭敬有加，不敢在代善面前失礼了。为什么那时对代善尊重有礼，现在却不"恭送兄长"？显然，这是势力大小的问题，性格只是附属因素，起决定性作用的是实力，势大，则颐指气使，不可一世，万人敬畏；力弱，则低声下气，屈居末位，受人冷落。皇太极此时的如此骄傲，是与四年来金国政局的大变化分不开的。

天命五年三月休大福晋，九月废太子，使八旗贝勒之间的势力对比布局发生了重大变化。大贝勒代善丢掉太子宝座后斩杀爱妻，苦苦哀求汗父宽恕，发誓要痛改前非，才得到汗父怜悯，保住了大贝勒、旗主贝勒的头衔，免遭籍没之灾，但因此也出尽了丑，威望大减。二贝勒阿敏，不能善待弟弟斋桑古，并听信谗言，恳求汗伯父批准自己的要求，要诛杀弟弟，遭到汗伯父拒绝，斋桑古不会忘掉此仇此险，八旗贝勒、大臣对阿敏自然会有非议，其政治上的损失也不小。

三贝勒莽古尔泰因生母被加上暧昧之罪、盗窃之罪，为父休离，而弑亲母，天理难容，众口同诛，臭名远扬。这三位大贝勒都很难有立为嗣子继承汗位的可能，二贝勒阿敏更因其系汗之侄子而毫无希望，三人的威望、势力都大大下降。四大贝勒之中，只有四贝勒皇太极在此案中未受牵连，且因其不吃大福晋送来的食物，而增加了汗父对他的好感，可以算是唯一的受益人，势力、声望相应地大大增强和提高了。

皇太极充分利用了这个有利形势，尽力扩大势力，博取汗父欢心。他本来就是智勇双全之人，再加上谋登汗位的动力，便更加发挥个人才智，

第十章 权力之争

在克沈阳、下辽阳、取广宁等重大战争中，挥军猛攻，大败敌兵，立下殊勋。进入辽沈以后，他又带兵四处奔走，镇压反金武装，为巩固金国的统治做出了贡献，因此努尔哈赤对他越发器重和喜爱。

此时努尔哈赤的大福晋乌拉那拉氏阿巴亥，是原来的乌拉国主满泰贝勒之女，"饶丰姿"，机警聪明，甚为夫君喜爱，生下阿济格、多尔衮、多铎三个儿子，汗父都喜欢他们。但是三个贝勒都小，此时阿济格十八岁，多尔衮十一岁，多铎九岁。努尔哈赤已是六十五岁的白发老翁，时间不多了，很难将幼小孩子教养成人，继承汗位。

若从爱妻娇子考虑，当然应立乌拉那拉氏阿巴亥所生之子，如从金国的巩固、扩展看，则应择贤册立年岁更长之子，两种想法，各有利弊，努尔哈赤一时决定不下来，但更倾向于让皇太极继位。后来，在天命七年（1622）三月初三日，努尔哈赤宣布今后实行八和硕贝勒共治国政。

这个制度对皇太极是十分有利的。只要努尔哈赤逝世归天，八贝勒集议任置贤者为汗，被汗父"不胜眷爱"的皇太极，极有可能被推立为君。汗父之倾向，八贝勒任置新汗的规定，官场之人多能领会其中含义，故皇太极心领神会，诸贝勒、大臣心照不宣，因而四贝勒才能如此骄傲，不恭送诸兄，安然坐受弟侄的恭送，诸贝勒也对他畏惧三分。这才是皇太极傲视诸兄、贱视弟侄的主要因素。

第二个问题是，德格类、济尔哈朗、岳托三位贝勒与皇太极是什么样的关系。审案者反复讲到这四位贝勒一致行动，额尔德尼隐藏东珠的事，又有皇太极、德格类、济尔哈朗、岳托这四位贝勒知道，复州备御王炳送乌尔古岱十两黄金的事，也只有这四位贝勒知道。审案者质问说，为什么只有你们知道，其他贝勒不知道？以此为罪，报汗惩处。努尔哈赤也谴责了这些行为，指出，先前额尔德尼违背国制，经常私寻皇太极，"进谗言"。德格类、济尔哈朗、岳抚撇开"各自之父兄，僭越行事"，"是谗言交恶"。这些事实表明，皇太极与济尔哈朗、岳托、德格类三位贝勒，以及额尔德尼、巴克什之间关系十分密切。

德格类是正蓝旗贝勒，济尔哈朗是镶蓝旗贝勒，岳托是镶红旗贝勒，额尔德尼隶正黄旗，皇太极此时是正白旗旗主，五人分属五旗，按国制，是不能私下交往的。当时是旗主制，旗主贝勒与旗下人员，包括固山额真、梅勒额真等高级官将在内，都隶属于旗主，与旗主有君臣之义。人臣无私交，本旗人员是不能和其他旗的旗主贝勒私下往来密谋议事的。本旗的贝勒，即一般称为小贝勒的贝勒们，也不能越过本旗旗主贝勒，与另外旗的旗主贝勒私下交往。

这些禁令，德格类等三位贝勒不会不知道，额尔德尼更加清楚，因为这些禁令就是由他亲手书写的，为什么他们要明知故犯？看了上述金国四年来八旗贝勒之间势力的消长，以及皇太极极有可能继位为汗的情形，便一目了然了。这就是皇太极有意网罗人员，结成一个集团，争夺汗位继承权，以便在汗父去世以后，继位为君。而岳托等人，则由于个人私利，情愿为四贝勒效劳。

皇太极的聪明才智，赫赫战功以及天命五年（1620）九月以后更加蒙受汗父宠爱，济尔哈朗等人非常了解，额尔德尼系汗心腹大臣，尤为清楚。德格类因生母被休而地位下降，岳托为父亲大贝勒代善冷落，济尔哈朗系努尔哈赤之侄，一向就是善观形势，决定行止，曾经博得汗的欢心，当过固山额真，进入了后金国"十部之执政诸贝勒"行列，但天命五年九月因调换牛录时，遭汗伯父斥责，关系略有疏远，他自然愿意为未来的新汗尽力效劳。双方各有所想，利益一致，因而连在一起，形成了以皇太极为首的图谋争夺汗位继承人的小集团。

第三，诸贝勒心怀不满，乘机暗算，打击报复。皇太极的高傲及其与德格类、济尔哈朗、岳托等人的密切联系，引起其他贝勒严重不满，一直在寻找机会，伺机而动。天命六年（1621）九月的幽禁督堂阿敦，便包含有阿敦建议立皇太极为太子、挑唆四贝勒与大贝勒关系的因素。天命八年

（1623）五月斩杀额尔德尼，努尔哈赤已明确表示了对其与皇太极交结的不满，以此作为额尔德尼不忠应该斩杀的一项罪状。一个月以后的审讯乌尔古岱额驸，更是诸贝勒对皇太极集团的大举进攻。

这次，本来是审理所谓的乌尔古岱督堂收纳汉官馈物的案子，在复州备御王炳、永宁监备御李殿魁供述的一二十次送礼中，牵涉到皇太极、德格类、济尔哈朗、岳托的，只有一次，即李殿魁送十两黄金给乌尔古岱，并且乌尔古岱辩解说，他怀疑李殿魁是施用诡计，有意陷害，先送金，后告发，故将此金请四贝勒看，四贝勒同意这个看法，叫"暂藏此金，出事后令观之"。就此而论，乌尔古岱不是逼索银财收受贿物，四贝勒也没有什么错误。

四贝勒皇太极是处理军国要务的四大贝勒之一，也很可能是这个月的"直月贝勒"，他当然有权也有责任过问此事，德格类、济尔哈朗、岳托是"议政贝勒"，也有权了解此事，他们都没有错。可是，审案的众审事官和诸贝勒却紧紧抓住这唯一的"牵连"，大做文章，断定四位贝勒有罪，并且重翻历史旧账，把额尔德尼隐藏东珠的事也一股脑儿地端出来，用以说明皇太极等人互相勾结，进行谴责，最后还裁定四位贝勒犯了罪，拟议惩治，请汗裁定。实际上这是造成既成事实，对汗施加影响，促使汗处罚皇太极小集团。

审案的请贝勒抓住了这几年未遇的

石像生

良机，揣摩透了汗父和汗伯父的心思，知道汗最忌讳也最恨个别贝勒结党营私谋夺嗣位，所以他们将皇太极等四个贝勒往结党上定，往谋夺嗣位者上定，并且突出皇太极是为首之人，是核心之人。不仅这样，他们还将皇太极等四位贝勒的过失和处罚，与额尔德尼、乌尔古岱之罪联系在一起来讲，既然额尔德尼因为对汗不忠（其实没有此事）而被斩杀抄家，乌尔古岱也要同样处治，拟以死刑，这样皇太极的罪就很大了，处罚就不能轻，也应同乌尔古岱、额尔德尼一样用刑。这显然包含了要努尔哈赤从重惩罚皇太极等四位贝勒的意思。

第四，痛斥四贝勒，定罪罚银，没收牛录。努尔哈赤在审案诸贝勒和众审事官的诱导和影响下十分生气。他虽然没有依照审案人的暗示，革除皇太极的大贝勒和旗主贝勒，但处分还是不轻的，既让四贝勒代乌尔古岱纳银退赃，又没收其两个牛录，对德格类、济尔哈朗、岳托也严厉训斥，没收牛录。更使皇太极难受的是汗父狠狠地骂了他一顿，斥责他狂妄无礼，谴责他与德格类等人相勾结，特别是汗父辱骂他是"何其愚也"，明确指出他"欲为汗乎"，这对皇太极争夺嗣位的活动是一个十分沉重的打击。

经过三年多的明争暗斗，现在总算有了一个结局了，这就是皇太极的势力有所削弱，地位有所下降，四位大贝勒以及德格类、济尔哈朗、岳托、硕托、斋桑古五位小贝勒，都在政治上遭到不同程度的打击，没有哪一位贝勒的势力强大到无人抗衡的程度，没有哪一位贝勒的地位和威望远远超出其他贝勒，成为众望所归的嗣位者。这样一来，金国汗努尔哈赤宣布的八和硕贝勒共治国政的制度，才能得以贯彻执行。

褚英被杀

努尔哈赤的胞弟舒尔哈齐，在努尔哈赤为报父祖之仇起兵的时候，就任为努尔哈赤的副手，在其后的日子里权势进一步扩大，和努尔哈赤相差无几，一直作为努尔哈赤的副手争战天下。后来，因为权力的争夺被努尔哈赤杀害了。

舒尔哈齐死后，汗位之争的焦点移向努尔哈赤的长子褚英。

褚英，母佟佳氏，万历八年（1580）生。他万历二十六年（1598）率兵征安楚拉库路，被赐号洪巴图鲁；万历三十五年（1607）在乌碣岩之战中立功，被赐号阿尔哈图土门；翌年，又偕贝勒阿敏等攻乌拉，克宜罕山城。旋因居长，屡有军功，被努尔哈赤授命执掌国政。

褚英柄政后，因年纪轻，资历浅，心胸褊狭，操之过急，受到"四贝勒""五大臣"内外两方面的反对。"四贝勒"即努尔哈赤"爱如心肝"的代善、阿敏、莽古尔泰、皇太极。他们各为旗主贝勒，握军队、拥权势，厚财帛、领部民，建州又无立嫡以长的历史传统，不满于褚英当嗣子、主国政的地位。他们上告长兄褚英，似有争嗣之嫌，于是争取同"五大臣"联合，倾轧褚英。"五大臣"即努尔哈赤所"信用思养、同甘共苦"的费英东、额亦都、扈尔汉、何和里、安费扬古。他们早年追随努尔哈赤，威望高、权势重，历战阵、建殊勋，当克图伦时褚英尚在襁褓之中，自然也不满于褚英专军机、裁政事的地位。他们首告嗣储褚英，似有二心之嫌，于是也力求同"四贝勒"结合。

努尔哈赤嗣子褚英对这些建州的"柱石"和"元勋"缺乏谦恭之态，想趁父汗在世时逐渐削夺他们的财富和权力，以便巩固储位。这促使"四贝勒"与"五大臣"采取内外夹击的策略，共同对付褚英。褚英陷于孤

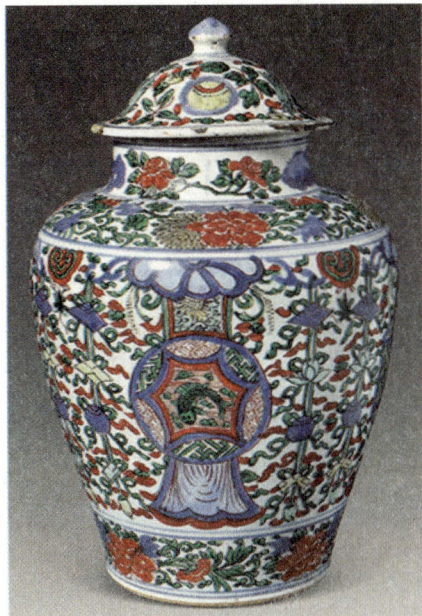
青花五彩五谷丰登图盖罐

立。"四贝勒"和"五大臣"经过密议之后，联合向努尔哈赤告发褚英。

努尔哈赤让他们每人写一份文书呈送。他们各写文书、联合控告褚英的"罪状"是：第一，使"四贝勒""五大臣"彼此不睦；第二，声称要索取诸弟的财物、马匹；第三，曾言"我即位后，将诛杀与我为恶的诸弟、诸大臣"。

努尔哈赤在权衡长子褚英与"四贝勒""五大臣"两方力量对比之后，断然疏褚英。而后两次耀兵乌拉，努尔哈赤没有派褚英出征，让他留居在家中。"褚英意不自得，乃表告天自诉，乃坐咀呪"之罪，万历四十一年（1613）三月二十六日，被幽禁在高墙之中。万历四十三年（1615），努尔哈赤下令将长子褚英处死，当时褚英年仅三十六岁。

后金汗努尔哈赤为加强汗权而幽弟杀子，心怀惭德，久不平静。他年事渐高，不愿子孙们骨肉相残，要不咎既往，唯鉴将来，子孙环护，长治久安。天启元年（1621年，天命六年）正月十二日，后金汗召集诸子侄及长孙代善、阿敏、莽古尔泰、皇太极、德格类、济尔哈朗、阿济格、岳酰等，对天地神祇，焚香设誓：

蒙天父地母垂佑，吾与强敌争衡，将辉发、兀喇、哈达、夜黑，同一音语者，俱为我有。征仇国大明，得其抚顺、清河、开原、铁岭等城，又破其四路大兵，皆无地立默助也。今祷上下神佑：吾子孙中纵有不善者，天可灭之，勿令刑伤，以开杀戮之端。如有残忍之人，不待天

诛，遽兴操戈之念，天地岂不知之？若此者，亦当夺其算。昆弟中若有作乱者，明知之而不加害，俱怀礼义之心，以化导其愚顽。似此者，天地蕲之，俾子孙百世延长。所祷者此也。自此之后，伏愿神祇，不咎既往，惟鉴将来。

后金统治集团内部残酷的政治斗争，不会因努尔哈赤率领众子孙等对神祇设誓而自行消失。同样，"怀礼义之心"的诸王贝勒，对于觊觎汗位者，必不能"化导其愚顽"。在后金统治集团中，有汗位，就有激烈的争夺；有争夺，就有酷虐的斗争。满洲这种为争夺皇位而骨肉相残的宫廷斗争史，后来一再重演。

褚英被囚死后，努尔哈赤的"建储"之争更为剧烈。这主要在四大贝勒中的代善和皇太极之间进行明争与暗斗。"天命年间四大贝勒各拥重兵，觊觎大位。顾阿敏为太祖侄，莽古尔泰之母则得罪太祖，故以代善与皇太极最为有望。当开国之初，削平诸部，夺取辽、沈，二王功最高"。代善与皇太极，以序齿言，褚英已死，代善居长，皇太极为弟行；以武力言，代善独拥二旗，为皇太极掌一旗所不及；以才德言，代善宽厚得众心，皇太极则威厉为人畏惮。努尔哈赤自然决定让代善继褚英执掌国政。代善因被赐号古英巴图鲁。

朝鲜史籍称他贵盈哥。《建州闻见录》记载，努尔哈赤死后，"则贵盈哥必代其父"。努尔哈赤说过"俟我百年之后，我的诸幼子和大福晋交给大阿哥收养"。大阿哥即大贝勒代善，大福晋是努尔哈赤的大妃乌拉那拉氏阿巴亥。努尔哈赤将爱妃大福晋和诸心肝幼子托付给代善，即预定他日后袭受汗位。代善性宽柔、孚众望，军功多、权势大，自协助父汗主持国政后，凡努尔哈赤不在时，一些重大军机便先报告给他。然而，随着代善的权位日重，他同其父汗及皇太极的矛盾便趋向激化。

代善同努尔哈赤、皇太极之间的矛盾，以德因泽的告讦而爆发。《满文老档》记载，万历四十八年（1620年，天命五年）三月，小福晋德因泽向后金汗告发"大福晋两次备佳肴送给大贝勒，大贝勒受而食之。一次备佳肴送给四贝勒，四贝勒受而未食。大福晋一天二三次派人去大贝勒家，大约商议要事。大福晋有二三次在深夜出宫院"。努尔哈赤派扈尔汉、额尔德尼、雅逊和莽阿图四大臣去调查，后查明告发属实。

　　而诸贝勒大臣在汗的家里宴会、集议国事时，大福晋饰金佩珠、锦缎装扮，倾视大贝勒。诸贝勒大臣虽内心不满，却因惧怕大贝勒和大福晋而不敢向汗报告。努尔哈赤对大贝勒同大福晋的暧昧关系极为愤慨，但他既不愿加罪于儿子，又不愿家丑外扬，便借口大福晋窃藏金帛，勒令离弃。小福晋德因泽因告讦有功，被升为与努尔哈赤同桌共食。或言德因泽告讦之谋出自皇太极。皇太极借大贝勒与大福晋的隐私，施一箭双雕之计，既使大福晋被废，又使大贝勒声名狼藉，并离间了努尔哈赤与代善的父子之情，为他后来夺取汗位准备了重要条件。

　　时后金汗努尔哈赤年事已高，选立嗣君的计划一次又一次地破产。这促使他试图废除立储旧制，改革后金政体，实行八大贝勒共治国政的制度。

第十一章　名汗归天

袁崇焕

当广宁兵败的时候，整个朝廷都震惊了，京师为此都进行了戒严，在这个时候，明朝任孙承宗为兵部尚书，兼东阁大学士。

孙承宗，字稚绳，高阳人。"貌奇伟，须髯戟张。与人言，声断墙壁"。万历三十二年（1604）进士，授编修。天启帝即位，以左庶子充任日讲官。初，天启帝每听承宗讲授，常言"心开"，故眷注殊殷。孙承宗早在为县学生时，尝留意边郡。后常向材官老兵询问辽事形势与险要阨塞，因此通晓边事。至广宁兵败，廷臣知承宗知兵，屡疏谏，因命其主持辽东军事。他上疏言：

迩年兵多不练，饷多不核。以将用兵，而以文官招练。以将临阵，而以文官指发。以武略备边，而日增置文官子幕。以边任经、抚，而日向战守于朝。此极弊也。今天下当重将权。

孙承宗从辽阳、广宁失守中引出的一条覆车之鉴是，应当选边将，重将权。东阁大学士、兵部尚书孙承宗遴选和器重既沉雄又有气略的杰出将领就是袁崇焕。

袁崇焕，字元素，广西藤县（祖籍广东东莞）人。万历四十七年（1619年，天命四年）进士，授邵武知县。他为人机敏，胆壮，善骑艺，喜谈兵。"崇焕少好谈兵，见人辄拜为同盟，肝肠颇热。为闽中县令，分校阅中，日呼一老兵习辽事者，与之谈兵，绝不阅卷"。

天启二年（1622年，天命七年）正月，袁崇焕大计在京。他单骑出阅塞外，巡历关上形势。回京后言"予我军马钱谷，我一人足守此"。时广宁已失，廷臣惶惧，袁崇焕请一人守关的壮语，对收拾珍宝准备南逃的朝臣，是一剂安神良药。同僚们赞叹他的胆略。在失陷广宁的第四天，御史侯恂题请破格擢用袁崇焕，疏言：

见在朝觐邵武县知县袁崇焕，英风伟略，不妨破格留用。

明廷授袁崇焕为兵部职方司主事，旋升为山东按察司佥事山海监军。

受职后，袁崇焕上《擢佥事监军奏方略疏》。他在奏疏中一扫文臣武将中普遍存在的悲观、恐惧气氛，力请练兵选将，整械造船，固守山海，远图恢复。他疏言"不但巩固山海，即已失之封疆，行将复之"。袁崇焕赴任前，往见听勘在京的熊廷弼。"廷弼向'操何策以往？'曰'主守而后战'。廷弼跃然喜"。为图先守后战，恢复辽东方略，二人商酌竟日。袁崇焕辞别熊廷弼，策骑驰往山海关，偕视辽东经略商度战守。

时兵部尚书王在晋代熊廷弼为辽东经略。王在晋在疏言中夸大困难："各隘口边墙未葺，器械未整，兵马未足，钱粮未议，将官惰窳，军上偷闲。"他无远略，谋用蒙古骑兵袭击广宁，计不成；又请在山海关外八里铺筑重关，以兵四万人守御。他在《题关门形势疏》中言：

再筑边城，从芝麻湾起，或从八里铺起者，约长三十余里，北绕山，南至海，一片石统归总括，角山及欢喜岭悉入包罗。如此关门可恃为捍蔽。第计费甚钜，而民夫当用数万人，夫国家为万年不拔计，何恤一、二百万金，独是数万人夫！

王在晋在山海关外八里筑重城之议，是一个只图苟安、无所作为的消极防御方略。从而受到袁崇焕等人的反对。

袁崇焕力主积极防御，坚守关外，屏障关内，营筑宁远，以图大举。他虽深受王在晋倚重，题为宁前兵备金事，但以关外八里筑重城为非策，极力陈谏。王在晋不听，袁崇焕两次具揭于首辅叶向高。叶向高不能臆决，孙承宗自请行过。六月，孙承宗抵山海关，力驳王在晋筑重城议："今不为恢复计，四关而守，将尽撤藩篱，日哄堂奥，畿东其有宁宇乎？"孙承宗支持了袁崇焕等人的意见，并同王在晋"推心告语见七昼夜，而在晋约缔缩朒不应"。孙承宗还朝后借讲筵时机，面奏王在晋不足用，寻改调为南京兵部尚书。

同年八月，王在晋既去，孙承宗自请督师，获允。天启帝赐尚方剑；孙启行时，阁臣送出崇文门外。孙承宗抵关，重用袁崇焕，整饬边备。先是，孙承宗驳关外八里筑重城议，召集将吏谋御守，阎鸣泰主守觉华岛，袁崇焕生守宁远城，王在晋等力持不可，但孙承宗极力支持袁崇焕的意见。孙承宗在《又启叶首揆》书中言："门生苦令抚官初移之中前为四十里，再移之前屯为七十里，又再移至中后为百里，

袁崇焕

又再移之宁远为二百里。"这反映了孙承宗、袁崇焕相机进取、徐图恢复的大计。

天启三年（1623年，天命八年）春，袁崇焕受孙承宗命往抚蒙古喀喇沁。先是，明失广宁后，宁远以西五城七十二堡尽为喀喇沁诸部占据。明军前哨不出关外八里铺。袁崇焕亲抚喀喇沁诸部，收复自八里铺至宁远二百里；又拊循军民，整治边备，成绩卓著。秋，孙承宗从袁崇焕议，排除巡抚张凤翼、佥事万有孚等人力阻，决计戍守宁远。命祖大寿兴工营筑，袁崇焕与满桂驻守。但祖大寿臆度朝廷不能远守，便草率从事，工程疏薄，仅筑十分之一。袁崇焕手定规制，亲自督责，军民合力，营筑宁远：

> 崇焕乃定规制，高三丈二尺，雉高六尺，址广三丈，上二丈四尺。大寿与参将高见、贺谦分督之。明年讫工，遂为关外重镇。桂，良将，而崇焕勤职，誓与城存亡；又善抚，将士乐为尽力。由是商旅辐辏，流移骈集，远近望为乐土。

经过袁崇焕亲率军民经营，一度荒凉凋敝的宁远，变为明朝抵御后金南犯的关外重镇。

在"以辽人守辽土，以辽土养辽人"的战略思想下，天启四年（1624年，天命九年）九月，孙承宗派总兵马世龙"偕巡抚喻安性及袁崇焕东巡广宁，历十三山，经右屯，又由水路抵三岔河，以都司杨朝文探盖州。袁崇焕等东巡三州两河，相应形势，察访虚实，训练士卒，增长胆气，实为熊廷弼雪夜巡边后的又一壮举。自孙承宗督师以来，定军制，建营垒，备火器，治军储，缮甲仗，筑炮台，买马匹，采木石，练骑卒，汰逃将，层层布置，节节安排，边亭有相望之旌旗，岛屿有相连之舸舰，分合俱备，水陆兼施"，辽东形势为之一变。到天启五年（1625年，天命十年），孙承宗与袁崇焕议，遣将率卒分据锦州、松山、杏山、右屯及大、小凌河，

缮城廓，驻军队，进图恢夏大计。但是，孙承宗罢去，阉党分子兵部尚书高第代为经略，辽东形势急剧逆转。

明朝统治集团内部的党争，直接牵系着辽东的军事形势。魏忠贤自窃夺权柄之后，贬斥东林，控制阁部，提督东厂，广布特务，恣意拷掠，刀锯忠良，祸及封疆，败坏辽事。客魏擅权，内结宫闱以自固，外纳朝臣以淫威。他们恐妃嫔申白其罪孽，矫音赔泰昌布选侍赵氏自尽，浸假的裕妃张氏别宫，设计堕皇后张氏胎，又杀冯嫔，禁成妃，将天启帝妃嫔女侍尽为控制，以擅权柄，害东林。他们为使"内外大权，一归忠贤"，安插率先附己的顾秉谦和张广微等人阁，又将东林党的阁臣、六部尚书和卿贰以及秉宪、科道次第罢黜。天启四年（1624年，天命九年）六月，正当孙承宗、袁崇焕营筑宁远、日复辽土的时候，副都御史杨涟劾魏忠贤罪疏奏上。闭党凶焰更嚣，中官聚围首辅叶向高府第，后逐吏部尚书赵南星等。东林党首辅叶向高、次辅韩爌等先后罢去，阉党顾秉谦、张广微柄政。魏忠贤夺取内外大权。

魏忠贤专机后，因孙承宗功高望重，欲使其附己，令应坤等申明意图，孙承宗刚直不阿，魏忠贤由此衔恨。孙承宗疾恶如仇。杨涟硫劾魏忠贤二十四大罪，孙承宗诗赞其"大心杨副宪，抗志万言书"。御史李应昇奏疏抨弹阉竖，魏忠贤恚其与孙承宗同党。十一月，魏忠贤尽逐左副都御史杨涟、吏部尚书赵南星、左都御史高攀龙、金都御史左光斗等人，孙承宗正面巡蓟、昌，想抗流阉党，请以"贺圣寿"入朝，面奏机宜，疏论魏忠贤罪端。

张广微得报，奔告魏忠贤："枢辅拥关兵数万清君侧，兵部待郎李邦华为内应，公等为齑粉矣！"魏忠贤惶惧，绕御床哭。天启帝为之心动，命内阁拟旨。次辅项秉谦奋笔曰："无旨离信地，非祖宗法，违者不宥。"午夜，开大明门，召兵部尚书入，命以三道飞骑阻止孙承宗入觐。又矫旨命守九门宦官："承宗若至齐化门，反接以入！"孙承宗抵通州后，闻命而返。孙承宗在《高阳集》中记载请入觐不果时言："要人欲并杀予，曰扬、左辈将以某清君侧。"

孙承宗返回之后，天启五年（1625年，天命十年）五月，高第为兵部尚书，阉党控制枢部。七月，魏忠贤诬杀杨涟、左光斗等于狱。时东林"累累相接，骄首就诛"。正值魏忠贤要借机削夺孙承宗兵权时，八月发生马世龙柳河之败。山海总兵官马世龙误信降人刘伯漒言，派前锋副将鲁之甲、参将李承先率师，白娘娘宫渡河，夜袭耀州，败殁于柳河，死士四百余人，弃甲六百余副。柳河兵败报闻，"朝议沸腾"。谄附阉党的台、省官员章疏数十上，抨劾马世龙，并及孙承宗。十月，孙承宗罢去，以兵部尚书高第代为经略。

兵败宁远

当努尔哈赤得知明略换人的消息后，一方面使人探听消息；另一方面整顿兵马准备进攻宁远。新经略高第是进士出身，对于领兵打仗可以说一点儿也不懂，他完全抛弃孙承宗的做法，上任以后命令放弃关外城堡，只为守关的消极方法防御。

先是孙承宗和袁崇焕等督率军民，在关外辛勤经营四年，缮城修堡，备炮制械，设营练兵，拓地开屯，劳绩十分显著。《明央·孙承宗传》载：

承宗在关四年，前后修复大城九、堡四十五，练兵十一万，立车营十二、水营五、火营二、前锋后劲营八，造甲胄、器械、弓失、抱石、渠答、卤楯之具合数百万，拓地四百里，开屯五千顷，岁入十五万。

高第同孙承宗相左，包厉内荏，畏敌如虎，折辱将士，撤防弃地。他

命尽撤锦州、右屯、大凌河、宁前诸城守军，将器械、枪炮、粮秣、弹药移至关内，放弃关外四百里。锦州、右屯、大凌河三城，为辽东明军的前锋要塞，如仓皇撤防，使已兴工修筑的城堡毁弃，布置戍守的兵卒后退，安顿垦耕的辽民重迁，复二百里的封疆丢失。袁崇焕力争兵不可撤，城不可弃，民不可移，田不可荒。他具揭言：

兵法有进无退。锦、右一带，既安设兵将，藏卸粮料，部署厅官，安有不守而撤之理？万万无是理。脱一动移，示敌以弱．非但东奴，即西虏亦轻中国。前柳河之失，皆缘若辈贪功，自为送死。乃因此而撤城堡、动居民，锦、右摇动，宁、前震惊，关门失障。非本道之所敢任者矣。

经略高第凭借"御赐尚方剑、坐蟒、玉带"的势焰，不但执意要撤锦州、右屯、大凌河三城，而且传檄撤防宁前，宁前道袁崇焕身卧宁远，斩钉截铁地表示：

宁前适当与宁前为存亡！如撤宁前兵，宁前道必不入，独卧孤城以当虏耳！

高第无可奈何，只撤锦州、右屯、大凌河及松山、杏山、塔山守具，尽驱屯兵、屯民入关，抛弃粮谷十余万石。这次不战而退，闹得军心不振，民怨沸腾，死亡载道，哭声震野。

宁前道袁崇焕既得不到兵部尚书、蓟辽经略高第的支持，又失去其座师大学士韩爌和师长大学士孙承宗的奥援，在关外城堡撤防、兵民入关的极为不利情势下，率领一万余名官兵孤守宁远，以抵御后金军的进犯。

后金汗努尔哈赤在占领广宁后的五年间，虽派兵夺取旅顺，但未曾大举进攻明朝。这固然因后金汗忙于巩固其对辽沈地区的统治，整顿内部，

移民运粮，训练军队，发展生产，施行社会改革，镇压汉民反抗。同时，更由于孙承宗、袁崇焕等边防工作井然有序，无懈可击。因此，努尔哈赤蛰伏不动，等待时机。善于待机而动的努尔哈赤，曾值熊廷弼下台之机，夺占江沈；这次又得到孙承宗罢去，高第庸懦，宁远孤守的哨报，决定师指宁远城，进攻袁崇焕。

天启六年（1626年，天命十一年）正月十四日，后金汗努尔哈赤亲诸王大臣，统领十三万大军，号称二十万，往攻宁远。十六日至东昌堡，十七日西渡辽河。八旗军布满辽河平原，清官书称其前后络绎不绝，首尾莫测，旌旗如潮，剑戟似林。八旗劲旅像狂飙一样，凶猛地扑向宁远。

明经略高第和总兵杨麒，闻警丧胆，计无所出，龟缩山海，拥兵不救。如道臣刘诏等要统兵二千出关应援，高第令已发出的兵马撤回；李卑援兵蜷缩在中后，李平胡的援兵不满七百人，又退至中前。所以"关门援兵，并无一至"。袁崇焕既后无援军，又前临强敌：八旗军连陷右屯、大凌河、小凌河、松山、杏山、塔山、连山等七座城镇。宁远形势愈加对努尔哈赤有利。

袁崇焕驻守孤城宁远，城中士卒不满二万人。但城中兵民，誓与城共存亡。尤以"自虏中拔归者，俱愤怨，可一当百"。他召集诸将议战，参将祖大寿力主未可与争锋，塞门奋死守；诸将皆赞同祖大寿之议。宁前道袁崇焕面临强敌，后无援师，临危不惧，指挥若定。他采纳诸将的议请，做了如下守城准备：

第一，激励士气，画地分守：偕总兵满挂，副将左辅、朱梅，参将祖大寿，守备何可纲，通判金启倧等集将士誓死守御宁远。他"刺血为书，激以忠义，为之下拜，将士咸请效死"。又派满挂守东面，左辅守西面，祖大寿守南面，朱梅守北面；满挂提督全城，分将画守，相互援应。

第二，布设火炮，整肃军纪：从王喇嘛议，撤西洋大炮入城，制作炮车，换设城上，备置弹药，由孙元化、罗立等教习燃放。茅元仪"亲叩

第十一章 名汗归天

293

清早期 红缎织彩云金龙纹吉服袍

夷，得其法"，学会使用洋炮，炮"平发十五里"。遂用茅元仪议，在城上设置洋炮。又派官员巡视全城，命对乱自行动和城士兵下城者即杀。

第三，坚壁清野，严防奸细：令尽焚城外房舍、积刍，转移城厢商民入城。又以同知程维骏率员稽查奸细，派诸生巡守街巷路口，所以，"宁远独无夺门之叛民，内应之奸细"。

第四，供应饮食，输送弹药：令通判金启㷱按城四隅，编派民夫，供给守城将士饮食。又派卫官裴国珍带领域内商民鸠办物料，运矢石，送火药等。

袁崇焕在加紧进行宁远的防御，努尔哈赤在驱骑驰向宁远。

努尔哈赤统率八旗军西渡辽河之后，"如入无人之境"，长驱直前，指向四虚无援助孤城宁远。二十二日，袁崇焕守城部署甫定，翌日，八旗军兵薄宁远城郊。努尔哈赤与袁崇焕展开了明朝与后金关系史上著名的宁远之役。

二十三日，八旗军进抵宁远后，努尔哈赤命离城五里，横截山海大路，安营布阵。并在城北扎设大营。努尔哈赤在发起攻城之前，释放被虏汉人回宁远城，传汗旨，劝投降。但遭到袁崇焕的严词拒绝。《清太祖武皇帝实录》载：

放捉获汉人，人宁远往告：吾以二十万兵攻此城，破之必矣！尔众官若降，即封以高爵。宁远道袁崇焕答曰："汗何遽加兵耶？宁、锦二城，乃汗所弃之地，吾恢复之，义当死守，岂有降理！乃谓来兵二十万，虚也，吾已知十三万，目其以尔为寡乎！"

袁崇焕拒绝努尔哈赤诱降之后，命家人罗立等向城北后全军大营，燃放西洋大炮，"遂一炮歼虏数百"。旋移大营而西。努尔哈赤见袁崇焕既拒不投降，又炮击大营，遂命准备战具，明日攻城。

二十四日，后金兵推楯车，运钩梯，步骑蜂拥进攻，万矢齐射城上。城堞箭簇如雨注，悬牌似牴皮。后金军集中攻打城西南角，左辅领兵坚守，祖大寿率军应援，两军用矢石、铁铳和西洋大炮下击。后金兵死伤累累，又移攻南面。努尔哈赤命在城门角两台间火力薄弱处凿城。后金兵预炮火，冒严寒，用斧凿城。明军发矢镞，掷礌石，飞火球，投药罐；后金兵前仆后继，冒死不退，前锋挖凿冻土城，凿开高二丈余的大洞三四处，宁远城受到严重威胁。时"袁崇焕缚柴浇油并搀火药，用铁绳系下烧之"；又选五十名健丁缒下，用棉花火药等物烧杀挖城的后金兵。据明方疏报载：

贼遂凿城高二丈余者三、四处，于是火礮、火把争乱发下，更以铁索垂火烧之，牌始焚，穴城之人始毙，贼稍却。而金通判手放大抱，竟以此殒。城下贼尸堆积。

是日，后金军攻城，自清晨至深夜，尸积城下，几乎陷城。

二十五日，后金兵再倾力攻城。城上施放炮火，"炮过处，打死北骑无算"。后金兵惧怕利炮，畏缩不前，"其酋长持刀驱兵，仅至城下而返"。后金兵士一面抢走城下尸体，运至城西门外砖窑焚化；一面继续攻城。但"又不能克，乃收兵。二日攻城，共折游击二负，备御二负，兵五百"。

二十六日，后金兵继续围城，并命武讷格率军履冰渡海，攻觉华岛，

杀明兵将，尽焚营房、民舍、船只、粮草。二十七日，后金军全部回师。

宁远之役，后金某重要人物为明炮弹击伤。各书记载略异，现征引如下：

明蓟辽经略高第奏报。

奴贼攻宁远，炮毙一大头目，用红布包裹，众贼抬去，放声大哭。分兵一枝，攻觉华岛，焚掠粮货。

张岱在《石匮书后集》中记：

炮过处，打死北骑无算，并及黄龙幕，伤一裨王。北骑谓出兵不利，以皮革裹尸，号哭奔去。

朝鲜李星龄在《春坡堂日月录》中记载宁远之役较详，兹抄录于下：

我国译官韩瑗，随使命入朝。适见崇焕，崇焕悦之，请借于使臣，带入其镇，瑗目见其战。军事节制，虽不可知，而军中甚静，崇焕与数三幕僚，相与闲谈而已。及贼报至，崇焕轿到敌楼，又与瑗等论古谈文，略无忧色。俄顷放一炮，声动天地。瑗怕不能举头。崇焕笑曰："贼至矣！"乃开窗，俯见贼兵满野而进，城中了无人声。是夜贼入外城，盖崇焕预空外城，以为诱人之地矣。贼因并力攻城，又放大炮，城上一时举火，明烛天地，矢石俱下。战方酣，自城中每于堞间，推出木逾子，甚大且长，半在堞内，半出城外，逾中实伏甲士，立于逾上，俯下矢石。如是屡，自城上投枯草油物及棉花，堞堞无数。须臾，地炮大发，自城外遍内外，土石俱扬，火光中见胡人，俱人马腾空，乱堕者无数，贼大挫而退。翌朝，见贼拥聚于大野一边，状若一叶，崇焕即送一使，备物谢曰："老将横行天下久矣，今日见败于小子，岂其数耶！"奴儿哈赤先已重伤，及是俱礼物及名马回谢，请借再战之期，因瀵恚而毙云。

　　明朝与后金的宁远之战，以明朝的胜利和后金的失败而结束。明朝由
"宁远被围，举国汹汹"，到闻报宁远捷音，京师空巷相庆。宁远之捷是
明朝从抚顺失陷以来的第一个胜仗，也是自"辽左发难，各城望风奔溃，
八年来贼始一挫"的一仗。与明朝相反，努尔哈赤原议师略宁远城，夺取
山海关，不料败在袁崇焕手下。时袁崇焕四十二岁，初历战阵；努尔哈赤
已六十八岁，久戎沙场。努尔哈赤在宁远遭到用兵四十余年来最严重的惨
败。对于军事统帅来说，最大的痛苦莫过于指挥失败。《清太祖武皇帝实
录》记载努尔哈赤宁远之败时说：

　　帝自二十五岁征伐以来，战无不胜，攻无不克，唯宁远一城不下，遂
大怀愤恨而回。

　　后金议努尔哈赤之所以在宁远受挫，其原因是方面诸多而又错综复杂
的。在政治上，后金进攻宁远的战争，已由统一女真各部、反抗民族压迫
的正义战争，变成为掠夺土地人民、争夺统治权力的不义战争，因而遭到
辽东汉民的强烈反对。尤其是努尔哈赤对辽沈地区汉民的错误政策，引起
后金与明朝辖区两方辽民的不满和恐惧，从而促使宁远军民拚死抵御后金
军的进犯。

　　所以，人心向背是袁崇焕获胜与努尔哈赤失败的一个基本因素。在军
事上，三年之间，后金兵没有作战，额真怠惰，兵无斗志，器械不利；袁
崇焕却在积极备战，修筑坚城，整械备炮，训练士马。努尔哈赤打了一场
兵家最忌的无准备之仗。在策略上，以往后金向明进行攻坚战。在坚城深
堑之前，炮火矢石之下，多以诱敌出城、歼其主力，或以智取力攻、里应
外合取胜。

这次袁崇焕坚壁清野，婴城固守，"天夺门之叛民，内应之奸细"。努尔哈赤以劳赴逸，以主为客，以短击长，终致败北。在武器上，明军已使用新式武器红夷大炮，而八旗兵照旧袭用刀戈弓矢。后金兵的进攻，被袁崇焕凭坚城、用洋炮所击败。在思想上，后金军居于优势，努尔哈赤思想僵化，骄傲轻敌；明军处于劣势，袁崇焕群策群力，小心谨慎。努尔哈赤犯了骄兵必败的错误。在指挥上，后金汗在宁远的对手已然不是纸上谈兵的经略袁应泰，也不是浪言求宠的巡抚王化贞，而是杰出的将领袁崇焕。袁崇焕在宁远之役中，调度得体，指挥有方，确胜过老谋深算的努尔哈赤一筹。

当然，上述诸因素中任何孤立的一项，可能不是后金宁远之败的必然因素。后金汗努尔哈赤的悲剧在于他对上述条件的综合及其变化，尤其是对明军的指挥与武器这两个重要因素的变化没有起码的认识，结果以己之短击彼之长，铸下了历史性错误。

但是，历史往往向着人们主观愿望相反的方向发展。袁崇焕在宁远打败努尔哈赤的奇勋，反成了他后来身死家族的一个机缘。他说："凡勇猛图敌，敌必仇；振刷立功，众必忌。况任劳之必任怨，蒙罪始可有功。怨不深，劳不厚；罪不大，功不成。谤书盈箧，毁言日至，从来如此。袁崇焕后遭敌仇众忌，因后金反间，阉党诬陷，明帝昏庸，而被含冤磔死。

努尔哈赤在宁远兵败之后回到沈阳。他的统治权力从费阿拉逐渐地移到沈阳，其间经历着关于汗位及汗位继承的激烈斗争。

共治国政

后金国的政体因汉位继承者没有合适的人选这一难题，开始尝试改变已往君主集权制的政体，实行八大贝勒共治国政的体制。

努尔哈赤的八大贝勒共治国政，是同八旗制度密切关联的。

在经济上，八旗的每旗都是一个庞大的经济集团，旗主贝勒又都是本旗最大的财富拥有者。当时的习俗是，有人必八家分养之，土地必八家分据之。努尔哈赤告诫子孙们"预定八家，但得一物，八家均分公用，毋得分外私取"。每次兵马出征所获，按照八旗依军功大小进行分配。其中各旗的旗主贝勒，在该旗中是金帛、牲畜、房田和人口的最大占有者。如大贝勒代善为正红旗的旗主贝勒，他早在万历四十一年（1613），就占有诸申五千户，牲畜八百群，白银一万两，敕书八十道。八旗军进入辽沈地区之后，旗主贝勒占有的财富更急剧地膨胀。八旗的旗主贝勒既为该旗最大的财富拥有者，他必然要求在政权机关中，有与其财富相应的政治权力。

在政治上，八旗的每旗都是一个巨大的社会集团，旗主贝勒又都是本旗最大的封建主。各旗的固山额真、梅勒额真、甲喇额真和牛录额真，领有部众，分辖属民，等级严格，名分有定。旗主贝勒即是该旗的最高行政长官。从后来盛京大政殿与十王亭的建筑形式，可以反映出在后金汗之下，八旗的旗主贝勒所具有的特殊政治地位。旗主贝勒既为该旗大小封建主的总代表。他必然要求在后金政权机关中，分享相应的决策权力，参与国事。

在军事上，八旗的每旗都是一个强大的军事集团，旗主贝勒又都是本旗的军事统帅。努尔哈赤以"十三副遗甲"起兵，连年征战，南北驰突，占领辽沈，

清朝盛京皇宫

建立后金，主要是靠军事胜利发展起来的。后金对外掠夺，对内镇压，都需要有一支精锐的军队。

后金泽努尔哈赤依恃铁骑劲旅，吞并诸部，攻城略地，掳掠金帛，俘获人畜，因而八旗军队成为后金统治的八根支柱。所以，旗主贝勒在后金统治机构中占有极重要的地位。旗主贝勒既为该旗的主帅，他必然要求在后金政权机关中，握有与本旗军事实力相应的执政权力。

由上，旗主贝勒在后金政权机构中的权力，是按其经济、社会和军事的实力来分配的。努尔哈赤有鉴于此，又以嗣子褚英、代善为训，决定实行八大贝勒共治国政的制度。

天启二年（1622年，天命七年）三月初三日，后金汗努尔哈赤发布实行八大贝勒共治国政的《汗谕》：

众贝勒问上曰："基业、天所予也，何以宁辑？休命、天所锡也，何以凝承？"上曰："继朕而嗣大位者，毋令强梁有力者为也。以若人为君，惧其尚力自恣，获罪于天也。且一人纵有知识，终不及众人之谋。今命尔八子，为八和硕贝勒，同心谋国，庶几天失。尔八和硕贝勒内，择其能受谏而有德者，嗣朕登大位。若不能受谏，所行非善，更择善者立焉。择立之时，若不乐从众议，艴然变色，岂遂使不贤之人，任其所为耶！至于八和硕贝勒，共理国政，或一人心有所得，言之有益于国，七人宜共赞成之。如己己既无才，又不能赞成人善，而缄默坐视者，即当易此贝勒，更于子弟中，择贤者为之。易置之时，若不乐从众议，艴然变色，岂遂使不贤之人，任其所为耶！若八和硕贝勒中，或以事他出，告于众，勿私往。若入而见君，勿一、二人见，其众人毕集，同谋议以治国政。务期斥奸佞，举忠直可也。"

同日，努尔哈赤关于八大贝勒共治国政的《汗谕》。除《清太祖高皇

帝实录》上述载引外,《满文老档》中还载有如下内容:

其一,八王共议,设女真大臣八人,汉大臣八人,蒙古大臣八人。在八大臣之下,设女真理事官八人,汉理事官八人,蒙古理事官八人。众理事官审理后,报告请大臣;诸大臣审拟后,上报八王;八王定断所拟定之罪。

其二,国主在一月之内,于初五日、二十日,两次升殿。正月初一日,向堂子叩首,向神镸叩首。随后,国主向诸叔诸兄叩首。然后,汗坐在御座上。汗及接受汗叩首之诸叔请兄,均坐在一处,接受国人的叩贺。

其三,在父汗所规定八分所得之外,若另自贪隐一物,贪隐一次,革一次应得之一分;贪隐二次,革二次应得之一分,贪隐三次,则永革其应得之分。

其四,如不牢记父汗的训言,不听取众兄弟的规劝,仍悖理行事,初则定罪;若不改,即没收其诸申;若再不改,即加以监禁,等等。

上述八王即八大贝勒,又称八和硕贝勒,和硕贝勒也称旗主贝勒。努尔哈赤颁布八和硕贝勒共治国政谕,改革政体,旨在提高八和硕贝勒的地位,限制继嗣新汗的权力,以维护后金长治久安的统治。通过这次政体改革,努尔哈赤使后金政权掌握在八和硕贝勒手中。八和硕贝勒拥有相当大的权力,如:

第一,推举新汗。努尔哈赤身后新汗的继立,在"八和硕贝勒内,择其能受谏而有德者,嗣朕登大位"。八和硕贝勒握有拥立新汗的大权。新汗既不由先汗指定,也不是自封,而是为八和硕贝勒议后共同推举。新汗既被八和硕贝勒共同推举,继位之后便不能独揽后金大权,其权力受到很大的限制。

第二,"并肩共坐"。新汗与八和硕贝勒并肩共坐一处,同受国人朝拜。新汗在正旦,一拜堂子,再拜神祇,三拜叔兄。随后升御座,与八和硕贝勒并肩一处共坐,共受诸臣叩贺。这项朝仪规定将八和硕贝勒位列堂子、神祇立次,而居于新汗之上;在接受群臣朝拜时,新汗与八和硕贝勒

居于平等的地位。从而在礼仪上给予新汗以严格的限制。

第三，共议国是。"一人纵有知识，终不及众人之谋"，因命八和硕贝勒"同心谋国，庶几无失"。努尔哈赤规定在会议军国大政时，新汗要与八和硕贝勒共同议商，集体裁决。这就使八和硕贝勒操持后金军国大事的最高决策权，从而限制新汗恣肆纵为，独断专行。

第四，"八分"分配。就是后金军虏获的金帛、牲畜等，归八和硕贝勒共有，按"八分"即八旗进行分配。这既为着防止"八家"因财富分配不均而祸起萧墙，更为着防止新汗一人垄断财货。这项规定使诸和硕贝勒与新汗在经济上享有同等的权力，从而对新汗的经济权加以限制。

第五，任贤退奸。努尔哈赤规定八和硕贝勒要"斥奸佞，举忠直。"凡牛录额直以上的官员，其任用、奖惩、升迁、贬斥，都由八和硕贝勒会议决定，而不由新汗一人专决。八和硕贝勒要撤换"已既无才，又不能赞成人善，而缄默坐视"的庸臣，并从八旗贵族子弟中选择贤能者加以补充。这样新汗丧失了任免官吏的权力，而人事大权掌握在八和硕贝勒手中。

第六，断理诉讼。努尔哈赤规定后金审理诉讼的程序分为三级：理事官初审，诸大臣复审，最后由八和硕贝勒定谳。新汗操生杀予夺之权受到限制，八和硕贝勒掌握最高司法权。

第七，禁止私议。努尔哈赤规定，八和硕贝勒如"以他事告于众，勿私往。若人而见君，勿一、二人见，其众毕集，同谋以治国政"。不许和硕贝勒在家中私议国政，也不许新汗同和硕贝勒单独密议，以防奸谋。军国大事需在庙堂聚集谋商，共同议决。

第八，废黜新汗。八和硕贝勒如认为拥立的新汗，"不能受谏，所行非善"，有权罢免，另为择立。

后金汗努尔哈赤改革后金政体，施行八和硕贝勒共议国政的制度。他将原来的君主集权，改革为八和硕贝勒共理国政，使其拥有国君立废、军政议讼、司法诉讼、官吏任免等重大权力。由八和硕贝勒组成的贵族会议，成为后金国家的最高权力机关。

尽管努尔哈赤一向料事如神，善于果断决策，但对于继任的新汗如何产生，实行什么样的治国制度，在这样非常重要的问题上，他的决策却是十分错误的。因为，他规定今后要实行的八和硕共治国政制，是一种倒退的、落后的制度，严格实行这种制度的结果是后患无穷，将导致正在兴旺发达的金国陷入"分、争、乱、弱、亡"的严重局面。其中，根本的因素是"分"。

按照努尔哈赤的规定，继任的新汗由八和硕贝勒任置，没有掌握管

努尔哈赤朝服像

辖八旗的君权，不过是占有本旗的和硕贝勒而已，军政要务皆由八和硕贝勒集议决定，因而统一的金国实际上被分解为八个独立的小国，一旗即一国，各旗只归本旗的和硕贝勒辖治。每旗有自己的驻戍和居住地区，有自己的人口，男女老少皆全，有自己的士卒、将领和由此组成的军队，这支军队完全听命于本旗的旗主贝勒。几百年来就流传着一句古话："女直兵若满万，则不可敌"。现在，八旗有四丰牛录，每个牛录大致是三百名男丁，每旗约有一万五千名男丁，平时三丁抽一为兵，有五千名兵士，战时三丁抽二，有万名兵士。兵满一万则无敌，领有这样一支兵强马壮人数上万所向披靡军队的旗主贝勒，能长期安分守己、心甘情愿地接受继任新汗的兄长（或弟弟、或侄子）的辖治吗？能不闹独立吗？能不争权夺利吗？尤其是那些骁勇善战、足智多谋、才干出众、颇有雄心的旗主贝勒，能永远屈居弟汗（或侄汗）之下吗？此时的八旗中，大贝勒代善领有正红旗、镶红旗二旗，大福晋阿巴亥所生的三个儿子阿济格、多尔衮、多铎领有汗

父的两个旗，还可能领有暂由杜度辖领的一个旗。这两大集团的旗主贝勒能不争夺汗位或金国军政大权吗？这是"分"的一个方面的结果。

"分"的另一个方面的影响是，各旗有各旗的利益，即使旗主贝勒不去争夺汗位，那么，在日常生活中，由于利益的冲突，总会经常发生各种争执和纠纷，这时，各旗的旗主自然而然地要保护本旗的利益，要扩大本旗的实力，各旗之间的争权夺利是少不了的，一旦矛盾激化，冲突扩大，闹得不可开交之时，说不定弟兄叔侄之间还会兵戎相见呢？

"分"的第三个方面的影响是意见分歧，在重大问题和紧要关头时，各说各的，争论不休，难以形成一致的意见，难以做出统一的代表全国政府的正确决定。过去，一切问题，虽有诸贝勒、大臣集议，但最终有汗父努尔哈赤定夺，责令各贝勒、大臣和各旗贯彻执行。现在，新汗没有这个权，要事皆由八和硕贝勒集议而定，一旦出现各位旗主贝勒争执不下的场面，谁来集中，谁来决定，只好议而不决了。

简而言之，"分"是造成灾难的罪魁祸首。新汗当然不愿长期遭受实为若干独立小国之主的其他和硕贝勒挟制，一定想仿照汗父努尔哈赤的模样，主宰金国一切，从而必然要与其他和硕贝勒发生冲突，君权与王权之争日趋尖锐化。与此同时，各个和硕贝勒之间，势力强弱不一，想法也难完全一致，议处国政时，很难秉公，权势强大的贝勒会乘机为己牟利，偏袒本旗，欺凌弱小贝勒，和硕贝勒之间亦会互相倾轧。分必争，争必乱，乱必弱，在当时内部不稳、叛逃甚多，外部四面皆敌，并且不久就在宁远大败的条件下，金国如果分解为争吵不休、实力不强的八个小国，怎能迎敌明朝军队的反扑，怎能打败蒙古和朝鲜？很有可能陷入四面楚歌的困境。

这固然是从理论上来加以分析和推测，但也不是毫无根据的，我们可以拿天聪年间的两件大事予以论证。

天命十一年（1626）八月十一日，努尔哈赤去世，诸贝勒遵照"共议国政"的己亥汗谕，集议任置四贝勒皇太极为新汗，改明年年号为天聪，

金国正式进入了八和硕贝勒共治国政的新阶段。

天聪元年（1627）二月，二贝勒阿敏偕岳托等贝勒进攻朝鲜，大败敌军，逼迫朝鲜国王订立城下之盟。岳托建议，和议既成、宜速班师，因为国中兵少，怕蒙古与明朝乘机来攻。主帅阿敏坚持欲到朝鲜王京，并欲在彼地"屯种以居"，迎接妻子等来朝鲜。他又对杜度说："他人愿去者去，我叔侄二人可同住于此。"杜度不从。若按一般国家情形，将在外，君命可以不受。阿敏是主帅，又是四大贝勒之一，同行的济尔哈朗、阿济格、杜度、岳托、硕托五位贝勒之中，只有阿济格是镶白旗旗主贝勒。现在主帅、二大贝勒阿敏决定要留驻朝鲜，其他贝勒照说只有服从的责任，不能再说半个不字了。这样一来，必使留在都城沈阳的新汗和金国陷入困难处境，有遭受明军进攻丢失沈阳的危险。

这时，令八旗大臣分坐商议，"七旗大臣所议皆同，独阿敏本旗大臣顾三台等从阿敏议"。久议不决。

在这关键时刻，岳托告诉阿敏之弟济尔哈朗说："汝兄所行逆理。汝盍谏止之。""汝欲去则去，我自率我二旗兵还，若两红旗兵还，两黄旗、两白旗兵亦随我还矣。"岳托、济尔哈朗与阿济格等"同会于一所"，"共议遣人今朝鲜王定盟，以告阿敏"。济尔哈朗亦以岳托之言"力谏"，"阿敏乃从之"。

以上情形表明这次出征的军队，在议处是留驻或是撤军的重大问题时，将帅的态度和言行，不是按职务、权力、责任、义务来定，而是按旗而定，官将只听从本旗旗主贝勒的旨意，不理睬非本旗旗主的大帅的命令。岳托、硕托是两红旗旗主贝勒代善之子，代表父亲，红旗将士只听他的命令，不管主帅阿敏怎么说。阿济格是镶白旗旗主，自然也是其弟正白旗旗主多铎的代表，阿济格赞同岳托之议，这两个白旗的将领当然唯阿济格马首是瞻。

皇太极的正黄、镶黄两旗的将领，必然忠于君汗和旗主。正蓝旗的将

领以汗和大贝勒代善之意为准。因此，八旗大臣分别商议时，"七旗大臣所议皆同"，皆同意岳托撤军之议，不赞成主帅阿敏的主张，只有阿敏自己镶蓝旗的大臣，才附合他的意见。而且，一旦阿敏拒绝岳托之议，岳托便要甩开主帅，径自带领自己两个红旗的将士离开朝鲜，返回沈阳，其他两黄、两白，正蓝旗的将士亦必然随同撤兵，只留下主帅阿敏及其镶蓝旗士卒了，这个大帅岂不是与光杆司令差不多了。

在这里，统率全军的大帅阿敏的命令，抵不过归其辖属的大将岳托、阿济格等旗主贝勒或代表其旗主贝勒的父亲的决定，帅管将、将听命于帅的一般情形下军队将领之间的上下隶属关系，在这里被旗主贝勒与旗主贝勒之间的平等关系以及身为主帅的旗主贝勒与其他旗的将领之间互不干预、也无权干预的各旗之间的独立关系代替了，所以才出现了岳托、阿济格等大将否定主帅阿敏的命令，并且要甩开主帅径自统领本旗将士返回的情形，终于也迫使主帅听从属下将领的意见，被迫班师。

岳托、阿济格等贝勒决定撤军，反对主帅阿敏留驻朝鲜的决定和行动，是十分正确的，使刚继任为新汗的皇太极和金国避免了一场大的灾难。但是，由此也体现出八和硕贝勒共治国政制的弊端。和硕贝勒权势太大，如果不是岳托硬顶，在军的贝勒们听从或附合主帅的决定，那就会酿成大祸了。

两年以后的攻明之战，更进一步显示了"共治国政"制的危害。天聪初年的"共治国政"制，与努尔哈赤所定之制有着一定的差异，那就是提高和突出了三位大贝勒与新汗共治国政的格局，代善、阿敏、莽古尔泰三位大贝勒与新汗皇太极共同主持军国大政，裁处重大事件。天聪三年（1629）十月，新汗皇太极与大贝勒代善、三贝勒莽古尔泰率岳托等贝勒，统领大军伐明。行至中途，大贝勒代善、三贝勒莽古尔泰坚决反对征明，力主立即班师，以免进攻不利，兵无退路。皇太极决心进攻，但无力抵挡两大贝勒的压力，只好被迫同意撤兵。岳托、济尔哈朗、萨哈廉、阿巴泰、杜度、阿济格、豪格等贝勒一致支持汗的主张，两大贝勒才放弃自己意见，请皇太极裁决。皇太极才发布军令，进攻明朝。这次征明，历时五个半月，连败明军，每战必胜，每攻必克，直抵北京城下，斩杀明朝勇将山海关总兵赵率教，用反间计，使明帝冤杀总理天下勤王军的督师袁崇焕，占了永平四城，掠取巨量人畜财帛，取得了巨大成功。如果皇太极没有岳托等贝勒的竭力支持，两大贝勒不放弃退兵主张，这次征明就必然夭折而失败。

总而言之，八和硕贝勒共治国政制是制约金国发展的严重障碍，不能让它长期延续下去。

努尔哈赤颁布八和硕贝勒共治国政《汗谕》时已届晚年。他逐渐将权力移交给八和硕贝勒，特别是四大贝勒，进行权力过渡，以准备后事。

瑷鸡堡归天

天命十一年（1626），努尔哈赤宁远兵败，是他起兵至今受到的最大一次挫折，他为此心情沮丧，同时也为这时的国家大事担忧。《清太祖武皇帝实录》三月三日，记载他的引咎之言：

> 吾思虑之事甚多，意者朕心倦情而不留心于治道欤？国势安危房情甘苦而不省察欤？功勋正直之人有所颠倒欤？再虑吾子嗣中果有效吾尽心为国者否？大臣等果俱勤谨于政事否？

他在昼夜殚思，稽省治策的失措，后金的困难，诸申的烦苦，忠奸的倒衡，臣吏的怠绌，子嗣的继任等问题。努尔哈赤既在思索宁远之败的教训，又在筹虑身后军国的大计。但百思不得其解，陷于闷苦之中。

努尔哈赤为掩饰宁远兵败的郁闷，重振士气，把将士的不满引向蒙

古，以其背弃"若征明与之同征，和则与之同和"的盟誓，兴师问罪。四月初四日，他率领诸贝勒大臣统兵西渡辽河。前锋军射死蒙古喀尔喀巴林部叶赫巴图幼子囊努克。努尔哈赤派大贝勒代善、二贝勒阿敏、三贝勒莽古尔泰、四贝勒皇太极以及济尔哈朗、阿济格、岳酦等统兵往西拉木伦河，获胜而归。五月二十一日，蒙古科尔沁奥巴贝勒来沈阳，他出城十里升帐迎接。但后金汗努尔哈赤这两次重大军政活动，《满文老档》缺载。看来，这时努尔哈赤或伤创未愈，或患病在身，抑或兼而有之。

劳师远袭和奥巴归顺，这都不能排解努尔哈赤因宁远兵败而潜郁在心灵深处的悲苦。久经疆场、攻无不克的后金汗，竟然会输给一名初历战阵、婴城孤守的袁崇焕？努尔哈赤思索、惭赧、痛苦、焦躁，食不甘味，寝不安眠，肝郁不舒，积愤成疾。努尔哈赤创伤未愈，痈疽突发，他于七月二十三日往清河汤泉沐养。八月初一日，派二贝勒阿敏杀牛烧纸，祈祷神佑，但毫无效果，病势危重，寻乘船顺太子河回沈阳。

1626年（天启六年，天命十一年）农历八月十一日，后金汗努尔哈赤在由清河返回途中，至离沈阳四十里的瑷鸡堡死去。《清太祖高皇帝实录》记载：

清福陵

（七月）癸巳（二十三日），上不豫，幸清河坐汤。八月庚子朔，丙午（初七日），上大渐，欲还京，乘舟顺太子河而下。使人召大妃来迎，入浑河。大妃至，溯流至叆鸡堡，距沈阳城四十里。庚戌（十一日），未刻，王崩。在位十一年，年六十有八。

大妃那拉氏见努尔哈赤死去悲恸欲绝，泣不成声。群臣抬着努尔哈赤灵柩至沈阳宫中。努尔哈赤的尸骨未寒，就发生汗位继嗣之争。

四大贝勒为代善、阿敏、莽古尔泰、皇太极，四小贝勒为阿济格、多尔衮、多铎、济尔哈朗。阿敏和济尔哈朗为舒尔哈齐子，属于旁支，不能争位。莽古尔泰性鲁钝，或言曾弑其母继妃富察氏，也不能争位。承嗣汗位鼎争者主要是皇太极、代善和那拉氏所出的多尔衮。大福晋那拉氏是努尔哈赤晚年的宠妃，为阿济格、多尔衮和多铎的生母。努尔哈赤死时，多尔衮十五岁，多铎十三岁，因受父汗偏爱，两人领有正白、镶白二旗，又有其三十七岁正当盛年的生母那拉氏控制于上，势力强大。这自为皇太极等人所难容。诸王以"遗言"为由，迫令那拉氏殉葬：

后饶丰姿，然心怀嫉妒。每致帝不悦，虽有机变，终为帝之明所制。留之恐后为国乱，预遗吉于诸王曰："俟吾终，必令殉为之。"请王以帝遗言告后，后支吾不从。诸王曰："先帝有命，虽欲不从，不可得也。"后遂服礼衣，尽以珠宝饰之，哀谓诸王曰："吾自十二岁事先帝，丰在美食，已二十六年。吾不忍离，故相从于地下。吾二幼子多尔衮、多铎，当恩养之。"诸王泣而对曰："二幼弟，晋等若不恩养，是忘父也。岂有不恩养之理！"于是，后于十二日，辛亥，辰时，自尽。寿三十七。乃与帝同柩。

就这样，大福晋那拉氏成为后金汗位争夺的牺牲品，同时殉葬的还有二庶妃阿济根和德因泽。

后来努尔哈赤的遗体葬于沈阳东石阻头山，是为福陵，又称东陵。

那拉氏死后，多尔衮与多铎年少，失去依恃，无力争夺汗位。汗位的争继主要在皇太极与代善二人之间角逐。代善虽为大贝勒，但性情"宽柔"，先已失宠，并被削夺一旗，无力与皇太极抗争。他在努尔哈赤生前，因恐皇太极图己，曾跪在其父面前泣诉。这说明代善在与皇太极争夺嗣位时已居下风。四贝勒皇太极兼领镶黄、正黄二旗，"奢得众心"，将卒精锐，"智勇俱全"，战功独多，又得到其兄正红旗旗主贝勒代善的支持，遂得继嗣父汗以登大位。但是，汗权的执行形式是四大贝勒共同听政。他们并坐议政，实行贵族共治，暂未形成君主专制。

后金汗努尔哈赤死后，辽东巡抚袁崇焕向明廷奏报。"奴酋耻宁远之败，遂蓄愠患疽死"。朝鲜《李朝仁祖实录》也作了记载，努尔哈赤于"七月间得肉毒病，林浴于辽东温井（泉），而病势渐重，回向沈阳之际，中路而毙，立其第四子（四贝勒）"。努尔哈赤之死与皇太极继立，对明朝和朝鲜的历史，后来均发生很大的影响。

努尔哈赤戎马倥偬四十四年。现将他的家庭简况略述如下：

努尔哈赤有十六个妻子：

一、高皇后叶赫那拉氏，名孟古姐姐，为叶赫贝勒杨吉努女，比努尔哈赤小十六岁，是皇太极的生母。

二、元妃佟佳氏，名哈哈纳札青，生二子：褚英、代善；一女：东果格格。

三、大妃乌拉那拉氏，名阿巴亥，乌拉贝勒满泰女，比努尔哈赤小三十一岁，生三子：阿济格、多尔衮、多铎。

四、继妃富察氏，名衮代，生二子：莽古尔泰、德格类；一女：莽古济格格。

五、寿康太妃博尔济锦氏，蒙古科尔沁贝勒孔果尔女。

六、侧妃伊尔根觉罗氏，生一子：阿巴泰；一女：嫩哲格格，又称沾河公主。

七、侧妃叶赫那拉氏，为高后那拉氏之妹，生一女：聪古图公主，即努尔哈赤之第八女。

八、侧妃博尔济锦氏，蒙古科尔沁贝勒明安女。

九、侧妃哈达那拉氏，哈达贝勒扈尔干女。

十、庶妃兆佳氏，生一子：阿拜。

十一、庶妃钮祜禄氏，生二子：汤古代、塔拜。

十二、庶妃嘉穆瑚觉罗氏，名真哥，生二子：巴布泰、巴布海；三女：穆库什及努尔哈赤之第五女、第六女。

十三、庶妃西林觉罗氏，生一子：赖慕布。

十四、庶妃伊尔根觉罗氏，生一女，努尔哈赤之第七女。

十五、庶妃阿济根，努尔哈赤死时从殉。

十六、庶妃德因泽，努尔哈赤死时从殉。

努尔哈赤有十六子：

长子褚英，又称褚燕，因赐号洪巴图鲁，也称红把兔。

次子代善，又称贵永介，因赐号古英巴图鲁，也称贵盈哥，或称大贝勒，后封礼亲王。

第三子阿拜。

第四子汤古代。

第五子莽古尔泰，又称三贝勒、掌正蓝旗贝勒。

第六子塔拜。

第七子阿巴泰。

第八子皇太极，又称红歹是、四贝勒，是为清太宗。

第九子巴布泰。

第十子德格类。

努尔哈赤传

第十一子巴布海。

第十二子阿济格，后封英亲王。

第十三子赖慕布。

第十四子多尔衮，又称多儿哄，后封睿亲王。

第十五子多铎，又称多躲，后封豫亲王。

第十六子费扬古。

努尔哈赤有八女：

长女东果格格，又称东果公主，嫁何和里。

次女称嫩哲格格，又称沾河公主，嫁常书之子都统达尔汉。

第三女名莽古济，先嫁哈达贝勒孟格布禄之子吴尔古代，称哈达格格，又称哈达公主；后夫亡，改嫁蒙古敖汉部琐诺木杜棱。

第四女名穆库什，先嫁乌拉贝勒布占泰，后因有占泰欲射之以鸣镝，被努尔哈赤取回；又嫁额亦都第八子图尔格，称和硕格格，又称和硕公主。

第五女为穆库什同母妹，嫁额亦都之次于达启。

第六女为穆库什同母妹，嫁叶赫那拉氏苏鼐。

第七女其母为庶妃伊尔根觉罗氏，嫁那拉氏鄂托伊。

第八女称聪古图公主，嫁蒙古喀台喀台吉古尔布什。

清朝职官简表

品级	职称
一品	太师、太傅、太保、内阁大学士、内阁协办大学士、侍卫处领侍卫内大臣、銮舆卫掌卫事大臣、一等精奇尼哈番
从一品	少师、少傅、少保、太子太师、太子太傅、太子太保、各部尚书、都察院左右御史史、总督、侍卫处内大臣、各省驻防将军、八旗都统、各省总督、总兵、提督
二品	太子少师、太子少傅、太子少保、内务府总管大臣，八旗副都统、护军统领、专城副都统、前锋统领、护军统领、专城副都统镇守总兵、銮舆使
从二品	内阁学士、各部左右侍郎、翰林院掌院学士、各省巡府、布政使司布政使、侍卫处散秩大臣
三品	都察院左副都御史、通政使司通政使、大理寺少卿、太常寺卿、顺天府尹、各省按察使司按察使、轻车都尉、参领、参将、协理事务侍卫领班、一等侍卫、火器营内外营营长、城守尉
从三品	光禄司卿、盐运使司盐运使、协领、游击

清朝皇帝表

年号	庙号	名字	即位时间	即位年龄	在位时间	死时年龄	世　系
顺治	世祖	福临	崇德八年(1643)	6	18	24	皇太极之第九子
康熙	圣祖	玄烨	顺治十八年(1661)	8	61	69	福临之第三子
雍正	世宗	胤禛	康熙六十一年(1722)	45	13	58	玄烨之第四子
乾隆	高宗	弘历	雍正十三年(1735)	25	60	89	胤禛之第四子
嘉庆	仁宗	颙琰	嘉庆元年(1796)	37	25	61	弘历之第十五子
道光	宣宗	旻宁	嘉庆二十五年(1820)	39	30	69	颙琰之第二子
咸丰	文宗	奕詝	道光三十年(1850)	20	11	31	旻宁之第四子
同治	穆宗	载淳	咸丰十一年(1861)	6	13	19	奕詝之第一子
光绪	德宗	载湉	光绪元年(1875)	4	34	38	奕詝之侄
宣统	末帝	溥仪	光绪三十四年(1908)	3	3	61	载湉之侄

努尔哈赤家世表

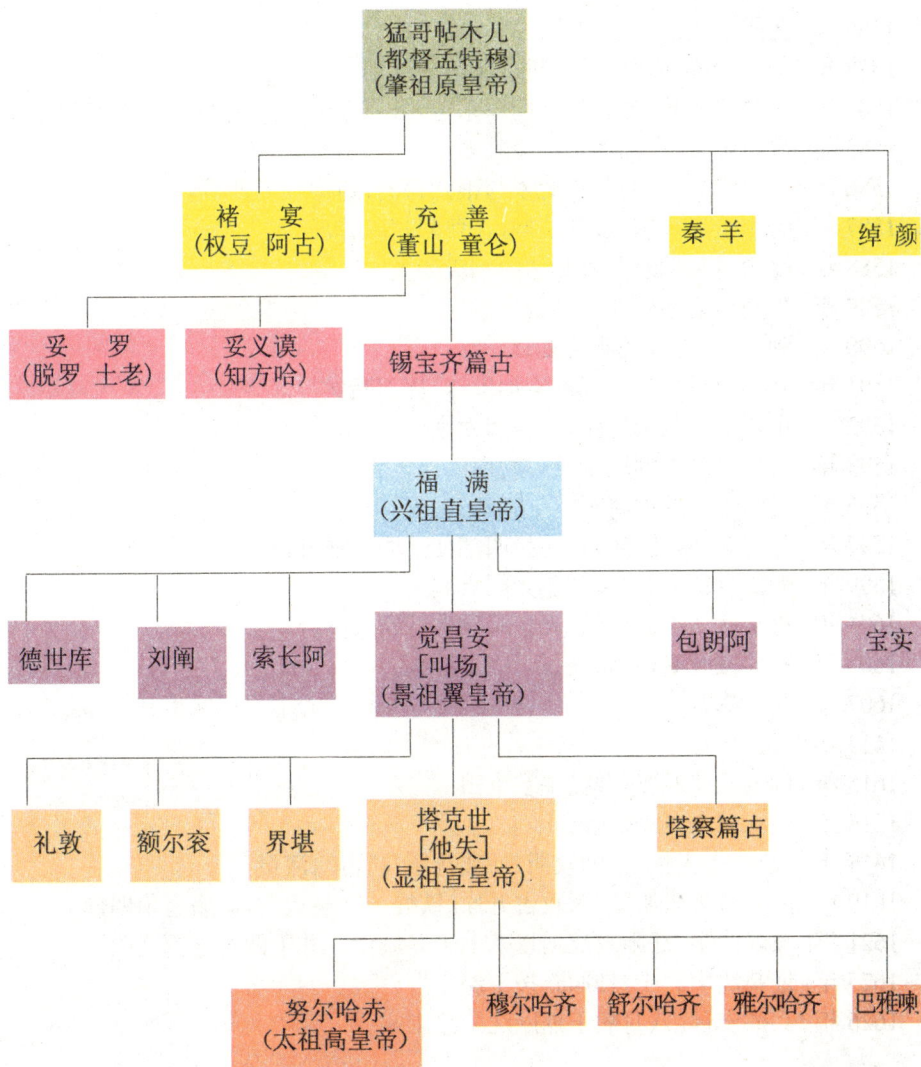

猛哥帖木儿
〔都督孟特穆〕
(肇祖原皇帝)

褚宴
(权豆 阿古)

充善
(董山 童仑)

秦羊

绰颜

妥罗
(脱罗 土老)

妥义谟
(知方哈)

锡宝齐篇古

福满
(兴祖直皇帝)

德世库

刘阐

索长阿

觉昌安
[叫场]
(景祖翼皇帝)

包朗阿

宝实

礼敦

额尔衮

界堪

塔克世
[他失]
(显祖宣皇帝)

塔察篇古

努尔哈赤
(太祖高皇帝)

穆尔哈齐

舒尔哈齐

雅尔哈齐

巴雅喇

努尔哈赤大事年表

1589 年　努尔哈赤出生在建州

1578 年　努尔哈赤在抚顺关市进行交易

1583 年　正月努尔哈赤父、祖被明军杀害,五月起兵攻尼堪外兰

1585 年　攻哲陈部,在浑河边以少胜多

1586 年　杀尼堪外兰,明朝自此岁与银八百两,蟒缎十五匹,通好

1587 年　努尔哈赤定国政,立法制,在费阿拉城称汗

1588 年　娶哈达贝勒扈尔女哈达纳喇氏为妻

1589 年　受明封为建州左卫都督佥事

1590 年　到京"进贡",受明廷宴赏

1591 年　叶赫、哈达、辉发三部索地讹诈,挥刀断案斥之

1592 年　第八子皇太极出生,是为清太宗

1593 年　大败叶赫九部联军于古勒山

1595 年　受明封为龙虎将军

1597 年　与叶赫、哈达、辉发、乌拉四部使臣盟誓通好

1599 年　命额尔德尼、噶盖创制无圈点满文

1601 年　灭哈达。整编牛录,设牛录额真管辖

1604 年　率兵攻叶赫,克张城、阿气兰城而还

1607 年　灭亡辉发

1613 年　灭亡乌拉

1615 年　确定八旗制度,并按牛录屯田

1616 年　建立后金,年号天命

1618 年　发布"七大恨"誓师攻明,计袭抚顺,攻占清河堡

1619 年　萨尔浒大破明军,后攻占开原、铁岭。叶赫灭亡,收服扈伦四部

1621 年　攻陷沈阳、辽阳及辽河以东七十多城堡。并于四月迁都辽阳

1625 年　迁都沈阳。十月颁布"按丁编庄"

1626 年　兵败宁远,八月病于返回沈阳路上